Michael Mary
UND SIE VERSTEHEN SICH DOCH!

Michael Mary

UND SIE VERSTEHEN SICH DOCH!
10 NEUE LÜGEN, DIE LIEBE BETREFFEND

Gustav Lübbe Verlag

Gustav Lübbe Verlag in der Verlagsgruppe Lübbe
Originalausgabe
Copyright © 2006 by Verlagsgruppe Lübbe GmbH & Co. KG,
Bergisch Gladbach
Dieses Werk wurde vermittelt durch die Literarische Agentur
Thomas Schlück GmbH, 30827 Garbsen
Satz: Bosbach Kommunikation & Design GmbH, Köln
Gesetzt aus Rotis Serif und Rotis Sans Serif
Druck und Einband: GGP Media GmbH, Pößneck

Alle Rechte, auch die der fotomechanischen und
elektronischen Wiedergabe, vorbehalten

Printed in Germany
ISBN-13: 3-7857-2233-6 ab 01.01.2007
ISBN-10: 3-7857-2233-8

5 4 3 2 1

Sie finden die Verlagsgruppe Lübbe
im Internet unter *www.luebbe.de*

INHALT

Vorwort 7
Einleitung 11

TEIL 1
10 NEUE LÜGEN, DIE LIEBE BETREFFEND
Venus und Mars? 17
Wie die Rollenteilung entstanden ist 74
Wie sich das Rollenverhalten heute auswirkt 92
Was unter »Verstehen« zu verstehen ist 107
Was Verstehen in der Liebe bedeutet 113

TEIL 2
WIE INDIVIDUEN LIEBEN
Das Interesse an der Liebe 125
Das Interesse an der eigenen Individualität 140
Die neue Gleichwertigkeit von Beziehung
und Individuum 151
Die paradoxe Liebe der Individuen 157
Die erste neue Erwartung: Intensität statt Dauer 163
Die zweite neue Erwartung: Begegnung
statt Verschmelzung 170
Eine Liebesbeziehung als Kette von Begegnungen 178
Abstand reguliert die Liebe der Individuen 185
Zu wenig Liebe aufgrund zu guter Partnerschaft 190

TEIL 3
LIEBESBEZIEHUNG UND PARTNERBEZIEHUNG
Liebe und Partnerschaft sind zwei paar Schuhe 197
Die Liebeskommunikation 201
Die partnerschaftliche Kommunikation 212
Sinn und Unsinn in Liebe und Partnerschaft 216
Gefahren der Kommunikation 227
Die Eigenständigkeit einer Beziehung 239
Eine Chance, die Liebe zu beleben 255
Vom Sinn des Nichtverstehens 267

Resümee 273
Anmerkungen 280

VORWORT

Vor fünf Jahren habe ich in meinem Buch *Fünf Lügen, die Liebe betreffend* auf gängige Irrtümer bezüglich der Sexualität in Paarbeziehungen hingewiesen. Inzwischen sind neue Lügen auf dem Markt der Liebe aufgetaucht, die das Verhältnis der Geschlechter betreffen und die Möglichkeiten von Männern und Frauen, einander zu verstehen. Jetzt wird behauptet, Männer und Frauen könnten nicht zueinander finden, weil sie unterschiedliche Hirne und Gene haben. Diese neuen Lügen, die sich auf sozialbiologische »Erkenntnisse« berufen, halten einer kritischen Betrachtung nicht stand.

Ich werde zeigen, dass sich die Geschlechter weder auf Gene noch auf Rollenverhalten reduzieren lassen, und ich werde darlegen, was mit »Verstehen« in der Liebe gemeint ist. Das gibt mir zugleich die Möglichkeit, über eine reine Kritik der evolutionsbiologischen Erklärungsversuche hinauszugehen und die Liebe zu Beginn des 3. Jahrtausends zu beschreiben. Denn diese Liebe hat sehr viel Neues, Unerwartetes und Aufregendes zu bieten.

Die Liebe ist auf dem Weg, weit mehr zu einer *Liebe der Individuen* zu werden, als sie das jemals war. Zur Überraschung vieler Menschen brauchen Individuen jedoch nicht weniger, sondern intensivere Liebe. Die Bedeutung der Liebe für das Leben des individualisierten Menschen wächst und damit auch seine Ansprüche an Beziehungen.

Eine bestimmte Erwartung, wie sie anspruchsvoller kaum sein könnte, sticht besonders hervor: Paarbeziehungen sollen heute zugleich *Liebesbeziehung und Partnerbeziehung* sein. Dadurch stellt sich die Frage: kann eine Beziehung gleichzeitig der Liebe und der Partnerschaft dienen, und wenn ja, kann sie den Partnern beides auch dauerhaft und in der gesuchten Qualität bieten? Viel zu lange ist von professioneller Seite her so getan worden, als ob Liebesbindung und partnerschaftliche Bindung ein und dasselbe wären. Es wurde sogar behauptet, diese Bindungsmotive würden sich gegenseitig stärken. Inzwischen gilt als erwiesen, dass sich die leidenschaftliche und die partnerschaftliche Liebe keinesfalls so gut miteinander vertragen, wie wir es uns wünschen.

So stehen Partner heute vor den Ergebnissen einer verblüffenden Entwicklung: sie erleben *zu wenig Liebe aufgrund zu guter Partnerschaft*. Ihre Liebe leidet, weil sie zu viel Rücksicht auf ihre Beziehung nehmen. Sie haben im Laufe ihres Zusammenlebens die Partnerbeziehung gestärkt und damit unbeabsichtigt die Liebesbeziehung geschwächt. Die Liebe leidet an der Selbstverleugnung.

Geht man vor diesem Hintergrund der Frage nach, ob und wie es zwei Menschen gelingen kann, sowohl Liebe als auch Partnerschaft miteinander zu leben, vollzieht sich ein interessanter Perspektivenwechsel. Der »richtige Partner«, der seit 200 Jahren wie ein Gespenst in den Köpfen der Menschen umherspukt, wird plötzlich aus dem Denken vertrieben. Stattdessen wendet sich die Aufmerksamkeit der *Beziehung* zu. Es ist allemal besser, eine gute Beziehung zu führen, als den richtigen Partner zu haben.

Eine Beziehung ist die Kommunikation, die *zwischen* den Partnern stattfindet. Befasst man sich näher mit ihr, macht man eine weitere verblüffende Entdeckung: eine Beziehung kann weder von dem einen noch dem anderen Partner, noch von einer gemeinsamen Anstrengung geformt werden. *Eine Beziehung erzeugt sich selbst!* Sie erzeugt sich aus den Kommunikationsbeiträgen der Partner, denn diese Beiträge reagieren, wenn sie aufeinander treffen, wie zwei chemische Elemente: nicht vorherzusehen und unberechenbar.

Wie eine Beziehung sich entwickelt und was sie den Partnern bietet, hängt insofern weniger davon ab, *was* man kommuniziert, weil man das nur sehr eingeschränkt in der Hand hat. Entscheidend ist vielmehr, *wer* miteinander kommuniziert. Daher kommt es für Partner, die ihre Liebe lebendig erhalten wollen, in erster Linie darauf an, *authentische Individuen* statt angepasste Partner zu sein.

Ja, sie hat viel Neues zu bieten, die Liebe zu Beginn des 3. Jahrtausends. Greifen wir ihre Anregungen auf!

Michael Mary, im August 2006

EINLEITUNG

In der gegenwärtigen Situation kann man kein Buch zum Verhältnis der Geschlechter schreiben, ohne auf die biologistischen Theorien einzugehen, die in den letzten Jahren verbreitet wurden. Angeblich können sich Männer und Frauen nicht verstehen, weil sie unterschiedliche Gene und Hirne besitzen. Derartige Behauptungen, beispielsweise mit großem Erfolg von dem Autoren-Ehepaar Pease verbreitet, kann man nur als Lügen bezeichnen, und sie taugen bestenfalls zur Unterhaltung oder zur Bestätigung von Vorurteilen. Es sollte nicht schwer fallen, sie zu widerlegen, was im ersten Teil des Buches geschieht und was mir unumgänglich zu sein scheint, um den Blick frei zu bekommen für die tatsächlichen Zusammenhänge bezüglich des Verhältnisses der Geschlechter.

Niemand, der bei klarem Verstand ist, wird ein geschlechtsspezifisches Rollenverhalten leugnen. Doch dessen Ursachen liegen weder in Genen noch in Hirnstrukturen versteckt, sondern sind in der sozialen Entwicklung der frühen Gesellschaften zu finden. Nachdem ich dieses Rollenverhalten in seinen Ursprüngen und Auswirkungen erläutert habe, gehe ich zum Abschluss des ersten Teils der Frage nach, was unter dem Begriff *Verstehen* gemeint ist und was speziell, wenn vom *Verstehen in der Liebe* die Rede ist.

Im zweiten Teil wende ich mich der Frage, wie Individuen lieben, und der widersprüchlichen *Interessenlage* zu, die für die Dynamik von Liebesbeziehungen verantwortlich ist: dem

Interesse an Verbundenheit/Liebe einerseits und dem Interesse an Getrenntheit/Individualität andererseits. Diese Interessen lassen die *paradoxe Situation der Liebe* entstehen, die zur Folge hat, dass nur lieben kann, wer getrennt bleibt.

Dann beschreibe ich die Aufwertung, die gegenwärtig sowohl Individualität als auch Liebe erfahren, und gehe auf die *neuen Erwartungen* gegenüber der Liebe ein, die sich aus dieser Entwicklung ergeben. Statt Verschmelzung wird Begegnung gesucht, statt Dauer vor allem Intensität. Als Konsequenz dieser Erwartungen erscheint eine *Liebesbeziehung* heute als Kette von Begegnungen, die Unterbrechung braucht, um fortgeführt werden zu können. Damit kommt dem Abstand eine nie gekannte Bedeutung in der Liebe zu. Wo zu wenig psychischer oder räumlicher Abstand genommen wird, da erleben Partner nicht selten zu wenig Liebe aufgrund einer zu guten Partnerschaft.

Liebe und Partnerschaft sind, auf diese grundlegende Erkenntnis gehe ich im dritten Teil ein, nicht identisch. Dennoch soll eine Beziehung heute beides enthalten: Liebesbindung und Partnerschaft. Aus der Vermischung dieser beiden *Kommunikationsformen* ergeben sich beträchtliche Spannungen und unvermeidliche Gefahren für eine Beziehung.

Alsdann beschreibe ich die *Eigenständigkeit* einer Beziehung, die sich daraus ergibt, dass menschliche Kommunikation – und das gilt vor allem für die Kommunikation der Liebe – stets unvorhersehbar abläuft. Wie eine Beziehung aussieht und welchen Weg sie nimmt, das ergibt sich aus der realen Kommunikation der Partner und keineswegs aus ihren Absichten und Erwartungen. Eine Beziehung wird, entgegen unserer Vorstellung, daher nicht von den Partnern »gemacht«, sondern sie ist ihr eigenes Werk, und sie wird auch nicht von den Partnern beendet, sie schafft sich sozusagen selbst ab.

Diese verblüffende Erkenntnis scheint sich noch nicht herumgesprochen zu haben, denn immer noch ist der Glaube an den *richtigen Partner* sehr verbreitet. Doch ebenso gut könnte man an den Klapperstorch glauben. Allerdings gehen offensichtlich nicht nur Laien, sondern selbst die meisten Fachleute noch immer davon aus, Millionen Paare würden ständig falsch kommunizieren und ihre Trennung selbst verschulden. Mit der Schilderung der Eigenständigkeit von Beziehungen möchte ich zur Auflösung dieses Irrglaubens beitragen. In der modernen Liebe geht es nicht mehr um den richtigen Partner, sondern darum, eine gute Beziehung zu haben. Wird die Beziehung schlecht, kann man selbstverständlich unzufrieden mit ihr sein, allerdings ohne dies dem Partner persönlich ankreiden zu müssen.

Solches *Scheitern*, an dem man zwangsläufig selbst beteiligt ist und das ein Scheitern eigener Erwartungen darstellt, braucht trotz der Eigenständigkeit der Beziehung nicht hingenommen zu werden. Man kann und sollte versuchen, es zu *bewältigen*. Eine Beziehung kann nämlich nicht »gestört« sein, sie kann nicht »falsch« reagieren. Sie reagiert immer nur auf die Interaktion der Partner, darauf, wer die Beziehung führt. Deshalb kommt es in erster Linie darauf an, *wer man (in der Beziehung) ist*, oder anders ausgedrückt, welche Persönlichkeitsteile in der Beziehung zum Zuge kommen und welche davon fern gehalten werden.

Macht man sich das klar, ergeben sich daraus große Chancen zur Belebung der Liebe. Wer das Risiko eingeht, sich dem Partner gegenüber als das authentische Individuum zu zeigen, das er auch und gerade unabhängig von der Beziehung ist, erlebt nicht selten als Resonanz seiner Beziehung: die Liebe.

TEIL 1
10 NEUE LÜGEN, DIE LIEBE BETREFFEND –
ODER DIE MÄR VON DER UNMÖGLICHKEIT DER
GESCHLECHTER, SICH ZU VERSTEHEN

VENUS UND MARS?

Männer und Frauen stellen füreinander unlösbare Rätsel dar, will man den unzähligen Publikationen der letzten Jahre Glauben schenken. Sie würden vom Mars und der Venus stammen, heißt es, aus völlig verschiedenen Welten kommen. Diese Welten wären vor allem biologischer Natur, sie wären in unterschiedlichen Genen und Gehirnstrukturen festgeschrieben und würden von dort aus über das Sozialverhalten der Geschlechter und über die Kommunikation von Männern und Frauen bestimmen, und natürlich vor allem über die Liebe.

Wenn dem so wäre, könnten wir es vergessen. Männer und Frauen hätten keine Chance, den biologischen Vorgaben ihres Verhaltens zu entkommen. Genetische Ausstattung und Gehirnstruktur würden sie für Jahrzehntausende auf ein geschlechtsspezifisches Rollenverhalten festlegen, und sie blieben so lange Schlösser mit sieben Siegeln füreinander, bis sich ihre Gene eines fernen Tages vielleicht aneinander angeglichen hätten. Noch in 2000 Jahren würden Männer – dann wahrscheinlich ihre Raumschiffe – besser einparken und Frauen immer noch Schuhe kaufen – nur eben nicht mehr auf der Erde, sondern vielleicht auf Andromedar.

Mehr noch. Aus biologistischer Sicht ist das Rollenverhalten nicht nur genetisch bedingt, sondern sogar unverzichtbar, da es die Liebe angeblich erst ermöglicht. Das biologisch begründete Rollenverhalten der Geschlechter wird kurzerhand zur Grundlage der Liebe erklärt: gerade weil die Geschlechter unterschiedlich wären, seien sie auf die Liebe angewiesen! Jedes Geschlecht repräsentiere, weil es über ganz unterschiedliche Eigenschaften und Fähigkeiten im Vergleich zum anderen Geschlecht verfüge, eine Hälfte der psychischen Welt. In der Liebe würden sich beide Partner dann zu einer ganzen, ungeteilten Psyche vereinen.

Männer und Frauen tun demnach gut daran, sich an ihr Rollenverhalten zu klammern, weil ansonsten der Liebe die Grundlage entzogen wird. Hier eine kleine Kostprobe solch merkwürdiger Überzeugungen:

Damit eine Partnerschaft ausgeglichen und »rund« ist, muss einer der beiden die eher »männlichen« Eigenschaften verkörpern (d.h. Eigenschaften wie logisch, bestimmt, dominant, die wir der linken Hirnhälfte zuordnen) und der andere die eher »weiblichen« (also Eigenschaften wie intuitiv, rezeptiv, die der rechten Hirnhälfte zugeteilt werden). Männer neigen dazu, die »männliche« Rolle einzunehmen, Frauen hingegen die »weibliche«. Somit ist es Männern meist am wichtigsten, »respektiert« zu werden, während Frauen »geliebt und beschützt« werden wollen.[1]

Eine Beziehung und die ihr zugrunde liegende Liebe sind – folgt man solchen Erklärungen – auf die geschlechtsspezifische Verteilung männlicher und weiblicher Eigenschaften unverzichtbar angewiesen. Damit werden Liebe und Sexualität und auch die Paarbeziehung an das Vorhandensein *biologischer* Unterschiede geknüpft. »Wahre«, »echte« oder »wirkliche« Liebe einschließlich Sexualität und Partnerschaft ist dann nur zwischen den biologischen Geschlechtern möglich, nur zwischen Männern und Frauen, weil nur sie unterschiedliche Gene und Gehirne aufweisen.

Um die These von den »halben« Geschlechtern zu stützen, wird immer wieder der Mythos der Kugelmenschen bemüht, nachdem Mann und Frau in der Liebe zu einem Ganzen werden. Die Geschichte der Kugelmenschen, die von Platon geschaffen wurde, hat allerdings einen ganz beträchtlichen Haken, auf den der Soziologe Günter Burkart hinweist:

Allein sind Mann und Frau nur halbe Menschen; erst in der Liebe ergänzen sie sich zu einem Ganzen. Doch die Sache mit den zwei Hälften – als zwei Geschlechtern – ist nicht ganz so einfach: Im Kontext der griechischen Antike ist die Liebe, von der hier die Rede ist, nicht für die Ehe gedacht, sondern beschreibt in erster Linie die Liebe von Männern zu Knaben.[2]

Autsch, kann man da nur sagen, der Kugelmenschenmythos war nicht für die gegengeschlechtliche Liebe gemeint. Aber ganz nebenbei wird durch die These, Liebe sei nur zwischen den Geschlechtern möglich, die gleichgeschlechtliche Liebe zu einem Irrtum der Natur erklärt und das Rollenverhalten auf ewig zementiert. Der Mann will »respektiert« werden, ihn drängt es in die Welt hinaus, wo er Macht sucht und Autos einparkt, die Frau hingegen will »geliebt und beschützt« werden, sie drängt es in die Läden, wo sie schöne Schuhe kauft, damit sie noch schöner wird. Beide Geschlechter können nicht anders, ihre Gene lassen es nicht zu. Und weil sie so unterschiedlich sind, können sie einander natürlich nicht verstehen.

Biologistische Erklärungen für die privaten und gesellschaftlichen Konflikte zwischen den Geschlechtern und für die Liebe mögen generell unterhaltsam sein. Offenbar genießen viele Leser und Leserinnen es, eigene Vorurteile bestätigt zu bekommen und einfache Erklärungen zu erhalten, selbst wenn diese falsch sind. Dennoch schaden diese Thesen mehr, als sie nutzen. Sie schaden vor allem deshalb, weil die Liebe durch solche Lügen in ein aus Genen und Hirnstrukturen bestehendes Gefängnis eingesperrt wird. Die Liebe hat sich an solche Zuweisungen allerdings nie gehalten, und sie wird das sicher auch in Zukunft nicht tun.

Ungeachtet dessen erfreuen sich biologisch-deterministische Sichtweisen bezüglich des Geschlechterverhältnisses momentan einer großen Beliebtheit. Wer aber glaubt, Männer und Frauen könnten sich *von Natur aus* nicht verstehen, der wird die Dynamik der Liebe nicht in voller Tiefe begreifen.

Bevor ich mich also den zentralen Themen dieses Buches – der Frage, ob sich Männer und Frauen verstehen können und wie die Liebe der Individuen zu Beginn des 3. Jahrtausends aussieht – zuwende, möchte ich die biologisch-deterministische Betrachtungsweise als das entlarven, was sie meiner Meinung nach ist: tendenziös und schlicht gelogen.

Schauen wir also tiefer in den Glaubenswirrwarr der Autoren Pease & Co. hinein.

LÜGE 1:
DIE GENE LEGEN DAS VERHALTEN DER GESCHLECHTER FEST.

In den letzten Jahrzehnten hat die Genforschung enorme Fortschritte gemacht. Damit haben die Versuche vieler Forscher Auftrieb erhalten, das Verhalten der Geschlechter auf genetische Prägungen zurückzuführen. Doch wer forscht, legt die Richtung fest, in welche er forscht und bestimmt die Methoden. Er entwirft seine Fragen entsprechend eigener Vermutungen und wertet seine Forschungsergebnisse selbst aus. Wer also genetische Ursachen hinter einem sozialen Verhalten sucht, stößt nicht gerade zufällig auf solche vermeintlichen Zusammenhänge. So wurden in den letzten Jahren alle möglichen, angeblich verhaltenssteuernden Gene entdeckt, beispielsweise ein Treue-Gen und ein Schwulen-Gen und andere biologischen »Ursachen« für menschliches Verhalten.

An die Spitze der Verbreiter derartigen Unsinns haben sich Allan & Barbara Pease gestellt, deren Bücher eine wahre Fundgrube abenteuerlicher und überaus fragwürdiger Thesen und platter Falschdarstellungen sind. Zu den Lügen, die sie verbreiten, gehört die Behauptung, Männer und Frauen seien genetisch zu Jägern und Sammlerinnen bestimmt:

Frauen sind von der Evolution her zum Kindergebären und Nestverteidigen bestimmt... Männer... waren Jäger, Beschützer, Versorger und Problemlöser...[3]

Dass Menschen in der Urzeit Jäger und Sammler waren, sei unbestritten. Doch hier wird behauptet, die Natur hätte den Geschlechtern im Überlebenskampf unterschiedliche Aufgaben zugewiesen. Solche Behauptungen werden von den meisten Lesern geglaubt, weil sie so nett einleuchtend klingen. Danach haben sich steinzeitliche Frauen mit ihren Kindern in Höhlen verkrochen, während Männer umherstreiften und Beute machten. Eine niedliche, aber ziemlich verdrehte Vorstellung von der Urzeit. Wie war es in Wirklichkeit?

Quer durch die Urzeit und davor zogen Menschen als Wildbeuter in kleinen Gruppen umher, wobei sie hauptsächlich von Früchten und Aas lebten, aber auch jagten. Es leuchtet ein, dass Frauen beim Sammeln und Aasfressen den Männern gegenüber keineswegs benachteiligt waren, und auch die Jagd wurde, da sie hauptsächlich Treibjagd war, von den aktiven Mitgliedern der ganzen Gruppe durchgeführt. Die Frauen nahmen an der Jagd teil. Ob sie dabei Speere schleuderten oder sich aufs Treiben konzentrierten oder Steine auf verletzte Tiere schleuderten, ist im Grunde gleichgültig. An der Jagd wurden sie auch von ihren Babys nicht gehindert, weil man davon ausgehen kann, dass diese während der Jagd in die Obhut der Alten gegeben wurden. Zudem waren Frauen keineswegs ständig schwanger. Die knappe Ernährungslage regulierte die Empfängnisbereitschaft der Frauen gerade in der Zeit, bevor Agrarkulturen aufkamen.

So unterschiedlich, wie es von Pease & Co. dargestellt wird, waren die Tätigkeiten der Geschlechter in der Urzeit nicht. Die Frau der Frühzeit war kein Heimchen, sondern arbeitete ebenso hart am Unterhalt der Gruppe wie Männer. Wie sollten sich unter diesen Umständen »Jäger-Gene« bei Männern und »Sammler-Gene« bei Frauen bilden? Bisher sind solche Gene lediglich in der Phantasie von Forschern und Autoren gefunden worden, kein Biologe hat sie je entdeckt. Diese Phantasie reicht aber aus, um dem Mann die Rolle des Ernährers seiner Kleinfamilie zuzuschieben.

In den Urkulturen sorgte jedoch nicht der Einzelne und schon gar nicht das Paar, sondern die Sippe für den Nachwuchs. Aus diesem Grund hält Gerd-Christian Weniger, Direktor des Neandertal-Museums in Mettmann, die Story vom Mann als Jäger und Ernährer für ein »Konstrukt der Forschungsgeschichte«[4]. Das haben sich (forschende) Männer ausgedacht, indem sie bürgerliche Familienverhältnisse in die Urzeit projizierten.

Indem die These vom Mann als Ernährer unglaubwürdig wird, wackelt auch die Überzeugung, Frauen seien an festen Beziehungen stets mehr interessiert gewesen als Männer. Ge-

Venus und Mars?

rade für die Frühzeit der menschlichen Entwicklung trifft das nicht zu, da dort die Gruppe – und speziell die mütterliche Linie – für die Angehörigen sorgte. Auch heute noch gibt es, beispielsweise in Afrika und China, große Landstriche, in denen die Kinderversorgung über die Sippe der Mutter gewährleistet ist und in denen Kinder für die Frau keine Abhängigkeit vom Erzeuger mit sich bringen.

Der hinter den Jäger- und Sammler-Mythen liegende Versuch, Verhaltensunterschiede zwischen Männern und Frauen auf Genstrukturen zurückzuführen, weist noch weitere grundsätzliche Schwächen auf. Es wird damit unterstellt, die Menschheit habe insgesamt eine gleiche Entwicklung genommen, die sich genetisch entsprechend niederschlug. Wahr ist aber, dass es gleichzeitig stets unterschiedliche Entwicklungen gab. Auch heute noch existieren Kulturen mit unterschiedlichem Entwicklungsstand nebeneinander, Kulturen auf Steinzeitniveau in den letzten Urwäldern befinden sich neben technisch hoch entwickelten Gesellschaften. Wenn sich das Rollenverhalten der Geschlechter in den Genen niederschlagen würde, müsste es zwischen den wenig und den hoch entwickelten Völkern deutliche Unterschiede in der Genausstattung geben. Dafür gibt es jedoch keinerlei Anhaltspunkte. Aber die Formel Mann = Jäger und Frau = Sammlerin bedient das Bedürfnis nach Vereinfachung und wird daher gern angenommen.

Auf der Grundlage dieses genetisch begründeten Mythos werden allerhand Spekulationen in Bezug auf Verhaltensursachen angestellt und als »wissenschaftliche Erkenntnisse« ausgegeben. Beispielsweise wird behauptet:

Die Evolution hat die Frauen nicht darauf programmiert, vom Anblick der männlichen Genitalien sexuell erregt zu werden. –
Ausgeprägte Nase, Kinn und Augenbrauen entwickelten sich beim

Mann, um ihn beim Kampf oder bei der Jagd vor Schlägen ins Gesicht zu schützen.[5]

Solche absurden Thesen halten schon der einfachen Prüfung durch den gesunden Menschenverstand nicht stand. Stimmen sie, dann leiden Frauen, die vom Anblick männlicher Genitalien erregt werden, unter genetischen Anomalien. Dazu zählen auf jeden Fall die Besucherinnen männlicher Stripshows, die voller Begeisterung kreischend auf den Augenblick drängen, wo der Slip fällt. Diese Frauen sind schlicht unnatürlich. Und wie steht es um Frauen mit ausgeprägtem Kinn? Legen sie es womöglich auf Kampf an, oder wollen sie jagen statt sammeln? Vielleicht haben sie versehentlich männliche Gene abbekommen und leiden ebenfalls unter Anomalien?

Rafaela von Bredow fasst weitere Fakten zusammen, die ganz und gar nicht zur These der sexuell antriebslosen Frau passen.

Warum – falls das Naturgesetz vom treuen Kuschelheimchen ohne große Libido tatsächlich Gültigkeit hätte – versuchen dann Männer auf der ganzen Welt, Frauen mit eingeschnürten Füßen (China), verschleierten Gesichtern und Körpern (islamische Kulturen) und abgetrennter Klitoris (in einigen Religionen Afrikas und in den USA als »Berichtigung« an Säuglingen mit größerer Klitoris) vom Fremdgehen abzuhalten?«[6]

Den geradezu verdummenden Behauptungen, das Verhalten der Geschlechter sei auf ihre genetische Ausstattung zurückzuführen, lässt sich im Grunde auf einfache Weise der Garaus machen: indem man die Verhaltensvielfalt betrachtet, zu der Menschen verschiedener Kulturen fähig sind. Auf diesem Planeten taucht in den unzähligen Ethnien buchstäblich jedes vorstellbare Verhalten auf. Es gibt monogame Kulturen (lediglich 16%), polygame Kulturen (immerhin 84%), Polyandrie (Vielmännerei), Polygamie (Vielweiberei), erlaubte oder verbotene Homosexualität, friedliche Stämme, kriegerische Stämme und so weiter und so fort. Innerhalb dieser verschiedenen Kulturen wurden auch unterschiedliche Umgangsformen mit der Sexualität kultiviert.

So betrieb beispielsweise das Volk der Arawaté den »apihipiha«, den Partnertausch unter befreundeten jungen Ehepaaren, und dies völlig freiwillig und mit Freuden.[7] Wie ist das möglich, wenn Frauen vom Anblick männlicher Genitalien nicht erregt werden? Und wie schaffen es die Frauen der Ache-Indianer in Paraguay, in sexueller Freizügigkeit zu leben?

Was in der einen Kultur praktiziert wird, erscheint den Menschen in einer anderen Kultur undenkbar. Noch erstaunlicher aber – für Anhänger der biologistischen Thesen – ist die Tatsache, dass etwas, das Männer in der einen Kultur tun, den Frauen in einer anderen Kultur ebenso gelingt. So gelten Frauen in manchen Kulturen als die sexuell aktiveren Wesen (dazu gleich mehr). Hat in diesen Fällen etwa ein Gentausch stattgefunden? Wohl kaum.

Die vielfältigen Verhaltensmöglichkeiten innerhalb der Geschlechter kommen wohlgemerkt *bei gleicher genetischer Ausstattung und identischer Hirnstruktur* der beteiligten Menschen vor. Wie ist das möglich, wenn Männer und Frauen durch ihre Gene zu einem bestimmten Verhalten gezwungen werden? Sind Gene womöglich gar nicht in der Lage, das menschliche Verhalten zu bestimmen? Vieles spricht dafür.

Um die These von der das Verhalten bestimmenden Macht der Gene aufrechterhalten zu können, muss immer wieder auf das Tierreich ausgewichen werden. Dort lassen sich genügend

Beispiele für die Kraft der Gene finden. So ist es nicht verwunderlich, dass vor kurzem ein »Treue-Gen« entdeckt wurde. Bei der Präriewühlmaus! Kurzerhand wurde dieses Treue-Gen auf medizinischem Wege auf die für ihr wildes und unmoralisches Treiben bekannte Wiesenwühlmaus übertragen, und siehe da:

Die Männchen hatten daraufhin nur noch Augen für eine Mäusefrau. Die Forschungen zeigen: Die sexuell besessenen Mäuseriche sind genetisch darauf gepolt, viele Weibchen zu beglücken. Und schon die Veränderung einzelner Gene kann das gesamte Sexualleben der Tiere durcheinander bringen. Gilt das auch für uns Menschen? »*Es ist ein faszinierender Gedanke, dass Unterschiede bei den Vasopressin-Rezeptoren eine Rolle in der Bildung von Beziehungen spielen*«, *frohlockte in diesem Zusammenhang Professor Larry Young.*[8]

Die Forscher scheinen von der Aussicht, genetisch in das menschliche Beziehungsverhalten eingreifen zu können, fasziniert zu sein. Doch welche Auswirkungen könnte es haben, ein Treue-Gen auf andere Arten zu übertragen? Spielen wir das Spiel durch und lassen wir die fleißigen Forscher bei allen Wiesenwühlmäusen das Treue-Gen implantieren. Was wird passieren? Wahrscheinlich wird die Art der Wiesenwühlmäuse innerhalb weniger Generationen ausgestorben sein. Dass die eine Art über ein Treue-Gen verfügt, die andere Art aber nicht, hat nämlich Gründe. Und es hat auch Gründe, dass der Mensch – wie wir alle wissen – über kein derartiges Treue-Gen verfügt.

Demnach kann uns das Treue-Gen der Präriewühlmaus ziemlich gleichgültig sein, weil Mäuse eben Mäuse sind und die Lebensbedingungen überhaupt nicht vergleichbar sind.

Wann immer Verhaltensweisen von Tieren mit menschlichem Verhalten verglichen werden, wird die Tatsache verharmlost oder unterschlagen, dass der Mensch von allen Lebewesen über den geringsten instinktiven Verhaltensanteil verfügt. Er hat im Laufe der Zeit den Großteil seines instinktgesteuerten Verhaltens verloren und dafür eine ungeheure Lernfähigkeit erworben. Alles, was ein Mensch kann, hat er lernen müssen, mit wenigen Ausnahmen wie beispielsweise der des Saugreflexes. Seine Gene sagen dem Menschen weder, wie er überleben kann, noch wie er sich verhalten muss, um in der Gesellschaft klarzukommen, und schon gar nicht sagen sie ihm, wie er sich als Mann oder Frau zu verhalten hat. Seine Gene lassen ihm ein so enormes Spektrum an Verhaltensmöglichkeiten, dass sich das Verhalten von Männern und Frauen aus ihnen nicht ableiten lässt.

LÜGE 2:
GENE BESTIMMEN DIE SEXUELLE ORIENTIERUNG

Wer glaubt, das sexuelle Verhalten der Geschlechter sei genetisch bedingt, vermutet auch genetische Ursachen hinter der sexuellen Orientierung der Menschen. So wie der amerikanische Forscher Dean Hamer, der 1993 verkündete, ein »Schwulen-Gen« entdeckt zu haben. Diese sensationelle Nachricht wurde in Teilen der Schwulenszene zuerst begeistert aufgenommen. Schließlich würde ein Schwulen-Gen eine unumstößliche, natürliche Begründung für die sexuelle Orientierung von Homosexuellen liefern, und man könnte sie nicht mehr für gestört erklären, wie das konservative Kreise immer noch gern tun. Allerdings hielt sich diese Sensation nicht lange, weil sich die Angaben des Forschers bei weiteren Untersuchungen nicht bestätigten. Gott sei Dank, kann man nur sagen, hätte der Nachweis eines Schwulen-Gens doch augenblicklich zu Versuchen geführt, es auszuschalten oder gentechnisch zu verändern, um diese Menschen auf vermeintliche Normalität zu trimmen!

So sind trotz aller Fortschritte der Genforschung bis zum heutigen Tage keine genetischen Ursachen für die sexuelle Orientierung der Menschen auszumachen. Hingegen ergeben sich eindeutige *gesellschaftliche* Zusammenhänge aus der Tatsache, dass erst in der Neuzeit lesbische und schwule Identitäten entworfen wurden, für die in der Antike noch kein Bedarf bestand:

In der antiken Welt kümmerten sich so wenige Menschen darum, ihre Zeitgenossen auf der Basis des Geschlechts, zu dem sie sich hingezogen fühlten, zu kategorisieren, dass keine Dichotomie (Zweiteilung) gebräuchlich war, um diese Unterscheidung auszudrücken.[9]

Das bedeutet: in der Antike wurde gar nicht zwischen homo- und heterosexueller Orientierung unterschieden, man galt einfach als sexuelles Wesen und konnte es mit Männern oder Frauen lustvoll treiben. Strenge Wertungen wurden hingegen bezüglich aktiver und passiver Sexualität getroffen. Die Sexualität des Bürgers hatte aktiv zu sein. Wer sich in eine passive Rolle begab und es genoss, sich penetrieren zu lassen statt zu penetrieren, machte sich eines skandalösen Verhaltens schuldig. Sexuelle Kontakte zwischen Gleichgeschlechtlichen waren üblich und akzeptiert, und man sah darin keine Auffälligkeit, sondern etwas völlig Normales. Auch in etlichen islamischen Gesellschaften werden gleichgeschlechtliche Praktiken stillschweigend akzeptiert, solange sie nicht öffentlich werden, was mit der Tabuisierung vorehelichen sexuellen Verkehrs mit dem Ehepartner in Zusammenhang steht. Für junge Leute ist gleichgeschlechtliche Sexualität die einzige relativ gefahrlose Möglichkeit, überhaupt voreheliche Sexualität zu haben.

Sexuelle Orientierung als charakteristische Eigenschaft bestimmter »Typen« von Menschen zu sehen, gar als eine genetisch bedingte Eigenschaft, und diese Menschen dann als homosexuell oder heterosexuell zu bezeichnen ist ein geschichtlich relativ neues Phänomen. Einiges spricht dafür, dass sich *ausschließliche* Homosexualität erst auf dem Hintergrund der sozialen Forderung nach ausschließlicher Heterosexualität verbreitete. Das würde bedeuten, dass ausschließliche Homosexualität ein soziales Phänomen darstellt. Auf genetischer Grundlage jedenfalls kann man vom Menschen nicht als einem grundlegend homo- oder heterosexuell orientierten Wesen sprechen. Bestenfalls kann man vom Menschen als einem sexuellen, also nach Lust strebenden Wesen ausgehen.

Dieser Eindruck deckt sich mit Beobachtungen, die sich an den nächsten Verwandten des Menschen, an Schimpansen und Bonobos, machen lassen. Auch diese Primaten werden von der sexuellen Lust über Geschlechterschranken hinweggeführt, unbehindert von irgendwelchen Genen, ebenso wie andere Tierarten, was sich in Zoos und Tiergärten beobachten lässt und was jahrzehntelang von der Wissenschaft schamvoll verschwiegen oder sogar bestritten wurde. Inzwischen gilt Homosexualität unter Tieren als nicht ungewöhnlich. Beispielsweise leben in einem englischen Vogelpark zwei homosexuelle Flamingos, die befruchtete Eier stehlen und die Küken gemeinsam großziehen. Im Unterschied zu heterosexuellen Flamingos, die sich jedes Jahr einen neuen Partner suchen, leben die beiden von ihren Pflegern Carlos und Fernando getauften Vögel sogar seit fünf Jahren als Paar zusammen.[10]

LÜGE 3:
FRAUEN SIND GENETISCH ZU TREUE VERURTEILT

Obwohl die immensen Unterschiede zwischen den Kulturen und die Verhaltensunterschiede zwischen den Geschlechtern, auch was das Sexualverhalten angeht, auf soziale Ursachen hinweisen, werden unbeeindruckt hiervon immer wieder genetische Ursachen dafür unterstellt. Das liest sich auf die Treue bezogen – wiederum beim Ehepaar Pease – folgendermaßen:

Die längste Zeit ihrer Existenz waren Männer polygam, um das Überleben der Spezies zu sichern. Männer waren stets Mangelware, weil so viele bei der Jagd oder in Kämpfen getötet wurden. – Die Gehirne der meisten Männchen, einschließlich der Menschen, sind nicht für die Monogamie geschaffen... und deshalb haben viele Männer Schwierigkeiten, in einer Beziehung monogam zu leben. – Bei Frauen ist es in der Psyche verankert, dass sie wenigstens so lange in einer Beziehung leben sollten, bis ihre Kinder auf eigenen Beinen stehen können.[11]

Mehr Unsinn lässt sich in so wenigen Sätzen kaum unterbringen. Nehmen wir die erste Unterstellung, der Mann sei aufgrund seiner kriegerischen Gelüste stets Mangelware gewesen. Das leuchtet oberflächlich betrachtet ein, doch muss man dazu wissen, dass die Kriege der Urzeit nicht einmal entfernt mit modernen Kriegen vergleichbar sind. Die Kriege der Urzeit

Venus und Mars?

waren keine organisierten Feldzüge, sondern kleine Überfälle und Scharmützel, bei denen nur wenige Männer umkamen und bei denen auch nur wenige umkommen durften, um das Überleben des Stammes nicht zu gefährden. Aber selbst wenn einige Männer in Kriegen oder bei der Jagd getötet wurden, so starben ebenso viele Frauen bei der Geburt ihrer Kinder. Deshalb gibt es auch in den heute noch bestehenden Urvölkern keine Hinweise auf den behaupteten Frauenüberschuss.

Und wie sieht es mit der Hirnstruktur der Männer aus, die sie angeblich zur Polygamie zwingt? Auch das ist barer Unsinn, weil Männer überall dort polygam sind, wo sie Macht über Frauen gewinnen konnten – ein sozialer Zusammenhang, auf den ich später noch näher eingehen werde. Abgesehen davon, wie konnten Männer, die mit mehreren Männern einer Frau zur Verfügung standen, weil in der betreffenden Gesellschaft Vielmännerei praktiziert wurde, wie das beispielsweise in Tibet üblich war, ihre genetische Aufforderung zur Polygamie ignorieren? Hat der tibetische Mann vielleicht ein spezielles Treue-Gen entwickelt, das ihn an seine mit mehreren Männern sexuell aktive Frau bindet?

Die kühne Behauptung, die Gehirne der Männer wären nicht für die Monogamie geschaffen, bringt die Autoren des obigen Zitats in die Verlegenheit, männliche Untreue unabsichtlich genetisch gerechtfertigt zu haben. Männer müssen fremdgehen! Sie können nicht anders! Das kann einem in seinen Thesen amerikanisch orientierten Autorenpaar natürlich nicht gefallen, weil seine Bücher im puritanischen englischen Sprachraum dann wenig Verbreitung fänden. Deshalb beeilen sich die Eheleute Pease, ihre Aussagen zu relativieren und die politisch unkorrekte genetische Veranlagung der Männer durch einen schlichten Bewusstseinsakt außer Kraft zu setzen:

Wir unterscheiden uns von anderen Spezies allerdings darin, dass unsere entwickelten Hirne große Frontlappen besitzen, die uns bewusste Entscheidungen ermöglichen. Deshalb können Ehebrecher sich nicht damit rechtfertigen, dass sie einfach nicht anders konnten.[12]

Demnach können Ehemänner allein mit der Kraft der großen Frontlappen ihres Gehirns die Macht der Gene brechen. Wenn das aber so einfach ist, warum wird den Genen dann überhaupt ein nennenswerter Einfluss auf das Verhalten zugeschrieben? Dann könnten Frauen ebenso die großen Frontlappen ihrer Gehirne nutzen und sich für Untreue entscheiden; und das sexuelle und übrige Verhalten der Geschlechter wäre dem persönlichen Belieben anheim gestellt. Und warum nutzen Frauen die großen Frontlappen nicht, um einparken zu lernen, und warum lassen sich Männer nicht von eben diesen Frontlappen dabei helfen, mit dem Lügen aufzuhören?

Auch die dritte Behauptung im obigem Zitat, die alte Mär von der genetisch zur sexuellen Zurückhaltung verurteilten Frau, hat sich längst als wissenschaftlich begründetes Wunschdenken erwiesen. Dieser Irrglaube hat seinen Ursprung in der unvollständigen Beobachtung von Primaten. Nachdem Schimpansen – das glaubten die Wissenschaftler zumindest – eingehend beobachtet worden waren, erschienen die Weibchen als überaus treu, während die Männchen offenbar ein ausschweifendes Sexualleben führten. Dies galt lange Zeit als gesicherte wissenschaftliche Beobachtung, bis schließlich klar wurde, dass man einem Trugschluss aufgesessen war. Die Forscher prüften mittels Gentests die Vaterschaft der Schimpansen nach und kamen dabei zu überraschenden Ergebnissen. Die Gentests bewiesen unwiderlegbar, dass bei mehr als der Hälfte des Nachwuchses die Väter *nicht* aus der eigenen Gruppe stammten. Die Schimpansenweibchen hatten sich von ihren Gatten und den Forschern unbeobachtet auf ausgiebige Gen-Shopping-Touren begeben und erwiesen sich in dieser Art des Sammelns – oder war es eher ein Jagen? – als überaus erfolgreich.

Überdies wird die Wahl des Sexualpartners bei Affen nicht, wie Wissenschaftler bis Anfang der Neunzigerjahre glaubten, von Männchen durchgeführt. Die Primatenforscherin Barbara Smuts fand heraus, dass bei Pavianen das Weibchen die Entscheidung trifft. Mittlerweile gilt die Vorstellung, weibliche Primaten seien sexuell abhängig und würden sich im Stamm den Männchen unterwerfen, als restlos überholt. Die Wahrheit ist recht einfach. Der männliche Primat läuft herum und verteilt seine Gene, der weibliche Primat läuft herum und sammelt Gene ein. Das gleiche Verhalten kennen wir auch von Männern und Frauen – vorausgesetzt, soziale Bedingungen stehen dem nicht entgegen. Frauen, die nicht von der Machtwillkür einer männlich dominierten Gesellschaft betroffen sind, erfreuen sich einer ebenso regen wie abwechslungsreichen Sexualität, wie Männer das tun. Selbst unter dem gesellschaftlichen Druck, sich sexuell zurückhaltend zu gebärden, zeigen sich Frauen im Gen-Shopping überaus erfolgreich. So gehen Wissenschaftler davon aus, dass heute bis zu 15 % der in Ehen geborenen Kinder nicht mit dem Ehemann gezeugt wurden, sondern so genannte Kuckuckskinder sind.

Dennoch hielt sich der Mythos, Männer gingen fremd und Frauen nicht, über Jahrzehnte sowohl in der Literatur als auch in den Medien. Bis irgendwann die mathematische Unlogik dieser Annahme auffiel. Wenn 45–65 % aller Männer fremdgehen (und damit keine Bordellbesuche gemeint sind), können Frauen unmöglich treu sein. Das geht mathematisch einfach nicht auf.

LÜGE 4:
FRAUEN SIND SEXUELL ZURÜCKHALTENDER ALS MÄNNER

Doch selbst wenn sich aus der unterschiedlichen Biologie der Geschlechter eine unterschiedliche *Fortpflanzungsstrategie* ergäbe, selbst wenn die Frau eine Auswahl träfe, indem sie nur die besten Gene sammelt, während der Mann möglichst viele Gene streut, wenn also die Frau auf Qualität und der Mann auf Quantität aus wäre, beträfe das die Fortpflanzung und das Fortpflanzungsverhalten und nicht die *sexuelle Lust* der Geschlechter. Dass Fortpflanzung und Lust nicht sehr eng aneinander gekoppelt sind und durchaus verschiedene Wege gehen können, werde ich später noch darlegen. Fest steht mittlerweile jedenfalls eines: weder Mann noch Frau sind »von der Natur« für die Monogamie geschaffen, eine Erkenntnis, die mittlerweile auch von manchen Evolutionspsychologen vertreten wird:

»Monogamie, so wie sie die meisten Leute verstehen, ist unnatürlich. Die Einehe ist ein kulturelles Kunstprodukt.«[13] –
»Männer und Frauen haben sowohl langfristige als auch kurzfristige Paarungsstrategien. Wie häufig und in welcher Reihenfolge sie diese anwenden, hängt von ihren Werten, ihrem Alter und den sozialen Bedingungen ab.«[14]

Fest steht auch, dass die bereits zitierte Überzeugung, die Evolution habe die Frauen nicht darauf programmiert, vom Anblick der männlichen Genitalien sexuell erregt zu werden,[15] weil sie sich vor allem um den Nachwuchs sorgen würden und deshalb weniger Gefallen als die Männer an der Lust fänden beziehungsweise die sexuelle Lust aufgrund ihrer weiblichen

Venus und Mars?

»Natur« nur in festen Beziehungen ausleben würden, jeder Grundlage entbehrt.

Die von der Natur zu Zurückhaltung, Passivität und eingeschränkter Lust verurteilte Frau, von der das Bundesverfassungsgericht noch 1957 behauptete: »Schon die körperliche Bildung der Geschlechtsorgane weist für den Mann eine mehr drängende und fordernde, für die Frau mehr hinnehmende und zur Hingabe bereite Funktion auf«[16], gibt es nur in den Köpfen konservativer Forscher und oberflächlicher Autoren. Frauen sind sexuell genauso aktiv und fordernd wie Männer – wenn sie gelassen werden. Das belegen beispielsweise die folgenden Ausführungen des Ethnologen Hans Peter Duerr:

Die Mädchen und Frauen der Kaulong auf Neubritannien (zu Papua-Neuguinea) beispielsweise galten in sexueller Hinsicht als äußerst aggressiv und draufgängerisch, und diese Eigenschaften wurden bereits in der frühen Kindheit erzieherisch unterstützt, während man die Buben anhielt, sich gegen die Mädchen nicht zu wehren, sondern zu fliehen. In fortgeschrittenem Alter boten die jungen Mädchen den Männern Tabak oder gekochte Nahrung für ihre Liebesdienste, und zeigten sie sich unwillig, griffen die Mädchen häufig zu Gerten oder Stöcken und schlugen auf die jungen Männer ein oder bedrohten sie mit dem Messer, wobei sich diese nur mit Worten zur Wehr setzen durften.

Dieses Verhalten passt nun gar nicht in das Schema der Autoren Pease, weshalb dafür weitere Erklärungen aus dem Hut gezogen werden müssten. Man könnte beispielsweise von genetischen Mutationen bei den Frauen der Kaulong ausgehen oder ihnen schwere Hormonstörungen unterstellen, an denen sie leiden, weil auf ihrer Insel Nahrungsmittelknappheit herrschen würde. Doch die Frauen der Kaulong stehen mit ihrem

Verhalten nicht alleine. Unzählige Beispiele ließen sich hier anführen, die zeigen, wie sexuell aktiv und luststrebend Frauen handeln, wenn sie nicht daran gehindert – beispielsweise dafür gerädert oder gesteinigt – werden:

Die Frauen der Mundugumor standen ebenfalls im Ruf, die sexuelle Initiative zu ergreifen, und man sagte, dass bei jeder Frau in Abwesenheit ihres Mannes »die Klitoris sich erhebt und herumstreunt, um einen Liebhaber zu finden«. Bei den Kwoma waren es nicht nur die jungen Mädchen, sondern auch die verheirateten Frauen, die sich an die Männer heranmachten.[17] *Auch bei den Bedamini waren es die Frauen, die »Hunger« auf die Männer hatten, und grammatikalisch waren sie es, die die Männer »aßen«, das heißt, »fickten«, wohingegen die Männer von den Frauen »gefickt« wurden. ... Wenn eine Frau der Rauto auf Neubritannien während eines Sing-Sing-Festes ein Auge auf einen Mann geworfen hatte, ergriff sie seinen Arm und ließ ihn nicht mehr los. Wollte er nicht mit ihr schlafen, dann gab er ihr als Kompensation dafür, dass er sie sexuell erregt hatte, ohne sie zu befriedigen, eine Perlmuschel oder eine bestimmte Menge Muschelgeld, worauf sie ihn freigab.*[18]

Hierzulande machen sich die Frauen gewöhnlich für die Männer schön, um deren Aufmerksamkeit auf ihre sexuellen Vorzüge zu lenken. Weil es stets das verführte oder gejagte Geschlecht ist, das sich für die Jäger schmückt, machen sich in etlichen Ethnien nicht die Frauen, sondern die Männer schön, was von den Tuareg Nordafrikas bekannt ist und unter anderem auch für die Santa-Cruz-Inseln galt:

In vielen Gesellschaften hielt man die Männer für das schöne und sexuell passive Geschlecht, das von den Frauen verführt werden musste. *Auf den Santa-Cruz-Inseln beispielsweise schmückten sich nur die jungen Männer, indem sie sich duftende Blumen ins Haar steckten, und wenn sie sich für eine Tanzveranstaltung zurechtgemacht und aufgedonnert hatten, galten sie als so unwiderstehlich, dass man sie keine Sekunde aus den Augen ließ, weil man befürchtete, dass die nächstbeste Frau sich an ihnen vergreifen würde.*[19]

Wie ist dieses Verhalten der Frauen anders als durch die gesellschaftlichen Bedingungen zu erklären? An den Genen kann es jedenfalls nicht liegen, die sind hier wie dort identisch. Die Mär von der sexuell passiven Frau ist wohl eher einer parteiischen Wissenschaft zu verdanken. Noch in den sechziger Jahren des 20. Jahrhunderts konnte man in der psychologischen Fachliteratur Folgendes lesen:

Der Orgasmus ist männlich. Die »weibliche« Frau kennt keinen orgastischen Höhepunkt.[20]

Diese Überzeugung stammt nicht, wie man meinen sollte, aus männlichem Munde, sondern aus weiblicher Feder, sie wurde von Psychoanalytikerinnen verbreitet, und zwar im Rahmen einer von Männern dominierten psychologischen Methode.

LÜGE 5:
DIE SEXUELLE ATTRAKTIVITÄT DER FRAU
HÄNGT VON IHRER FRUCHTBARKEIT AB, DIE
DES MANNES VOM GELDBEUTEL

Mittlerweile gilt auch die verbreitete und selbstverständlich auch bei den Autoren Pease anzutreffende These, Männer fänden aufgrund ihrer genetischen Ausstattung »fruchtbar« wirkende Frauen – also Frauen mit großer Oberweite, schlanker Taille und breiten Hüften – besonders attraktiv, als widerlegt:

»Allerdings ist auch diese These von einem biologisch vermittelten ›universalen Schönheitsideal‹ kürzlich ins Wanken geraten«, berichtet die Journalistin Silvia Sanides. »Ein Team von britischen Forschern ... legte peruanischen Matsigenka-Indianern ... Bilder von Frauen mit unterschiedlichen Taille-Hüfte-Verhältnissen vor. Entgegen aller evolutionsbiologischen Regeln gefielen den Männern kastenförmige Gestalten weit besser als sanduhrförmige«.[21]

Die Lust ist eben keinesfalls so eng mit der Fortpflanzung verbunden, wie das von Biologen gern behauptet wird. Der Befund der britischen Forscher wird übrigens vom heutigen Schönheitsideal bestätigt, das ebenfalls von der Wespenfigur mit ihren breiten Hüften weit entfernt ist. Die Werbung stützt sich ja nicht zufällig oder irrtümlich auf die sexuelle Ausstrahlung schlanker, eher knabenhaft wirkender Frauen. Diese Figur entspricht dem androgynen Ideal, das sich seit der Romantik ausbreitet und in dem sich so genannte männliche und weibliche Eigenschaften vereinen. Weder die Vorliebe der Matsigenka-Indianer noch das heutige Schönheitsideal in den westlichen Gesellschaften kann daher auf das Diktat der Gene zurückgeführt werden. Was als schön empfunden wird, hängt von den gesellschaftlichen Umständen ab. Offenbar erscheinen üppige Menschen dann sexuell anziehend, wenn die Gesellschaft in Armut lebt, und schlanke Menschen werden dort attraktiv, wo die Menschen im Überfluss schwelgen. In Verhältnissen wie den unserigen, in denen sich die geschlechtsspezifischen Rollen allmählich auflösen, wird ein androgyner

Körpertyp, der männliche und weibliche Merkmale gleichermaßen repräsentiert, zum Schönheitsideal.

Doch wie auch immer man die unterschiedlichen Vorlieben für unterschiedliche Figurentypen in den verschiedenen Ethnien erklärt, Unterschiede in Genstruktur und Hirnorganisation können dafür keinesfalls herhalten, weil diese biologischen Bedingungen überall gleich sind und die Ideale dennoch verschieden.

Mittlerweile erweist sich auch die Behauptung etlicher Evolutionsbiologen, Frauen würden Männer nicht nach ihrer sexuellen Attraktivität aussuchen, sondern nach sozialem Status und Einkommen, als Wunschdenken. Angeblich ist die Frau ja in erster Linie an einem Ernährer interessiert, der zumindest so lange bei ihr bleibt, bis die Kinder aus dem Gröbsten raus sind. Auch diese Auswahlkriterien sind, und das ist der Unsinn, angeblich in den Genen niedergelegt.

Dass Frauen, die unter die Herrschaft des Mannes gerieten und denen unabhängige eigene Einkommensmöglichkeiten verwehrt wurden, den Partner auch nach dem Geldbeutel aussuchen, ist wenig verwunderlich. Was aber passiert, wenn Frauen über so viel Geld verfügen, dass sie ihr Leben unabhängig von Männern gestalten können? Dann, so ergab eine Untersuchung an der schottischen University of St. Andrews unter 1800 Frauen, wird das Aussehen des Mannes wichtiger und die Bedeutung seines Geldes schwindet.[22]

Schlechte Nachrichten für Männer. Je unabhängiger die Frauen werden, desto geringer werden ihre Chancen, dass ein dicker Geldbeutel die negativen Folgen eines dicken Bauches für ihre sexuelle Anziehungskraft aufhebt.

FAKTEN: WAS GENE TUN UND WAS SIE LASSEN

Die von etlichen Evolutionsbiologen angelegte Formel, nach der für jedes menschliche Verhalten ein bestimmtes Gen zuständig sein soll, geht einfach nicht auf. *Der Mensch ist ganz im Gegenteil das am wenigsten biologisch vorbestimmte Lebewesen auf dieser Erde.*

Der Mensch kommt nur mit einigen wenigen Verhaltensinstinkten auf die Welt, und sein konkretes Verhalten entwickelt sich erst in konkreten sozialen Situationen. Deshalb ist es problemlos möglich, beispielsweise ein Baby aus einem Stamm zu nehmen, der sich auf dem Niveau von Steinzeitmenschen befindet, es in unserer Gesellschaft aufwachsen zu lassen und dann auf eine Universität zu schicken. Es wird dort ohne Probleme promovieren, was zum Beispiel zahlreiche Aborigines in Australien bewiesen haben. Selbst wenn die Zeitspanne im Entwicklungsniveau zwischen einem Steinzeitvolk und unserer Gesellschaft »nur« etwa 20 000 – 50 000 Jahre beträgt, müssten sich in Genverfassung und Hirnorganisation zumindest messbare Differenzen zeigen, die einer reibungslosen Teilhabe an unserer modernen Wissensgesellschaft im Wege stünden. Dem ist aber nicht so.

Die Bedeutung, die Genen im kulturellen Prozess zukommt, wird leider meist völlig falsch dargestellt. Nehmen wir als Beispiel die Sprachentwicklung. Natürlich hat es mit Genen zu tun, dass Menschen sprechen können, aber in den Genen ist nirgends festgelegt, ob sie Spanisch, Französisch oder Russisch sprechen. Wenn aber jemand mit der chinesischen Sprache aufgewachsen ist, wird er es sein ganzes Leben lang nicht schaffen, ein R zu rollen. Seine Gene sind jedenfalls unschuldig daran, er hat es einfach nicht rechtzeitig gelernt.

Gene besitzen keinesfalls die generelle Steuerungsfähigkeit, die ihnen zugesprochen wird. Zum einen ist von den mehr als 25 000 Genen, die sich in jeder menschlichen Zelle befinden, stets nur ein sehr kleiner Teil aktiv. Die meisten Gene bleiben Zeit ihres Daseins passiv, und sie können sich nicht selbst aus ihrer inaktiven Starre befreien. Um aktiv zu werden, müssen sie von Proteinen »angeschaltet« werden. Gene sind also auf Befehle angewiesen, um ihre Aufgaben ausführen zu können. Ebenso können sie von Proteinen »abgeschaltet« und damit an der Ausführung ihrer Programme gehindert werden. Über die Aktivität und Passivität von Genen bestimmen also nicht die Gene selbst, sondern andere Stoffe, vor allem Eiweiße.

Man darf sich Gene daher nicht als die Architekten des Körpers, sondern eher wie Baupläne vorstellen, die in zahllosen Schubladen ruhen und die nur unter bestimmten Umständen herausgezogen werden. Darüber, ob diese Pläne zur Anwendung kommen oder nicht, entscheiden aber nicht die Gene selbst. Deshalb betont der Soziologe Dirk Baeker, es wäre keinesfalls so,

... dass »die Gene« ein unverfügbares, in den Tiefen der Biologie verankertes Programm des Menschseins enthalten ... was die meisten Biologen uns bis heute nur allzu gerne glauben lassen wollen. Tatsächlich ist diese Auffassung von den Genen als Programm des Lebens mit keiner neueren Molekularbiologie vereinbar. Gene antworten auf Nachfragen, wenn Probleme auftreten im Prozess der Selbstorganisation des Lebens. Aber sie steuern diese nicht.[23]

Gene antworten, aber sie steuern nicht. Diesen Satz muss man dick unterstreichen.
Wenn es aber nicht die Gene sind, wer ist dann der Architekt des Organismus? Niemand außer dem Organismus selbst!

Jeder Organismus lenkt sich selbst, indem seine zahllosen biologischen und psychischen Teilsysteme selbsttätig miteinander kommunizieren. Es gibt für diese Kommunikation kein zentrales Steuerungsinstrument. Selbst das Gehirn stellt kein Instrument zur Steuerung des Organismus dar, es wird vom Direktor des Max-Planck-Instituts für Hirnforschung in Frankfurt am Main, Wolf Singer, als »Orchester ohne Dirigent« bezeichnet, als ein Orchester, dessen Mitglieder sich selbst untereinander abstimmen.

Wenn Gene Verhalten im komplizierten menschlichen Organismus steuern könnten, dann müsste das für vergleichsweise primitive Organismen erst recht zutreffen. Beispielsweise für Pflanzen. Anthony Trewavas von der Universität Edinburgh hat dazu mit genetischen Pflanzenklonen experimentiert – bei Klonen ist das Erbgut absolut identisch – und kommt zu folgendem verblüffenden Ergebnis: »Selbst identische Klone verhalten sich unter gleichen Bedingungen unterschiedlich.«[24]

Der Forscher betont, dass es nicht allein vom Erbgut abhänge, wie ein Pflänzchen sich entwickle. Die Pflanze wähle *autonom* aus mehreren ihr zur Verfügung stehenden Möglichkeiten aus. Schließlich, so der Forscher, stamme das Wort Intelligenz aus dem lateinischen *inter legere* (auswählen). Wie aber wählt eine Pflanze aus? Es werden wahrscheinlich chemische Stoffe sein, die pflanzliche Gene ein- oder ausschalten und so die Verhaltensmöglichkeiten der Pflanzen vermehren. Bei den höheren Organismen erfüllen Proteine diese Aufgabe.

Die genetisch identischen Pflanzen wählen, und das ist das Erstaunliche, selbst unter *gleichen* Bedingungen *unterschiedliche* Verhaltensmöglichkeiten aus. Es entstehen leicht variierte Pflanzen, was die Wahrscheinlichkeit der Art zu überleben beträchtlich erhöht. Zum Überleben ihrer Art trägt demnach gerade die Autonomie der Pflanze – und nicht eine starre genetische Steuerung – bei.

Wenn die Evolution aber schon Mais und Sonnenblumen autonome Entscheidungen treffen lässt, wird der Entscheidungsspielraum bei höheren Organismen entsprechend zunehmen. Die größte Autonomie ist beim Menschen zu finden, dessen Verhalten genetisch gegen null tendierend festgelegt ist und der sich erst im sozialen Lernen für konkrete Verhaltensmöglichkeiten entscheidet.

Die Gengläubigkeit mancher Forscher erhielt im Zuge der Experimente mit geklonten Tieren einen weiteren Dämpfer. Ein Beispiel: geklonte Katzen. Die Zellen und damit die Gene der kleinen Kätzchen waren mit denen der Tiere, denen man Zellmaterial entnommen hatte, völlig identisch. Dennoch entwickelte sich die Fellzeichnung des geklonten Nachwuchses nicht nach der Vorlage, sowohl Muster als auch Farbe des Fells waren verschieden. Die Wissenschaftler mussten feststellen, dass zum Zeitpunkt der Zellkernentnahme bestimmte Gene abgeschaltet waren, wodurch die Kopie vom Original abwich. Genau dieser Mechanismus des An- und Abschaltens von Genen wird auch zukünftig für unterschiedliche Entwicklungen und Verhalten bei geklonten Organismen sorgen.

Die Vorstellung, menschliches Verhalten werde von Genen oder Hirnen oder was auch immer *gesteuert,* verschwindet Gott sei Dank allmählich aus dem fortschrittlichen wissenschaftlichen Denken, während der Gesichtspunkt der autonomen Entwicklung von Organismen an Bedeutung gewinnt. Auch der menschliche Organismus hat sich im Verlaufe der Evolution aus einem Zusammenspiel biologischer, psychischer und sozialer Bedingungen selbst entworfen.[25] Deshalb betont der Psychologe und Wissenschaftsautor Joachim Bauer:

Zu den beliebten Irrtümern unserer Zeit gehört die verbreitete Meinung, der wesentliche Schlüssel zum Gelingen unserer Entwicklung sei ausschließlich in den Genen zu suchen. Tatsächlich haben Beziehungserfahrungen und Lebensstile, die immer auch mit einer Aktivierung bestimmter neurobiologischer Systeme einhergehen, einen gewaltigen Einfluss sowohl auf die Regulation der Genaktivität als auch auf Mikrostrukturen unseres Gehirns.[26]

Nach neuesten wissenschaftlichen Erkenntnissen ist die Psyche in der Lage, bestimmte Genaktivitäten zu beeinflussen, was am Beispiel des Immunsystems deutlich geworden ist. Eine Stimmung oder ein anderer psychischer, emotionaler oder geistiger Auslöser kann über Proteine bestimmte Gene aktivieren oder deren Aktivität behindern. Von einer simplen Steuerung des Verhaltens durch die Gene lässt sich daher auf keinen Fall mehr ausgehen.

An dieser Stelle mögen Einsprüche auftauchen, die sich beispielsweise auf die Zwillingsforschung berufen, doch auch diese hat bisher keine eindeutigen Ergebnisse erbracht, die genetische von umweltbedingten Einflüssen auf das Verhalten unterscheiden könnten. Zudem weiß jede mehrfache Mutter, dass sich ihre Kinder im Verhalten von Anfang an unterscheiden. Bisher lag es nahe, diese Unterschiede auf das Geschlecht oder die Gene zurückzuführen. Die neueste Forschung der pränatalen Psychologie, die sich mit der psychischen Entwicklung des ungeborenen Kindes befasst, legt andere Erklärungen nahe. Sie konnte nachweisen, dass schon Ungeborene die Gefühle ihrer Mütter wahrnehmen. Gefühle sind an Hormonausschüttungen beteiligt, die sich über die Nabelschnur in den Blutkreislauf des Kindes übertragen. Auf diese und andere Weise wirkt sich vieles, was das Kind in den neun Monaten seiner vorgeburtlichen Entwicklung auf chemischen, akustischen oder taktilen Wegen erfährt, auf seine Persönlichkeit aus. Solche Einflüsse setzen sich auf anderen Wegen nach der Geburt in weitaus stärkerem Maße fort. Daher unterscheiden sich die Umweltbedingungen selbst eineiiger Zwillinge beträchtlich, und das erklärt auch ihre unterschiedliche Entwicklung.

LÜGE 6:
DIE GEHIRNSTRUKTUR BESTIMMT ÜBER DAS VERHALTEN DER GESCHLECHTER

Da die Verhaltensunterschiede zwischen den Geschlechtern sich nicht einmal annähernd überzeugend genetisch begründen lassen, wird zunehmend die geringfügig unterschiedliche Gehirnsstruktur von Männern und Frauen als Verursacher eines geschlechtsspezifischen Verhaltens bemüht. Zwar lassen sich gewisse Unterschiede zwischen männlichen und weiblichen Gehirnen nicht leugnen, beispielsweise ist das männliche Gehirn schwerer als das weibliche, allerdings herrscht über die Bedeutung dieser anatomischen Differenzen noch weitgehend Unklarheit. Das hält aber manche Wissenschaftler und erst recht nicht die Autoren Pease davon ab, scheinbare Klarheit diesbezüglich zu behaupten:

Das Hirn des Mannes ist einspurig. Er kann nicht mit seiner Frau schlafen und gleichzeitig auf die Frage antworten, warum er nicht den Müll rausgetragen hat – Das Gehirn der Frau ist auf den Multitaskbetrieb ausgerichtet. [27]

Was hat es mit dieser Behauptung auf sich? Das Ehepaar Pease stützt sich bezüglich seiner ganzen Hirnakrobatik auf Wissenschaftler, die festgestellt haben wollen, dass Frauen über eine bessere Verbindung zwischen den Gehirnhälften verfügen. Dadurch sei die Vernetzung der Hirnhälften effektiver organisiert, und sie wären in der Lage, mehrere Dinge gleichzeitig zu tun, während Männer sich nur auf eine Sache zur gleichen Zeit konzentrieren könnten.

Zur Bedeutung des Corpus Callosum – so wird die Verbindung zwischen den Hirnhälften genannt – finden sich im Buch *Warum Frauen glauben, sie könnten nicht einparken und Männer ihnen Recht geben – über Schwächen, die gar keine sind*[28] interessante Hinweise. Im zweiten Kapitel beschreibt Eileen Lüders die Herkunft der angeblich »wissenschaftlich bewiesenen« Aussage, Frauen verfügten über einen besseren Datentransfer zwischen den Hirnhälften, die von einem Forscherteam 1982 aufgestellt wurde. Diese Studie wurde allerdings bereits kurz nach ihrem Erscheinen in der Fachwelt angezweifelt, auch deshalb, weil von ursprünglich 28 analysierten Gehirnen nur 14 (!!!) im Endergebnis berücksichtigt wurden. Hört, hört! Seither ist es nicht gelungen, die Aussage, die Brücke zwischen den Gehirnen sei bei Frauen größer, zu beweisen. Einige Forscher bestätigen sie, andere wiederum finden bei Männern ein größeres Corpus Callosum. Die Autorin kommt aufgrund der Zusammenfassung verschiedenster Forschungen zu dem Schluss, »dass die Verschiedenheit zwischen den einzelnen Individuen innerhalb eines Geschlechts viel größer ist als eventuell existierende Geschlechtsunterschiede in der Form oder Größe des Corpus Callosum«.

Auf diese Erkenntnis, dass körperliche oder kognitive Unterschiede innerhalb der Geschlechter größer sind als zwischen den Geschlechtern, werden wir noch wiederholt stoßen.

LÜGE 7:
FRAUEN SIND VON NATUR AUS FRIEDLICHER ALS MÄNNER

Bei der Ausbildung der Gehirndifferenzen zwischen Mann und Frau spielen Hormone eine Rolle. Die beobachtbaren Unterschiede in der Entwicklung weiblicher und männlicher Gehirne lassen sich allem Anschein nach vor allem auf das Hormon Testosteron zurückführen. Dieses Hormon, das im männlichen Embryo in größeren Mengen produziert wird, macht die Körper der Männer größer, ihre Gehirne schwerer, ihre Stimmen tiefer und ihr Verhalten aggressiver. Auch im Tierversuch bestätigt sich die Wirkung dieses Hormons. Weibliche Ratten, denen man Testosteron spritzt, werden ebenfalls aggressiver.

Wer wollte solche hormonellen geschlechtsspezifischen Unterschiede leugnen? Aber was ergibt sich daraus? Sind Frauen deshalb, weil sich zum Zeitpunkt ihrer embryonalen Entwicklung weniger Testosteron in ihrem Blutkreislauf befand, auch als erwachsene Frauen generell friedlicher?

Wer das ernsthaft glaubt, den könnte eventuell eine Begegnung mit moderner Girl-Power vom Gegenteil überzeugen. Immerhin werden mittlerweile ein Drittel der Gewaltstraftaten von Mädchen verübt, von denen ein Kriminologe sagt, sie würden zunehmend »offensiver, durchsetzungsbereiter und sehen sich bereits in jungen Jahren als Power-Frauen«, und deshalb kämen Schlägereien und Körperverletzungen heute ebenso unter Mädchen wie unter Jungen vor.[29]

Wie ist die größere Gewaltbereitschaft der heutigen Mädchen zu erklären? Leiden sie an Hormonstörungen? Das wird niemand ernsthaft behaupten wollen. Frauen waren immer schon zur Gewalt fähig. Wieder ist es ein Blick zurück in die

Geschichte und zu unterschiedlichen Kulturen, der dem Glauben an die mangelnde Gewalt- und Aggressionsbefähigung der Frauen einen gehörigen Dämpfer verpasst. Der Ethnologie-Professor Hans Peter Duerr beschreibt in seinem vielbändigen Werk über den *Mythos vom Zivilisationsprozess* beispielsweise die Vergewaltigungspraktiken von Frauen gegenüber Männern. Der Forscher führt hierzu zahlreiche Beispiele aus ganz unterschiedlichen Ethnien, aber auch aus unserem Kulturkreis, von der Antike über das Mittelalter bis zur Gegenwart auf.[30]

Die Zusammenhänge, in denen Frauen sexuelle Gewalt gegen Männer anwenden, sind dabei unterschiedlicher Art. In den Urkulturen finden sexuelle Quälereien und Nötigungen von Männern durch Frauen:

... in mehr oder weniger ritualisierter Form als Begleiterscheinungen von Frauenfesten statt, die um ›weibliche Ereignisse‹ kreisen«, also um Geburt, Menstruation und Beschneidung, oder im Verlaufe von Arbeiten, die Frauen im Kollektiv und unter Ausschluss der Männer ausführen, wie Waschen, Bleichen, Ernten, Jäten usw.

Das heißt, Männer wurden beispielsweise Opfer weiblicher Gewalt, wenn sie sich nicht an die gesellschaftlichen Spielregeln hielten, in Frauenbereiche eindrangen und den Frauen damit einen Anlass zur Gewaltanwendung gaben. Weibliche Gewalt gegen Männer ist aber nicht nur in der späten Vergangenheit zu finden:

Noch zu Beginn unseres Jahrhunderts (20. Jahrhundert) überfielen im südkärntner Galital die jungen Brechlerinnen, also die Frauen, die den Flachs ernteten und dörrten, während der

Venus und Mars?

»Brechelzeit« ahnungslose männliche Passanten, »herzten« und »überstiegen« sie, rissen ihnen die Hosen herunter und misshandelten sie vorzüglich an den Genitalien. Ähnlich raue Sitten gab es in Tirol und in Weißrussland, aber auch im Schwarzwälder Murgtal: Dort lauerten die Frauen vor allem den halbstarken Hirtenjungen auf, befreiten diese ebenfalls von ihren Hosen, rieben ihnen die Hoden und ließen sie kurz vor dem Samenerguss unter Hohn und Spott wieder laufen.... Betrat im salzburgischen Großartal ein Mann die Spinnstube, rissen ihm die Frauen die Hosen herunter und drohten, ihn zu kastrieren, was in der Tat einem Unglücklichen namens Battos widerfahren sein soll, der sich während der kyrenischen Thesmophorien als Voyeur hatte erwischen lassen.

Zahllose ethnologische Berichte belegen die sexuelle Gewaltfähigkeit von Frauen, die sich Männer nicht allein zu sozialen Anlässen, sondern auch aus rein privaten Gründen gefügig machten:

So kommt es z. B. bei den Kogi in der kolumbianischen Sierra Nevada de Santa Maria manchmal vor, dass zwei oder drei verheiratete Frauen sich im Feld oder neben der Landstraße auf die Lauer legen, um einen vorübergehenden Mann zu vergewaltigen.

Und auch aus Europa ist Entsprechendes in den Archiven der Stadtgerichte dokumentiert:

Tatsächlich ist in Gerichtsakten überliefert, dass beispielsweise 1703 im Bambergischen junge Mädchen einen Halbstarken, der sie geärgert hatte, zu Boden warfen, worauf ihm Dorothea Dietzin »uff das hertz gknyt, seine hosen aufgerissen und hart gknötschet«.

Hart »geknötschet« werden Männer von Frauen zuweilen auch heutzutage noch, was sich ebenfalls in Gerichtsprotokollen nachlesen lässt:

Ein großer und kräftiger amerikanischer LKW-Fahrer wurde von einer Gruppe von Frauen überwältigt, nackt ausgezogen, geknebelt und an ein Bettgestell gefesselt. Vier der Frauen manipulierten ihn und bestiegen ihn dann nacheinander, eine davon mehrmals, wobei er zwei Male und sehr schnell ejakulierte. Als ihm daraufhin keine Erektion mehr gelang, drückten ihm die Frauen ein Messer zwischen die Hoden und sagten ihm, sie würden ihn kastrieren, wenn er »keinen mehr hoch bekäme«... Fortan blieb der Mann, wie im Übrigen auch viele andere Opfer, impotent.

Solche sexuellen Gewaltdelikte gegen Männer gelangen indes selten zur Anzeige und damit auch selten in die Öffentlichkeit, weil es Männern aufgrund ihres Selbstverständnisses als des angeblich stärkeren Geschlechtes besonders schwer fällt, ihre Vergewaltigung anzuzeigen. Deshalb ist die Dunkelziffer solcher Taten, so schätzen Fachleute die Lage ein, sehr hoch. Angemerkt sei noch, dass auch sexueller Missbrauch von Söhnen durch ihre Mütter öfter vorkommt, als in der Öffentlichkeit bekannt wird.

Diese Ausführungen zur Gewalt*fähigkeit* von Frauen sollen nicht bestreiten, dass die meisten sexuellen Gewalttaten auch heute noch von Männern ausgehen, aber sie sollen eines verdeutlichen: wo aufgrund sozialer oder familiärer Bedingungen die Möglichkeit dazu bestand oder besteht, wurden und werden auch Frauen zu Vergewaltigerinnen. Ihre Motive unterscheiden sich dabei nicht von denen vergewaltigender Männer. Es geht um Strafe, um Rache, um die

Venus und Mars?

Demonstration von Macht, um Demütigung und um sexuelle Befriedigung. Die Mär von der sexuell zurückhaltenden Frau, der die für derart aggressive Handlungen nötigen Hormone und eine entsprechende Hirnstruktur fehlen, kann getrost beiseite gelegt werden. Männer und Frauen sind grundsätzlich zu identischem Verhalten fähig. Daran ändert auch die Tatsache nichts, dass Männer unverhältnismäßig öfter gewalttätig werden. Ihr Verhalten ist sozial, nicht genetisch oder hormonell bedingt. Grundsätzlich scheinen Frauen zu jeder Gewalttat fähig zu sein, die von Männern begangen wird. Ein Blick auf die Folterbilder aus dem Gefängnis Abu Ghraib im Irak kann das bestätigen. Es wird ja wohl niemand behaupten, diese Frauen würden einfühlsamer foltern?

Wie man es dreht und wendet, ob man es auf Gene oder Gehirnstrukturen schieben will, die rein biologischen Erklärungen für das vielfältige Verhalten der Geschlechter greifen einfach zu kurz. Der Biologe schaut auf die Welt durch seine biologische Brille, und er sieht eine biologische Welt. Wenn ein Mensch einen Wutausbruch erlebt, führen Biologen das auf eine Hormonausschüttung zurück. Dass dieser Hormonausschüttung eine unbefriedigende Kommunikation vorausging und der Wutauslöser damit im sozialen Bereich zu finden ist, interessiert den Biologen wenig. Biologen haben selten ein Verständnis für psychische und soziale Zusammenhänge. Das Beispiel der wachsenden Aggressivität bei Mädchen lässt jedoch eher das Gegenteil einer biologischen Ursache für dieses Verhalten vermuten. Ebenso kann die Psyche auf dem Weg über Botenstoffe für die entsprechende körperliche Hormonausstattung der Mädchen sorgen. Damit würde das Hormon durch soziale Umstände ausgelöst. So gesehen werden Mädchen deshalb aggressiver, weil ihnen schon in früher

Kindheit neue Verhaltensmöglichkeiten zugestanden werden und sie diese im Laufe ihres Lebens öfter nutzen.

Die Beobachtung, dass Hormone die Psyche beeinflussen, ist zwar nicht von der Hand zu weisen. Wer beispielsweise ein Hormon gespritzt bekommt, dessen Psyche wird ähnlich wie von einer Droge beeinflusst. Ebenso klar ist aber auch, dass ein psychischer Zustand die Produktion bestimmter Hormone bewirkt. Deutet jemand beispielsweise eine Wahrnehmung als Bedrohung, schüttet der Körper automatisch Adrenalin aus. Wer im Dunkeln spazieren geht und die Silhouette eines Busches mit einem Angreifer verwechselt, erlebt augenblicklich die Wirkung der Psyche auf seinen Hormonspiegel am Schreck und am hohen Blutdruck. Es wäre aber zutiefst unsinnig zu behaupten, die Hormone hätten die Psyche dazu verleitet, den Busch als Angreifer wahrzunehmen.

LÜGE 8:
MÄNNER VERFÜGEN ÜBER BESSERE MATHEMATISCHE FÄHIGKEITEN

Psychischer und sozialer Einflüsse ungeachtet werden aus biologistischer Sicht nach wie vor Hormone für die anscheinend unterschiedliche Ausstattung der Geschlechter mit bestimmten Fähigkeiten, beispielsweise auch mit geistigen Fähigkeiten, verantwortlich gemacht. Als Paradebeispiele hierfür werden immer wieder die höheren mathematischen Fähigkeiten aufgeführt, deren sich Männer angeblich rühmen dürfen. Verfügen Männer tatsächlich über effektivere mathematische Fähigkeiten? Werfen wir einen Blick in die Details.

Zur mathematischen Begabung der Geschlechter wurden zahlreiche Untersuchungen angestellt, die sich, so viel ist inzwischen klar, gegenseitig aufheben. Diese Untersuchungen sagen daher nichts aus. Mal schneiden Männer besser ab, mal die Frauen. Untersucht man die mathematischen Fähigkeiten der Geschlechter beispielsweise mit Multiple-Choice-Methoden, schneiden die Männer besser ab. Verzichtet man hingegen auf diese Methode, bei der Antworten in vorgegebenen Kästchen angekreuzt werden, und gibt Raum für ausführliche, schriftlich formulierte Antworten, schneiden Frauen besser ab.

Überhaupt hat sich mittlerweile herausgestellt, dass die Methode einer Untersuchung maßgeblich über deren Ergebnisse entscheidet, was aus anderen wissenschaftlichen Disziplinen schon bekannt ist. Da die meisten Untersuchungen von männlichen Forschenden durchgeführt werden, und da die männlichen Forscher Multiple-Choice-Methoden bevorzugen, ergibt sich ein schiefes Bild zugunsten der Männer. Neuere College-Zulassungsprüfungen in den USA zeigen dagegen bei Männern und Frauen gleiche Sprachbegabung und ähnliche mathematische Fähigkeiten. Und junge Isländerinnen und Japanerinnen schneiden in mathematischen Prüfungen sogar besser als ihre männlichen Mitbewerber ab.[31]

Woran liegt das? Folgt man den biologistischen Erklärungen, müssen Isländerinnen und Japanerinnen über andere Hormonausschüttungen und Gehirnstrukturen verfügen als die Frauen im übrigen Europa. Dafür spricht aber rein gar nichts. Am größeren Fischkonsum wird es auch nicht liegen, schließlich essen die Männer in diesen Ländern ebenfalls viel Fisch. Es liegt schlicht und einfach an der Art und Weise, wie Forschung betrieben wird. Darüber hinaus kommt ein weiterer Faktor zum Tragen, dem Frauen ihre manchmal schlechteren Ergebnisse bei mathematischen Tests zu verdanken haben: die unterschiedliche Einstellung der Geschlechter zur Mathematik:

Mädchen zeigen ein geringeres Vertrauen in ihre mathematischen und physikalischen Fähigkeiten. Mädchen haben verschiedenen Untersuchungen zufolge überhaupt niedrigere Leistungserwartungen als Buben.[32]

Das ergab eine Studie des österreichischen Ministeriums für Unterricht. Dieser Zusammenhang erklärt auch, warum japanische Mädchen in Mathematik besser abschneiden als europäische. Einfach deshalb, weil in Japan eine höhere Leistungserwartung an Mädchen besteht. Es verhält sich also viel einfacher, als es den Biologisten recht sein kann. Die unterschiedliche Erwartung der Erwachsenen hinsichtlich der Leistung von Jungen und Mädchen wird von diesen aufgenommen und zeigt entsprechende Konsequenzen. Dies führt dazu, dass Mädchen einen Misserfolg ihrer vermeintlich mangelnden Begabung zuschreiben und nicht etwa mangelnder Anstrengung, während Jungs ihre Erfolge ihren angeblichen Fähigkeiten zuschreiben und Misserfolge als Ergebnisse zu geringer Anstrengung werten. Die Ergebnisse mathematischer Leistungen werden demnach vom unterschiedlichen Selbstbewusstsein der Geschlechter in Bezug auf mathematische Fähigkeiten bestimmt.

Der Einfluss des Selbstvertrauens auf die Durchführung mathematischer Aufgaben beweist sich auch in weiteren Experimenten:

So schnitten blonde Studentinnen bei Intelligenztests immer dann schlechter ab, wenn man ihnen zuvor Blondinenwitze erzählt hatte. Selbst wesentlich subtilere Einflüsse zeigen Wirkung. Wenn Frauen vor dem Lösen mathematischer Aufgaben einen Fragebogen mit persönlichen Angaben ausfüllen und darin auch ihr Geschlecht angeben müssen, zeigen sie schlechtere

Venus und Mars? 55

Leistungen. Daraus schließt die Sozialpsychologie: fokussiert man die Aufmerksamkeit der Frauen stärker auf ihr Geschlecht, aktiviert man in ihnen das unbewusste Vorurteil, Frauen seien in Mathematik minderbegabt.[33]

Die Geschlechter tragen also Vorurteile in Bezug auf ihre eigenen Fähigkeiten mit sich herum. Wenn diese Vorurteile durch entsprechende Umstände aktiviert werden, bestätigen sie sich unbemerkt.

Die Wirkung unbewusster Vorurteile zeigte sich in weiteren Experimenten, die der Sozialpsychologe Jens Förster von der Internationalen Universität Bremen durchführte. Förster ließ Frauen und Männer dünne Drähte in Fliegengitter flechten. Wurde diese Tätigkeit als »Stickarbeit« bezeichnet, arbeiteten die Frauen schneller und ungenauer als die Männer. Wurde die gleiche Arbeit hingegen als eine technische Tätigkeit ausgegeben, verhielt es sich genau umgekehrt, dann arbeiteten die Männer schneller und ungenauer. Die Gesellschaft übt über die Bewertung bestimmter Tätigkeiten also erheblichen Einfluss auf das Verhalten der Geschlechter aus.

Gesellschaftliche Einflüsse auf die Ausbildung geschlechtsspezifischer Fähigkeiten lassen sich ebenso an der Entwicklung der EDV veranschaulichen. Als Computer entwickelt wurden, galten der Umgang mit Computern und auch das Programmieren (!) als reine Frauensache, so wie das für den Umgang mit Schreibmaschinen traditionell zutraf. Erst als die Bedeutung der Computerbranche zunahm und sich spezifische Berufsfelder entwickelten, wurde die Computerwelt von den Männern in den oberen Etagen an sich gerissen.[34] Von da an war der Umgang mit Computern Männersache. Durch mangelnde Fähigkeiten der Frauen wurde diese Entwicklung nicht verursacht, eher durch fehlende Macht in den Entscheidungszentralen der Wirtschaft.

LÜGE 9:
FRAUEN VERFÜGEN ÜBER SCHLECHTERE RÄUMLICHE ORIENTIERUNGSFÄHIGKEITEN

Und wie sieht es mit dem Orientierungssinn aus, der angeblich unter anderem dafür sorgt, dass Männer so hervorragend einparken können? Allgemein wird den Männern – selbst von Leuten, die den biologistischen Thesen kritisch gegenüberstehen – zugestanden, sie verfügten über eine deutlich bessere räumliche Orientierung als Frauen, die sich dafür mit einem angeblich größeren Sprachvermögen trösten dürfen. Natürlich wird die männliche Überlegenheit wiederum an unterschiedlichen Genen und Gehirnen festgemacht, schließlich durften sich Männer beim Jagen nicht verlaufen und mussten schweigend der Fährte des Großwildes folgen, während Frauen arglos schwätzend um das Lagerfeuer saßen, wofür sie keinerlei Orientierungssinn brauchten.

Sehen wir uns einige diesbezügliche Beschreibungen von den Meistern der Einfältigkeit, den »weltweit führenden Kommunikationsexperten« (Eigenwerbung) Pease, an:

Seit Jahrtausenden nutzen Männer ihr räumliches Vorstellungsvermögen, um Beute aufzuspüren und Ziele zu treffen...
Wenn Männer zum ersten Mal ein fensterloses Zimmer betreten, kann jeder dritte Norden mit einer Abweichung von maximal 90 Grad anzeigen, bei den Frauen ist es dagegen nur eine von fünf. Leider kann man diese Fähigkeit nicht lernen...
Die plausibelste Erklärung für diesen Orientierungssinn ist, dass Männer in der rechten Gehirnhälfte eine höhere Konzentration

Venus und Mars?

an Eisen haben, dank der sie den magnetischen Nordpol spüren können.[35]

Man könnte sich die Haare raufen, denn diese Erklärung ergibt schon in sich selbst keinen Sinn. Immerhin können aufgrund der von Pease aufgeführten Zahlen 66 % der Männer den Norden *nicht* spüren und immerhin können 20 % der Frauen ihn durchaus spüren? Wie erklärt man das? Durch die Gehirne? Wieso haben dann 66 % der Männer kein Eisen in der rechten Hirnhälfte, und wie kommt das Metall in die Gehirne von 20 % der Frauen?

Wie substanzlos solche Erklärungen sind, wird vollends deutlich, wenn man sich die Ergebnisse einer Studie zur Orientierungsfähigkeit der Geschlechter ansieht, die an der Universität Tübingen durchgeführt wurde.[36] Auch diese Untersuchung ergab Differenzen beim Orientierungsverhalten zwischen Männern und Frauen. Allerdings zeigten sich diese Unterschiede nicht beim Orientierungs*vermögen*, sondern – wieder einmal – bei der Selbsteinschätzung der Geschlechter: Frauen schätzen ihre Orientierungskompetenz deutlich geringer ein, als Männer das tun. Dieses geringere Selbstbewusstsein, so die Forscher, »hat Konsequenzen für das Paarverhalten in Orientierungssituationen: häufig übernehmen die Männer die Führung, und viele Frauen überlassen ihnen diese Aufgabe mit größter Selbstverständlichkeit«.

Die Forscher fanden zwar keine geschlechtsspezifischen Unterschiede hinsichtlich der Orientierungs*fähigkeit*, aber sie fanden geschlechtsspezifische *Einstellungen*, aus denen ein unterschiedliches Verhalten folgt. »Frauen äußern häufiger als Männer, dass ihnen die Orientierung außerhalb von Ortschaften schwerer fällt, während Männer eher die Tendenz haben, in unbekanntem Gelände ihre Experimentierfreudigkeit zu erproben«. Frauen halten sich also zurück, während Männer zur Angeberei neigen. Die Abgabe der Führungsrolle seitens der Frauen und ihre Übernahme durch die Männer, das betont die Forscherin Christiane Pyka, die an der Tübinger Studie beteiligt war, habe zudem eine soziale Funktion: sie stabilisiere die Partnerschaft. Wenn Mann und Frau im Wald wandern, erspart sich die Frau um des lieben Friedens willen die Diskussion über den richtigen Weg mit dem selbstherrlichen Mann, sonst hängt der Beziehungssegen schief. Diese Rücksichtnahme erklärt auch das überaus interessante Phänomen, dass lediglich 36% der *verheirateten* Frauen, aber immerhin 54% der *geschiedenen* Frauen ihr Orientierungsvermögen als »gut« einschätzen. Geschiedene Frauen äußern ein höheres Orientierungs-Selbstbewusstsein, weil sie die Orientierungsverantwortung nicht mehr abgeben können und demzufolge Orientierung lernen und einüben und am eigenen Leibe erfahren, dass sie sich tatsächlich orientieren können. Oder erhöht eine Scheidung etwa den Eisenanteil in der rechten Hirnhälfte der Frauen?

Das geschlechtsspezifische Verhalten in Bezug auf räumliche Orientierung ergibt sich aus der Einstellung von Männern und Frauen und nicht aus Hirnstrukturen, und es hat nichts mit der Eisenmenge in der rechten Gehirnhälfte zu tun. Wir treffen auf sozial begründetes Rollenverhalten, nicht auf biologisch unterschiedlich angelegte Fähigkeiten. Jungs werden schlicht anders behandelt als Mädchen. Während Jungs mit dem Fahrrad zur Schule fahren dürfen, werden Mädchen wesentlich öfter von den Müttern mit dem Auto zur Schule gebracht. Überhaupt wird die Tendenz, in der Gegend herumzustreunen, bei Jungs gefördert und bei Mädchen eingeschränkt. Das erklärt, warum sich bei Jungs eher eine Überblicksorientierung herausbildet, während Mädchen eher eine

Wegeorientierung entwickeln. Dahinter stecken aber nicht die Gene, sondern die Ängste der Eltern, ihren Töchtern könnte etwas zustoßen, beispielsweise sexuelle Belästigung, wenn sie selbst zur Schule laufen oder von festgelegten Wegen abweichen.

Wenn jemand in seinem Bewegungsdrang eingeschränkt wird und von klein auf hört, er könne sich schlecht räumlich orientieren, wenn er in Tätigkeiten gedrängt wird, die wenig räumliche Orientierung verlangen, und später in einen Beruf, in dem er diese Fähigkeit weder auszubilden noch zu trainieren braucht, dann entwickelt er diesbezüglich eine größere Zurückhaltung. So ergeht es den meisten Frauen hinsichtlich räumlicher Orientierung, sie unterschätzen sich, während Männer eher zur Selbstüberschätzung neigen.

Die *Einstellung zu den eigenen Fähigkeiten* ist demzufolge eine wichtige Ursache, sehr wahrscheinlich die wichtigste Ursache des unterschiedlichen Orientierungsverhaltens der Geschlechter. Ändert sich diese Einstellung, ändert sich auch das Verhalten und in der Folge die Fähigkeit. So ergab die eben zitierte Studie, dass Frauen, die sich bekanntlich häufiger des öffentlichen Nahverkehrs bedienen als Männer, über bessere Kenntnisse der elektronischen Technologien verfügen und sich im öffentlichen Nahverkehr besser orientieren können als Männer. In Bussen und Bahnen verliert der alte erfahrene Jäger die Fährte und verirrt sich hoffnungslos, und weil er der Beute schweigend folgen muss, kann er nicht mal nach dem Weg fragen.

Christine Pyka kommt aufgrund ihrer Untersuchungen zu dem nachvollziehbaren Schluss:

Das heißt, dass das geringere Orientierungs-Selbstbewusstsein und der entsprechende häufigere Verzicht auf autonome

Mobilität, wie sie sich bei Frauen finden, zumindest nicht nur ein Problem mangelnder Geübtheit (oder gar einer eventuellen biologischen Unterlegenheit) sondern auch mangelnder Unterstützung und Ermutigung darstellt. Dieser Mangel ist nicht nur auf der privaten Ebene festzustellen. Man sehe sich nur das Piktogramm auf den einen Wanderweg anzeigenden Straßenschildern an: Es zeigt einen männlichen Führer, dem eine Frau hinterher schreitet.[37]

Wer dennoch glaubt, Männer könnten sich besser orientieren, sollte einen Mann mit einem langen Einkaufszettel in einen der modernen Lebensmittel-Gigamärkte schicken – und hoffen, dass er vor Ladenschluss von selbst wieder herausfindet.

LÜGE 10:
MÄNNER KÖNNEN BESSER ABSTRAKT DENKEN, FRAUEN SIND KOMMUNIKATIVER

Neben Orientierungsfähigkeit und mathematischer Fähigkeit werden weitere unterschiedliche Fähigkeiten genetisch und hirnstrukturell erklärt. Männliche Gehirne haben angeblich die Fähigkeit des abstrakten Denkens entwickelt, wohingegen weibliche Gehirne eher fürsorglich, einfühlsam und ganz besonders kommunikativ sein sollen. Solche Behauptungen werden von Pease auf niedlichste Weise durch die Vorgeschichte illustriert:

Der Mann ist von Natur aus ein Jäger... Männer haben sich evolutionsbedingt zu Geschöpfen entwickelt, die rasch Beute machen und dann wieder zurück in ihre Höhle wollen. Auch heute noch möchten Männer so einkaufen. Frauen kaufen ein,

Venus und Mars?

wie ihre weiblichen Urahnen sammelten ... Die Frauen zogen den ganzen Tag lang durch die Gegend und drückten, schnüffelten, betasteten und probierten all die interessanten Dinge, die sie fanden. Gleichzeitig redeten sie miteinander über verschiedene, scheinbar unzusammenhängende Themen. Wenn sie nichts fanden oder die Früchte noch nicht reif waren und sie abends mit leeren Händen zurückkehrten, waren sie trotzdem froh und munter, weil sie einen schönen Tag gehabt hatten.[38]

Man muss sich das bildlich vorstellen: so locker und lustig war zu Urzeiten das Sammlerdasein der Frauen, dass sie sich die geschwätzig-gute Laune auch von einem leeren Magen nicht verderben ließen, weil sie ja so kommunikativ waren. Hungrig, aber lustig gingen sie zu Bett und plapperten dort wahrscheinlich froh und munter weiter.

Die angeblichen kommunikativen Fähigkeiten der Frauen belegen die Autoren Pease in – um es freundlich auszudrücken – ihrer bekannt lockeren Weise. Sie zeigen Bilder von Computergrafiken des männlichen und weiblichen Hirns, in denen die für Sprechen und Wortschatz zuständigen Hirnregionen schwarz markiert sind. Beim weiblichen Gehirn erscheinen die aktiven Bereiche beim Sprechen größer als beim männlichen Gehirn. Daraus schließen die Pease: »Man kann deutlich sehen, dass Frauen eine weitaus größere Sprachkompetenz haben als Männer.« Diese Schlussfolgerung wird nicht weiter begründet, und sie ist schlicht an den Haaren herbeigezogen. Die Größe des Hirnareals, das zur Ausführung einer Handlung aktiviert wird, sagt nichts über dessen Leistungsfähigkeit aus. Die gleiche Beobachtung ließe sich in qualitativ ebenso verheerender Art und Weise als Beweis für die gegenteilige Behauptung deuten, das Gehirn der Männer sei grundsätzlich leistungsfähiger und daher bräuchten sie beim Sprechen weniger Neuronen zu aktiveren, als Frauen das tun müssten. Abgesehen davon, wenn Frauen über eine größere Sprachkompetenz verfügen, wie erklären die Autoren Pease dann, dass Dichter und Dramatiker trotz ihrer verkümmerten männlichen Sprachkompetenz große Meisterwerke schaffen konnten? Hatten Goethe und Schiller weibliche Ghostwriter? War Shakespeare in Wirklichkeit eine Frau?

Doch gehen wir weiter zur nächsten Behauptung, die, obgleich sie ebenso gern geglaubt wird wie die vorherigen, nicht weniger zweifelhaft ist:

Das Gehirn der Männer ist lösungsorientiert, das der Frauen vorgangsorientiert.[39]

Männer sind nach dieser Aussage in der Lage, über den Dingen zu stehen und abstrakt zu denken, während Frauen in den Dingen drin sind und sich besonders gut einfühlen können. Gertrud Nunner-Winkler vom Max-Planck-Institut für Kognitions- und Neurowissenschaften in München machte bezüglich der angeblichen männlichen Fähigkeit zur Abstraktion (einer Jägerfähigkeit) und der weiblichen zur Kommunikation und Einfühlsamkeit (eine Sammlerinnenfähigkeit) ein interessantes Experiment:

Zunächst konfrontierte Nunner-Winkler eine gemischtgeschlechtliche Gruppe mit dem Thema Abtreibung, wobei 48 % der Frauen, aber nur 24 % der Männer auf die Schwierigkeiten zu sprechen kamen, die einer Frau aus der Schwangerschaft entstünden. Danach befragte sie dieselbe Gruppe zum Wehrdienst. Nun argumentierten Männer und Frauen genau umgekehrt: 59 % der Männer erörterten plötzlich kontextbezogene Fragen, während 63 % der Frauen kategorisch urteilten. Ergebnis: Ob jemand flexibel und fürsorglich oder streng nach abstrakten Prinzipien urteilt, hängt weniger vom Geschlecht als vielmehr von der eigenen Betroffenheit ab.[40]

Das Fazit dieses Experiments lautet: sind die Männer von einem Thema direkt betroffen, denken sie nicht mehr abstrakt und werden gefühlsbetonter, und sind die Frauen von einem Thema nicht betroffen, denken sie abstrakt darüber und nicht mehr gefühlsbetont. Beide Geschlechter sind also sowohl zu abstraktem als zu mitfühlendem Denken in der Lage, je nachdem, ob sie von einer Sachlage mehr oder weniger betroffen sind. Warum Frauen dann mehr reden und Männer oft schweigen? Die Antworten hierauf braucht man nicht lange zu suchen, man findet sie in der Sozialisation der Geschlechter. Ich gehe später darauf ein.

Fasst man das bisher Gesagte zusammen, bleibt nicht viel übrig von der genetischen oder hirnstrukturellen Disposition der Geschlechter und ihrer angeblich so grundlegenden Unterschiedlichkeit.

Im Grunde verhält es sich – unabhängig von allen wissenschaftlichen Untersuchungen – doch so: wenn bei Frauen, und sei es bei einer kleinen Minderheit, männliche Fähigkeiten wie lösungsorientiertes Denken zu beobachten sind, gerät die gesamte biologistische Theorie ins Wanken. Es sei denn, man könnte diesen Frauen Gendefekte nachweisen. Umgekehrt gilt für die Männer: selbst wenn es nur wenige kommunikationsorientierte Männer gäbe, müssten diese entsprechende Gendefekte aufweisen. Das ist jedoch keinesfalls so. Dem objektiven Forscher bleibt daher nur zuzugeben, dass bei Männer und Frauen zwar geringe Unterschiede im Gehirngewicht festzustellen sind, er über die Bedeutung dieser

Unterschiede aber nichts Verlässliches auszusagen vermag. Tut er es dennoch, begibt er sich aufs Glatteis.

Es ist noch keine 15 Jahre her, dass Neurologen die »wissenschaftlich gesicherte« Nachricht verbreiteten, der Mensch nutze lediglich 10 % seiner Gehirnmasse und lasse 90 % brachliegen. Flugs griffen Psychologen und Managementtrainer diese »Entdeckung« auf, warfen den Menschen in Seminaren geistige Trägheit vor und riefen sie auf, endlich 100 % ihrer Gehirne zu nutzen. Dann stellte sich allerdings heraus, dass die angeblich ungenutzten Hirnareale zwar nicht vorrangig mit Denkprozessen befasst sind, aber dringend gebraucht werden, um die Immunabwehr des Gehirns gegen Krankheitserreger zu übernehmen. Ähnlich verhält es sich mit den Behauptungen, unterschiedliches Verhalten der Geschlechter lasse sich, wissenschaftlich belegt, auf Hirnstrukturen und vom Gehirn gesteuerte Hormonausschüttungen zurückführen. Diese Behauptungen halten einer kritischen Betrachtung nicht stand.

Aufgrund neuster Forschungen wird die evolutionspsychologische Vorstellung, menschliches Verhalten – und erst recht spezifisch geschlechtliches Verhalten – wäre vererbbar, und das sogar über viele tausend Jahre hinweg, bald gänzlich der Vergangenheit angehören.

Wissenschaftler entdecken nämlich gerade die faszinierende Welt der Neurogenese.[41] Sie stellen erstaunt fest, dass Gehirne entgegen der bisherigen Forschungsmeinung lebenslang neue Nervenzellen bilden. Diese Neuronen reifen heran und bilden sich aus, wenn Menschen etwas Neues lernen, und sie gliedern sich in dem atemberaubend kurzen Zeitraum von zwei bis drei Wochen in die Schaltkreise des Gehirns ein.

Aufgrund dieser faszinierenden »neuronalen Plastizität« ist das Gehirn nicht der unveränderliche, starre Apparat, für den es bisher gehalten wurde, sondern es baut sich aufgrund von Lernanreizen – also von Umweltanreizen – ständig um und aus. Wenn jemand beispielsweise das Jonglieren lernt, lassen sich schon nach wenigen Monaten organische Veränderungen in seinem Gehirn nachweisen, die auf die Neurogenese zurückzuführen sind.

Auf dem Hintergrund dieser Erkenntnisse ist es völlig unsinnig davon auszugehen, die Evolution würde alltägliche Verhaltensweisen (einparken, Schuhe kaufen, räumliche Orientierung, Rechnen etc.) rollenspezifisch fixieren. Wozu sollte die Natur Männern und Frauen das Überleben in der heutigen Welt durch Verhaltenszwänge erschweren, die aus der Urzeit stammen? Wo wäre, um in der Logik der Biologisten zu argumentieren, der evolutionäre Gewinn einer solchen Fixierung?

Würde die Natur die menschliche Art derart starr auf eine vergangene Lebensbewältigung festlegen, wären wir sicherlich längst ausgestorben. Wenn Männer besser einparken, dann schlicht, weil sie geübter darin sind, und selbstverständlich bilden sich bei entsprechender Übung auch entsprechende Neuronen im weiblichen Gehirn aus.

Die Forschungen zur Neurogenese bestätigen, dass sich Verhalten auf dem Weg des Lernens von einer Generation zur nächsten überträgt und nicht auf dem Weg der Vererbung. Sie bestätigen ebenfalls, dass erlerntes Verhalten recht schnell wieder verlernt wird, wenn es nicht ständig aufgerufen wird. Nicht das Gehirn ist für das Rollenverhalten verantwortlich, sondern die soziale Umgebung, die Lernen beziehungsweise Nichtlernen geschlechtsspezifisch reguliert.

ZWISCHENFRAGE:
GIBT ES ZUVERLÄSSIG GESCHLECHTSSPEZIFISCHE PSYCHISCHE ERKRANKUNGEN?

Der Beobachter, auch der wissenschaftliche Beobachter, schaut sich um und sieht in den meisten Fällen, was er erwartet. In dieser Beschränkung der Wahrnehmungsfähigkeit liegt eine Ursache dafür, warum die Wissenschaft stets nur recht langsam vorankommt. Das Denken kann sich eben nur ein Stück weit von seinen Gewohnheiten, sprich Erwartungen und Strukturen, entfernen. Da sind auch Psychiater keine Ausnahme.

So galt die Depression, die Krankheit der seelischen Niedergeschlagenheit, viele Jahrzehnte lang als ein typisch weibliches Leiden. In zahllosen Statistiken wurden die Männer von dieser Krankheit frei gesprochen. Mittlerweile hat sich diese Sichtweise gewandelt, und etliche Forscher kommen zu dem Ergebnis, dass Männer ebenso häufig an diesem Krankheitsbild leiden wie Frauen. Nur *äußert* sich die Depression bei ihnen auf andere Weise. Während Frauen, wie es allgemein von ihnen erwartet wird und wie auch Ärzte es von ihnen erwartet haben, eher mit Rückzug und Selbstaggression reagieren, neigen Männer mehr zu offensiven Gewaltausbrüchen. Dahinter steht aber dasselbe Empfinden der Sinn- und Ausweglosigkeit. Mittlerweile ist der Irrtum, Depression sei reine Frauensache, beseitigt, und nicht nur der klinische Psychologe Martin Hautzinger ist überzeugt: »Es gibt keinen Grund, warum Männer weniger anfällig für Depressionen sein sollten.«[42]

ZWEIFEL SIND ANGEBRACHT:
GIBT ES »WIRKLICH« MÄNNER UND FRAUEN?

Männer und Frauen sind verschieden – diese Aussage ist, insofern sie einen natürlichen, *wesensmäßigen* Unterschied zwischen den Geschlechtern unterstellt, schlichtweg falsch. Männer und Frauen haben unterschiedliche Körper und Gehirne, zeigen ein unterschiedliches Verhalten – aber auch diese Aussagen sind, in der Totalität, die sie unterstellen, irreführend. Weitaus stimmiger sind dagegen die folgenden Aussagen: Männer und Frauen haben zum größten Teil identische Körper, ihre Gehirne sind zum überwiegenden Teil gleich strukturiert, und beide Geschlechter sind zu äußerst variablem und identischem Verhalten fähig.

Wozu unterscheidet man dann überhaupt zwischen zwei Geschlechtern? Die Frage ist gar nicht so merkwürdig, wie sie im ersten Augenblick anmuten mag. Worin liegt der Sinn, zwischen zwei Geschlechtern zu unterscheiden? Ein biologischer Unterschied zwischen Männern und Frauen ist unbestreitbar vorhanden, aber der besagt vor allem, dass Frauen die Kinder bekommen und Männer den Samen produzieren, der zur Befruchtung weiblicher Eizellen gebraucht wird.

Schaut man also auf die Fortpflanzung, macht die Unterscheidung von zwei Geschlechtern noch Sinn, man findet Penis und Vagina, Hoden und Gebärmutter. Aber auf der Ebene der Hormone verwischen sich die Unterschiede bereits. Interessanterweise gleichen sich bei Verliebten die Hormonspiegel sogar fast vollständig aneinander an. Dann ist im Blut der Frauen ähnlich viel Testosteron zu finden wie im Blut des Mannes, und der Mann weist einen ähnlich hohen Östrogenspiegel wie die Frau auf. Auf der Ebene des Verhaltens wird die Unterscheidung von Geschlechtern dann vollends fragwürdig, auch wenn diese Unterscheidung, wie jahrzehntelang behauptet wurde, angeblich schon im Verhalten des weiblichen Eis und des männlichen Samens zu beobachten sei. Doch selbst diese scheinbar so einleuchtende Beobachtung hat sich mittlerweile als einseitig und falsch erwiesen:

Noch in den siebziger Jahren gehörten etwa die »Abenteuergeschichten der Empfängnis« zum Standardrepertoire der zellbiologischen Lehre. Diese Storys handelten davon, »wie sich das heldenhafte Spermium auf die Suche nach dem Ei begibt, die lebensfeindliche Umwelt des Vaginaltraktes überlebt und zahllose Rivalen besiegt«. Der weiblichen Keimzelle kam die passive Rolle eines träge im Eileiter treibenden Objekts zu. Zu Unrecht, wie man heute weiß: Die Eizelle signalisiert der Samenzelle die Richtung, bildet fingerähnliche Auswüchse an ihrer Oberfläche aus, so genannte Mikrovilli, um den Samen zu fassen und anzudocken.[43]

Der angeblich nach dem Ei jagende männliche Samen würde sich vermutlich auf dem Wege zum Ziel verirren, würde das angeblich passive Ei ihm nicht Wegweiser aufstellen, und er würde womöglich am Ziel vorbeischießen, würde das Ei ihn nicht vorher greifen. Beide, Ei und Samen, sind demnach aktiv und rezeptiv zugleich und lassen sich weder auf die eine noch die andere Eigenschaft festlegen. Entsprechend dieser Beobachtung erweisen sich Männer und Frauen zu beidem fähig, zu Aktivität und zu Rezeptivität, und sie sind je nach den Umständen sowohl zu dem einen als auch zu dem anderen Verhalten in der Lage.

Deshalb verliert die Festlegung der Geschlechter auf ein bestimmtes Verhalten – das nicht zuletzt in der Arbeitsteilung der bürgerlichen Gesellschaft erzwungen wurde – zunehmend an Sinn. Inzwischen hat die Wissenschaft festgestellt, dass die Bandbreite der Verhaltensunterschiede zwischen den Geschlechtern geringer ist als die Bandbreite der Unterschiede

innerhalb der Geschlechter.[44] Die schlichte Wahrheit, auf die wir bereits mehrfach gestoßen sind, lautet also:
Die Unterschiede innerhalb der Geschlechter sind größer als die Unterschiede zwischen ihnen.

Es gibt also harte und weiche Jungs und harte und weiche Mädchen, und es gibt härtere Mädchen, als die meisten Jungs es sind, und weichere Jungs, als die meisten Mädchen es sind. Das Gleiche gilt für Erwachsene. Diese Beobachtung erweist sich als ein Hauptargument gegen die Scheinwahrheiten der Biologisten vom Schlage Pease und Co.

Denn wenn es innerhalb eines Geschlechtes größere Verhaltensunterschiede als zwischen den Geschlechtern gibt, dann scheiden genetische, hormonelle und hirnstrukturelle Begründungen für unterschiedliches Verhalten von Männern und Frauen aus.

Die Häufung von Verhaltensmerkmalen in einem Geschlecht ist dann auf gesellschaftlich zugewiesenes Rollenverhalten, also auf erlerntes Verhalten, zurückzuführen und nicht auf irgendein obskures »natürliches« Wesen der Geschlechter. Anders ausgedrückt: was es bedeutet, in einer konkreten Gesellschaft ein Mann oder eine Frau zu sein, darüber sagt das biologische Geschlecht nichts aus, das wird schlicht und einfach vom »sozialen Geschlecht« bestimmt. Welches Verhaltensspektrum Männern und Frauen in einer konkreten Gesellschaft zugestanden wird – das ist mit sozialem Geschlecht gemeint –, darüber bestimmt die jeweilige Kultur und nicht die Natur.

Denkt man dies durch, müsste es gelingen, einem genetisch als Mann geborenen Menschen eine weibliche Identität zuzuweisen. Dies scheint in der Tat möglich, kanadische Wissenschaftler haben davon berichtet. In ihrem Fall wurden einem Babyjungen, nachdem bei einer Beschneidung sein Penis zerstört worden war, im Alter von sieben Monaten Penisstumpf und Hoden entfernt. Der Junge wurde dann als Mädchen aufgezogen und erlebte sich in Kindheit und späterem Leben als Frau mit bisexuellem Sexualleben. »Die Autoren folgern vorsichtig, dass zumindest unter bestimmten Bedingungen genetisch männliche und als normale Jungen geborene Kinder eine weibliche Geschlechtsidentität entwickeln können.«[45]

Man muss bei diesem Beispiel im Auge behalten, dass der Junge bereits sieben Monate als Mann gelebt hatte, was für die Entwicklung der Geschlechtsidentität erheblich ist. In dieser Zeit wurde er von Vater und Mutter unterschiedlich »angesehen«. Dieser spezifische Blick der Eltern, der unterschiedlich ausfällt, je nachdem, ob er sich auf das gleiche oder das andere Geschlecht richtet, könnte an der späteren Bisexualität der Frau beteiligt sein.

Das Beispiel zeigt, dass es möglich ist, trotz biologisch eindeutigem Geschlecht die gegenteilige soziale Geschlechtsidentität zu erwerben. So erging es auch einem englischen Mann, der von sich sagt: »Seit frühester Kindheit fühlte ich mich in einem falschen Körper gefangen.«[46] Der Mann führte ein ganz normales Leben, heiratete und setzte zwei Kinder in die Welt. Im Alter von 46 Jahren folgte er einem Drang, fuhr in Frauenkleidung in Urlaub und verliebte sich in einen Mann. Es folgte eine Hormontherapie und schließlich eine operative Geschlechtsumwandlung. Hier verwischen sich endgültig die Grenzen zwischen dem, was männlich oder weiblich zu sein scheint.

FAZIT
Halten wir also fest: ein genetischer oder hormoneller Nachweis für unterschiedliche Eigenschaften oder unterschiedliche

Fähigkeiten und Verhaltensweisen der Geschlechter ist bisher trotz zahlloser Forschungen, die den Beweis hierfür antreten wollten, nicht erbracht. Geschlechtsspezifisch unterschiedliches Verhalten ergibt sich weit mehr aus geschlechtsspezifischen Einstellungen und gesellschaftlichen Erwartungen als aus biologischen Differenzen. Männer und Frauen unterscheiden sich in ihrem Verhalten kaum voneinander – es sei denn, sie sind aufgrund sozialer Umstände dazu aufgefordert oder gezwungen. Dass dies bisher über Jahrhunderte der Fall war und dass dieser Rollenzwang sich auch heute noch auswirkt, ist und bleibt unbestritten.

Die Anerkennung der prinzipiellen *Ähnlichkeit* von Frauen und Männern räumt allerdings auch mit neueren Vorurteilen auf, beispielsweise dem des so genannten »weiblichen« Führungsstils in der Arbeitswelt. Auch in dieser Vorstellung sind Frauen »von Natur aus« einfühlsamer und sozialer, was sich aber nicht nur theoretisch, sondern auch praktisch widerlegen lässt. Frauen, die unter Frauen arbeiten, zeigen sich von den sozialen Fähigkeiten ihrer Vorgesetzten und deren empathischen Fähigkeiten oft nur mäßig begeistert.

ZUM ABSCHLUSS:
WIESO SIND BIOLOGISTISCHE ERKLÄRUNGS-ANSÄTZE MOMENTAN DERART IN MODE?

Man mag sich fragen, was Forscher, Medien und andere Teile der Gesellschaft dazu bewegt, das Verhältnis der Geschlechter neuerdings wieder zunehmend als biologisch festgelegt darzustellen. Eine einleuchtende Antwort hierauf gibt die Journalistin Silvia Sanides für die USA und damit zugleich für Europa, das unkritisch viele der US-Trends übernimmt:

Dass die in den neunziger Jahren wiedererwachte Evolutionsbiologie auf wenig Kritik stößt, ist sicherlich auch dem politischen Rechtsruck zuzuschreiben, der sich in den USA in jüngster Zeit vollzogen hat. Nicht rein zufällig suchen die Forscher biologische Ursachen für soziale Probleme in einem politischen Klima, das die Einschränkung von Zuwendungen für Arme und Minderheiten duldet. Der berühmte Harvard-Biologe Jay Gould stellt fest, dass – wie in der Vergangenheit – auch heute der »neu aufkeimende biologische Determinismus mit Kürzungen im Sozialbereich zusammenfällt«.[47]

Wenn die soziale Entwicklung zukünftig so weiter verläuft wie in den letzten 20 Jahren, wenn die Schere zwischen Armen und Reichen, Mächtigen und Machtlosen weiter auseinander klafft, brauchen wir auf die Entdeckung des »Angestellten-Gens« und des »Unternehmer-Gens« nicht mehr lange zu warten. Und wahrscheinlich erklärt demnächst die Entdeckung eines »Arbeitslosen-Gens«, »Arbeitslosen-Hormons« oder eines »Hartz-4-Gens« die hohe Zahl der beschäftigungslosen Menschen. Dann ist die Welt endlich wieder in Ordnung, zumindest für Biologisten und deren Anhänger.

Man kann den Zusammenhang, in dem biologistische Tendenzen auftauchen, leicht nachvollziehen. Viele dieser vereinfachenden Erklärungen stammen aus den USA, einem Land, in dem offensichtlich ein sehr hoher Bedarf an einfachen Erklärungen für komplizierte Zusammenhänge besteht. Dieses Bedürfnis geht so weit, dass dort 35 % der Erwachsenen die Evolution der Arten leugnen und stattdessen an die christliche Schöpfungsgeschichte glauben. Für diese Leute sitzt der liebe Gott im Himmel und ist damit beschäftigt, die Welt zu lenken. Bekommen wir von dort als Nächstes zu hören, dass Frauen tatsächlich aus den Rippen ihrer Männer geschnitzt wurden? Den anatomischen Beweis dafür hat die Bibel längst geliefert.

Demgegenüber wirken die evolutionsgenetischen Thesen der Pease geradezu modern, immerhin erkennen sie eine Evolution an und berufen sich nicht auf den Herrgott. Oberflächlich, falsch und dumm sind sie in den meisten Fällen dennoch. Die Vereinfachungen der Autoren Pease haben ihren Reiz, den Reiz einer TV-Soap, aber mehr als Unterhaltung kommt dabei nicht heraus.

Männer und Frauen sind nicht vom Mars und nicht von der Venus, sondern ganz einfach von der Erde. Was bleibt, ist eine schlichte, dem gesunden Menschenverstand bekannte Tatsache, die von der Soziologie bestätigt wird:

Der Mensch ist von einem genetisch fixierten, also instinktiven Verhaltenssystem weitgehend freigesetzt... ein System des Verhaltens respektive Handelns sowie eine handlungsrelevant organisierte Welt müssen vom Menschen erst als sozio-kulturelle Lebensformen selbst geschaffen werden.[48]

Männer und Frauen sind von der Natur nicht mit einem unterschiedlichen Wesen ausgestattet – aber sie verhalten sich unterschiedlich. Sie haben ein Rollenverhalten erlernt, das sich nicht in ihre Gene eingeschrieben hat, sondern das von Generation zu Generation weitergegeben wird und das sich nur allmählich und nur parallel zu den gesellschaftlichen Umständen wandelt.

Mit diesen Ausführungen ist die interessante Frage, worauf das unbestreitbare Rollenverhalten der Geschlechter zurückzuführen ist, allerdings nicht beantwortet. Dem ist der nächste Abschnitt gewidmet.

WIE DIE ROLLENTEILUNG ENTSTANDEN IST

Halten wir fest: Die Natur hat zwei verschiedene *biologische* Geschlechter entwickelt, für diese aber keine konkreten Verhaltensanweisungen herausgegeben. Sowohl Männer als auch Frauen sind zu den unterschiedlichsten Verhaltensweisen fähig, und weder Aggression noch Fürsorge, noch Kommunikation, noch sonst eine menschliche Eigenschaft ist aufgrund genetischer oder hormoneller Veranlagungen für eines der Geschlechter reserviert.

Dennoch hat sich in allen Kulturen ein – allerdings mehr oder weniger ausgeprägtes – Rollenverhalten entwickelt, das Männer und Frauen auf unterschiedliche Verhaltensweisen festlegt. Dieses Rollenverhalten wird von Generation zu Generation, mit gewissen Abstrichen, weitergegeben. Wir stehen damit vor der Frage, wie sich dieses geschlechtsspezifische Verhalten herausbilden konnte. Diese Frage hat – für mich auf nachvollziehbare Weise – der Soziologe Günter Dux beantwortet, auf dessen Ausführungen in seinem Buch »Die Spur der Macht im Verhältnis der Geschlechter«[49] ich mich im Folgenden beziehe.

Nach Günter Dux ist die Ungleichheit zwischen Mann und Frau weder genetischen noch psychischen, sondern allein sozialen Ursprungs. Um das nachzuvollziehen, stellt man sich am besten die Situation der Menschen in der Frühzeit vor, in einer Zeit, bevor sie sesshaft wurden. Damals streiften Menschen in kleinen Gruppen umher, sie ernährten sich vorwiegend von Aas und von Früchten und Wurzeln. Zu dieser Zeit waren noch keine spezifischen Jagdtechniken entwickelt, man lebte überwiegend vom Sammeln. Bei dieser Lebensweise war es nicht nötig, ein geschlechtsspezifisches Verhalten zu entwickeln. Es hätte keine Vorteile für das Überleben dieser Gruppen geboten. Indem sich jedoch im Laufe der Zeit die Jagdtechnik und später die Sesshaftigkeit entwickelten, erwies sich die Verteilung bestimmter Aufgaben auf die Geschlechter für die kleinen Gruppen als vorteilhaft. Zwar jagten und sammelten in dieser frühen Phase der Wildbeuter weiterhin beide Geschlechter, jedoch war die Großwildjagd und die Beschaffung von Fleisch für Männer einfacher zu bewältigen als für Frauen. Männer waren körperlich stärker und konnten von Schwangerschaft und Säuglingen ungehindert der Jagd nachgehen.

Wenn man sich klar macht, dass beispielsweise Eskimos während der Sommermonate auf zwei bis drei Monate lange Jagdzüge gingen, wird nachvollziehbar, warum diese Aufgabe von Männern leichter zu bewältigen war als von Frauen. Das bedeutet zwar nicht, dass die Frauen fortan von der Jagd ausgeschlossen waren, sie waren es auch bei den Eskimos nicht, aber es entwickelten sich Schwerpunkte in der Art, wie die Geschlechter zum Unterhalt der Gruppen beitrugen. Die Männer jagten das große Wild, während die Frauen kleines Wild jagten oder sich an Treibjagden beteiligten und mehr sammelten.

Diese Aufgabenteilung bedeutete keinesfalls, dass Frauen weniger zum Unterhalt der Gruppen beitrugen und in der Frühzeit weniger geachtet waren als Männer. Die Frauen schafften im Gegenteil mitunter den Großteil der Nahrung herbei, aber Fleisch war überaus geschätzt und begehrt und in größeren Mengen nur über Großwildjagd zu beschaffen. Der Beitrag der Geschlechter zur Nahrungsbeschaffung wurde deshalb wahrscheinlich in etwa gleich gewertet. Das heißt, dass die unterschiedlichen Beiträge zur Ernährung der Gruppen allein keine Erklärung für das spätere Machtungleichgewicht zwischen den Geschlechtern liefern.

Die ergibt sich aus einer zweiten wichtigen Gruppenaufgabe, die aus ähnlichen Gründen von Männern besser zu bewältigen war als von Frauen: die Wahrung der Gruppeninteressen nach außen hin. In allen bekannten Ethnien, so sagt Günter Dux, nehmen Männer aufgrund ihrer größeren Körperkraft und ihrer größeren körperlichen Unabhängigkeit die Vertretung der Gruppeninteressen gegenüber anderen Gruppen wahr. Es sind Männer, die anderen Gruppen notfalls körperliche Auseinandersetzungen androhen, es sind Männer, die Kämpfe im Konfliktfall durchführen, und es sind auch die Männer, die den Frieden zwischen den Gruppen wieder herstellen.

Die Bedeutung dieser nach außen gerichteten Aufgabe nimmt zu, je sesshafter die umherstreifenden Gruppen werden und je wichtiger es für sie wird, ihre Grenzen gegenüber anderen Gruppen zu verteidigen. Günther Dux betont deshalb, dass Männer aufgrund ihrer körperlichen Verfassung in der Geschichte der Frühzeit immer dann, *wenn es um äußere Angelegenheiten der Gruppen ging,* einen Führungsanspruch entwickeln und durchsetzen konnten. Das führte zu einer Hinwendung der Männer zum Außenbereich und zeigte im Laufe der Entwicklung weit reichende Konsequenzen. Die Aufgabe der Vertretung nach außen verschafft nämlich den Männern in den sich entwickelnden Sozialsystemen, den größer werdenden Stämmen und den ersten rudimentären Gesellschaften, einen ganz entscheidenden Vorteil: sie können mehr Einfluss auf den Aufbau der Gesellschaftsstrukturen nehmen, und so gelingt es ihnen nach und nach, die entscheidenden gesellschaftlichen Machtpositionen zu besetzen.

Diese Entwicklung macht deutlich, dass sich weniger die Eigenschaften und Fähigkeiten der Geschlechter voneinander unterscheiden als vielmehr deren Machtpotenziale hinsichtlich des Anteils am Aufbau der Gesellschaft. Der Mann hat einfach größere Chancen, gesellschaftliche Macht zu erringen, und nutzt diese. Das hat Auswirkungen auf die zukünftige Entwicklung.

Ersichtlich führt die Innen-Außen-Dimensionierung des Geschlechterverhältnisses auf die Spur einer Asymmetrie der Machtpotenziale. In der Wahrnehmung ihrer Rechte nach außen sind die Frauen allerwärts von den Männern abhängig. Es ist deshalb nur konsequent, dass schon in Sammler-Jäger-Gesellschaften Frauen in der Öffentlichkeit weniger Einfluss haben als Männer, auch wenn sie in den meisten an ihr teilnehmen.[50]

Männer haben die bessere Ausgangsposition, um sich in der Gesellschaft breit zu machen, und sie erringen im Laufe der Entwicklung mehr gesellschaftliche und politische Macht, als Frauen dies möglich ist. Dieses Ungleichgewicht bezüglich gesellschaftlicher Macht lässt sich in allen Kulturen mehr oder weniger ausgeprägt beobachten. Es sollte allerdings nicht bei der größeren Machtfülle der Männer nach außen hin bleiben, was durch die starke Verbreitung patriarchaler Systeme belegt ist, in denen Frauen auch im familiären Kontext unter den Machtanspruch der Männer geraten.

Mit zunehmender Komplexität der Gesellschaften und der damit verbundenen Aufwertung der Außenbeziehungen können die Männer ihren Machtvorsprung allmählich auf das

Verhältnis der Geschlechter *innerhalb* der Gruppen und Gesellschaften übertragen. Dabei spielen die Verhandlungen über Heiratsmodalitäten, die *zwischen* den unterschiedlichen Gruppen geführt werden, und die Macht über Landeigentum in den späteren Agrargesellschaften eine große Rolle. Männer spielen eine Hauptrolle bei der Aushandlung der Mitgift, und es gelingt ihnen, Frauen im Erbrecht zu benachteiligen und das Land unter ihre Kontrolle zu bringen.

Die Männer spielen die besseren Karten, die sie in politischen Angelegenheiten haben, mit der zunehmenden Bedeutung von Gesellschaft und Eigentum gegenüber der Frau aus und nutzen ihre gesellschaftliche Macht, um den Frauen ...

... jene Entfaltungsmöglichkeiten (zu beschneiden), deren sich die Männer rühmen und die nicht selten als Überlegenheit gegenüber den Frauen ausgespielt werden ...[51]

Die Unterdrückung der Frau führt dazu, dass Männer bestimmte Fähigkeiten besser ausbilden, weil ihnen die damit verbundenen Tätigkeiten vorbehalten bleiben. Der Soziologe Dux kommt aufgrund seiner Analyse verschiedenster Urgesellschaften ebenfalls zu dem Schluss, dass die Ausstattung der Geschlechter mit bestimmten Fähigkeiten sozial, und nicht biologisch, reguliert wird:

Was den Frauen in der einen Kultur zugestanden wird, ist ihnen in der anderen verwehrt. Die Unterschiede zeigen, dass Frauen keineswegs aufgrund ihrer Natur diese oder jene Eigenschaft nicht ausbilden, die Männer sich zuschreiben. Es sind ganz unzweifelhaft gesellschaftliche Bedingungen, die sie daran hindern.[52]

Die Ursachen des Rollenverhaltens sind in gesellschaftlichen Umständen zu finden, sie haben keine biologischen Gründe. Solange ihre Vorherrschaft auf gesellschaftlicher Ebene dauert, so lange haben und finden die Männer immer Möglichkeiten, Frauen zu beherrschen und zu unterdrücken. Mit einem wie auch immer gearteten Wesen der Frau und des Mannes hat das wenig zu tun. Günter Dux kommt zu folgendem Ergebnis:

Es gibt einen Antagonismus (Gegensatz) der Geschlechter; wir haben ihn durch die Geschichte hin gefunden. Er ist weder physiologisch noch psychologisch begründet. Dimorphismus (Zweigestaltigkeit) und unterschiedliche Aggressivität begründen ihn ebenso wenig wie Unterschiede der Mentalität. Er ist überhaupt nicht anthropologisch begründet. Der Grund des Antagonismus liegt in den Bedingungen, unter denen sich gesellschaftliche Strukturen bilden und hernach weiterentwickeln.[53]

Der Unterschied zwischen den Geschlechtern ist nicht anthropologisch – im menschlichen Wesen – begründet. Er ist eine vorübergehende geschichtliche Erscheinung. Er hat in den sehr frühen Stämmen und Gruppen nicht bestanden, sondern sich erst mit dem Aufbau der größeren Gesellschaften gebildet, und er ist gegenwärtig dabei, sich wieder aufzulösen.

DAS ROLLENVERHALTEN IST IN STETIGER AUFLÖSUNG BEGRIFFEN

Die obigen Darstellungen lassen erahnen, warum sich das Rollenverhalten der Geschlechter gegenwärtig auflöst: weil die gesellschaftliche Organisation heute so weit fortgeschritten ist, dass Männer hinsichtlich ihres Anteils am Erhalt der

Gesellschaft keinen anderen Beitrag mehr leisten können als Frauen. Günter Dux schreibt hierzu:

Mit der Ausbildung einer industriellen Ökonomie einerseits, einer staatlichen Organisation nach neuzeitlichem Zuschnitt andererseits ist die Grundlage der Innen-Außen-Dimensionierung ... entfallen. Nichts, was einst dazu geführt hat, die Außensphäre den Männern vorzubehalten, ist noch länger in Geltung.[54]

Was Männern in den frühen Gesellschaften vorbehalten war – die Vertretung der Gruppeninteressen nach außen – regelt mittlerweile der Staat, und die Wirtschaft ist auf Frauen ebenso angewiesen wie auf Männer. Die Geschlechtszugehörigkeit verliert generell an Bedeutung, und es macht in sozialen Bezügen wie beispielsweise der Arbeitswelt immer weniger Sinn, sich als Mann oder Frau zu begreifen. Ausbildung, Fähigkeiten und Kenntnisse werden wichtiger als Geschlechtszugehörigkeit. Deshalb können sich Frauen nach und nach diejenigen Lebensbereiche und Fähigkeiten zurückerobern, von denen sie einst gewaltsam ausgeschlossen wurden. Wie sich beobachten lässt, verfolgen sie diese Rückeroberung vehement und erfolgreich. In diesem Prozess wird immer deutlicher, dass Frauen tatsächlich all das können, wozu Männer sich allein in der Lage glaubten, und nebenbei stellt sich heraus, dass Männer mit ihrer Rolle ebenfalls nicht verwachsen sind.

Man muss gar nicht das oft bemühte Beispiel der »eisernen Lady« Margret Thatcher hervorholen oder auf Condoleezza Rice verweisen, um zu zeigen, wie hart Frauen auch im politischen Bereich vorgehen können, und man muss nicht auf die Gerichtsprozesse hinweisen, die Männer um das Sorgerecht für ihre Kinder führen, um ihre Beziehungsfähigkeit unter Beweis zu stellen. Es genügt, wenn man einfach die Augen aufhält.

Wer aus der Entfernung ein Fußballspiel anschaut, kann nicht mehr unterscheiden, ob da Männer oder Frauen kicken. Noch vor 30 Jahren wurde Frauenfußball als »vergeblicher Aufstand gegen die Beschränkungen der Anatomie« verhöhnt. Mittlerweile boxen Frauen, praktizieren Bodybuilding oder ziehen als Soldatinnen in den Krieg. Männer bringen mittlerweile fast ebenso viel Zeit für ihre tägliche Schönheitspflege wie Frauen auf. Und rund 50% der Frauen, das ergab eine repräsentative Umfrage der Zeitschrift »Elle«, haben inzwischen Erfahrung im Ansehen von Pornofilmen.

Eine finnische Studie über sexuelle Lebensstile in drei Generationen kommt zu dem Ergebnis, dass bei der jungen Generation die Geschlechtsunterschiede überwiegend verschwunden sind: »Junge Frauen haben viele der traditionell männlichen Verhaltensweisen übernommen, und Männer reflektieren über Beziehungen fast genauso intensiv wie Frauen.«[55] Junge Frauen überlassen den Männern nicht mehr das Feld, und sie ordnen sich ihnen auch nicht mehr unter.

Der Hamburger Sexualforscher Gunter Schmidt stellt dazu fest, 1970 hätten noch 80% der 15–16-jährigen Mädchen, die bereits Geschlechtsverkehr hatten, gesagt: »Ich hab's ihm zuliebe getan«, während dies 1990 fast keines der Mädchen mehr tat. Vorbei ist es mit der angeblich weiblichen Fixierung auf Hingabe, und parallel dazu werden die Jäger gejagt. In einem TV-Interview verkündet eine Diskogängerin: »Wenn einer im Bett nix taugt, muss der Nächste her.«

Das Rollenverhalten befindet sich – im historischen Maßstab gesehen – in geradezu atemberaubend schneller Auflösung begriffen, und mit den Rollen verschwindet allmählich das *soziale* Geschlecht. Das zeigt sich beispielsweise in der Mode, wo ein »cross-dressing« zu beobachten ist. Das bedeutet, dass die Geschlechter ihre Modemerkmale austauschen, beispielsweise tragen Jungs Ohrringe und Mädchen die gleichen Jeans wie Jungs, und in der Werbung tauchen zunehmend starke Frauen und weiche Männer auf.

Man muss sich angesichts dieser Entwicklung fragen, welchen Sinn geschlechtsspezifische Unterscheidungen noch machen sollen. Was ist ein Mann? Ist er hart, stark, analytisch? Gibt es harte, starke, analytische Frauen? Sind diese Frauen dann eigentlich Männer oder männliche Frauen? Und umgekehrt: Was ist eine Frau? Ist sie einfühlsam, sozial, kommunikativ? Gibt es einfühlsame, soziale, kommunikative Männer? Sind diese Männer nun eigentlich Frauen oder frauliche Männer?

Die Grenzen zwischen den Geschlechtern, einst künstlich gezogen, verwischen immer mehr. Auch wenn man noch längst nicht davon sprechen kann, das Rollenverhalten habe sich vollständig aufgelöst, so schöpfen Männer und Frauen heute weitgehend aus den gleichen Quellen menschlicher Fähigkeiten. Wie erbärmlich erscheinen vor diesem Hintergrund Äußerungen wie jene, die für das Autoren-Paar Pease so typisch ist:

Durch ein gutes Fußballspiel können Männer vielleicht von Gefühlen überwältigt werden, selten aber durch eine gute Beziehung.[56]

Frauen, die gern Fußball sehen, wären demnach beziehungsgestört und Männer, die Gefühle zeigen, keine richtigen Männer. Doch das ist Schnee von gestern. Das Geschlecht kann nicht mehr am Verhalten festgemacht werden. Die

Rollenteilung hat ihre materielle und soziale Basis verloren, und Frauen und Männer werden einander immer ähnlicher. Allerdings werden diese Fakten nicht ohne Vorbehalt angenommen.

Vor kurzem führte eine Rundfunk-Journalistin ein Interview mit mir. Auf entsprechende Aussagen meinerseits, Männer und Frauen würden sich ähnlicher, entgegnete sie, wenn das so wäre, sei ihr das gar nicht recht. Sie würde ungern die Meinung aufgeben, kommunikativer und sozialer zu sein als die meisten dieser »dumpfen Kerle«. Und bestimmt gibt es jede Menge Männer, die sich für stärker und unabhängiger halten, als Frauen es in ihren Augen sind. Die Rollenfestlegung vermittelt offensichtlich eine bestimmte Verhaltenssicherheit, und auf die wird ungern verzichtet, wenn man bereits lange damit lebt. Aber dennoch überwiegen die Nachteile einer solchen Rollenfestlegung, und deshalb fällt es den jungen Leuten immer leichter, mit der Ähnlichkeit der Geschlechter umzugehen. Nicht zufällig treten viele Popmusiker als androgyne Wesen auf, gegenwärtig beispielsweise die Gruppe Tokio-Hotel.

Diese Entwicklung ist übrigens nicht neu, sie hat eine geschichtliche Kontinuität. Bereits seit der Romantik, also seit mehr als 200 Jahren, nähern sich die Vorstellungen vom Wesen von Mann und Frau wieder einander an, worauf die Soziologin Herrad Schenk hinweist.

Zum ersten Mal wurde (in der Romantik) die geistige und sinnliche Ebenbürtigkeit der Frau zur Grundlage der Liebesbeziehung zwischen den Geschlechtern gemacht (und) das androgyne Ideal (wurde) als Grundlage der romantischen Liebesauffassung postuliert... Die Frauen sollten ihre männlichen, die Männer ihre weiblichen Züge ausbilden.[57]

In diesem Prozess befinden wir uns, seine Entwicklung ist noch nicht abgeschlossen. Er zeigt jedoch, in welche Richtung es zukünftig geht. Der Mann wird weiblicher, die Frau wird männlicher, und damit schwinden die Differenzen zwischen den Geschlechtern.

Auch das ist eine jener Aussagen, die ungern gehört werden und gegen die oft argumentiert wird. Gegenwärtig lässt sich sogar eine regelrechte Tendenz zur Beschwörung der Rollendifferenz beobachten. Unausgesprochen und von der demographischen Entwicklung unterstützt wird die Forderung »Frauen zurück an den Herd« aufgestellt, wo sie in Ruhe die vielen Kinder erziehen können, die wir angeblich brauchen, um die Rentenzahlungen abzusichern, und wo sie Frau bleiben können, während der Mann in seine Versorgerrolle schlüpft.

Anscheinend werden durch die Auflösung des Rollenverhaltens erhebliche Ängste hervorgerufen, die Spannung zwischen den Geschlechtern könnte verloren gehen und Liebe oder Sexualität würden dadurch an Bedeutung einbüßen. Doch diese Befürchtungen sind unbegründet. Da die Verhaltensunterschiede zwischen den Geschlechtern geringer sind als die Unterschiede innerhalb eines Geschlechts, geht die Differenz, auf welche die Liebe angewiesen ist, gegenwärtig nicht zurück, sondern sie nimmt sogar zu. Nur handelt es sich nicht mehr um eine Rollendifferenz, sondern um eine psychische Differenz. Dazu später unter dem Stichwort der gesteigerten Bedeutung der Individualität mehr.

Dass die psychische Differenz die wesentliche ist, kann man sich von Homosexuellen versichern lassen. Deren Liebe und Sexualität ist ebenso spannend und lebendig wie die heterosexuelle Liebe.

Der Mann wird weiblicher, die Frau wird männlicher, und damit ist für die Liebe rein gar nichts verloren.

Ganz im Gegenteil. Statt sich starr auf bestimmte Eigenschaften und Verhaltensweisen festzulegen, statt als Mann aktiv und als Frau rezeptiv auftreten zu müssen, können die Liebespartner zwischen den Verhaltensmustern wechseln. Das Liebesleben wird dadurch nicht ärmer, sondern im Gegenteil reichhaltiger. Die größere Verhaltensfreiheit erweitert die individuellen Möglichkeiten, seiner Liebe Ausdruck zu geben und Liebe umfassender zu erfahren.

Die Rollenfestlegung steht, nachdem ihre sozialen und ökonomischen Grundlagen entfallen sind, der psychischen Entwicklung im Wege. Sie behindert die individuelle Entfaltung, die heute so wichtig ist, und wird daher schon bald den letzten Rest an Bedeutung verlieren, der ihr noch geblieben ist.

ANNO DAZUMAL...

Wenn man von der rasanten Auflösung des Rollenverhaltens spricht, ist das für junge Leute vielleicht nicht nachvollziehbar, weil ihnen ein Vergleichsmaßstab fehlt. Schauen wir uns also kurz an, wie das Verhalten der Geschlechter »anno dazumal« aussah und was von Männern und Frauen vor gar nicht so langer Zeit erwartet wurde.

Fragen Sie einmal einen jungen Menschen aus Ihrer persönlichen Umgebung, wann Frauen das Wahlrecht erhielten. Die wenigsten werden es wissen. In Deutschland geschah das erst 1918, in Frankreich 1944, Schweizer Frauen dürfen erst seit 1971 ins Parlament gewählt werden, in Liechtenstein sogar erst seit 1984. Doch es kommt noch besser. Bis in die 1970er-Jahre (!) war eine Frau in Deutschland auf die Zustimmung ihres Mannes angewiesen, wenn sie berufstätig sein wollte. Widersprach er dem, durfte sie nicht arbeiten gehen, ja, es lag sogar in seiner Macht, ihren Arbeitsplatz zu kündigen! Wer weiß beispielsweise, dass eine Lehrerin in Bayern noch in den 1950er-Jahren ihren Beruf aufgeben musste, wenn sie heiratete. Doch das ist Schnee von gestern. Inzwischen traut man Frauen zu, was Jahrtausende undenkbar schien und wozu ihnen noch vor wenigen Jahrzehnten die Fähigkeit und das Recht abgesprochen wurde: am Aufbau der Gesellschaft teilzuhaben.

Wie weit die Auflösung der Geschlechtsrollen in den letzten 50 Jahren vorangeschritten ist, lässt sich auch durch einige Buchzitate aus dieser Zeit belegen. Noch in den 1960ern wurde in einem christlichen Büchlein[58] Folgendes über Männer und Frauen verbreitet:

... die Frau ist ein völlig anderes Lebewesen als der Mann ... die Frau denkt, fühlt, lebt, liebt und leidet anders ... auch geschlechtlich ist sie anders geartet: erwartend, nicht aktiv, aber auch nicht passiv, sondern reaktiv, antwortend, hoffend, bewahrend, hütend, ruhend ... der Mann ... ist führend, angreifend, fordernd, planend, gestaltend ... der Mann möchte erobern, herrschen, führen, Autorität sein ...

Die Ehe wird damals als ein Körper verstanden, als eine Gemeinschaft, in der der Mann den Kopf und die Frau das Herz repräsentiert und in der nur beide gemeinsam ganz sein können:

Wer ... eine Lebensgefährtin erobert, tut es, um sie zu befreien aus dem Hälftesein, um mit ihr ein ganzer Mensch zu werden.

Ein anderes Werk aus dem Jahre 1955[59] formuliert die Geschlechtsunterschiede noch krasser:

Eine Hauptaufgabe der Frau besteht darin, Kinder zu gebären und zu erziehen; demgemäß hat sie eine natürliche Beziehung zu allem Belebten, Beseelten, als Ganzes Gewachsenem... Im Gegensatz dazu hat der Mann, der berufen ist, die Familie zu beschützen und zu ernähren, eine besondere Beziehung zu den unbelebten Dingen.

Im selben Werk wird das Schweizerische Zivilgesetzbuch zitiert, das in dieser Zeit noch festlegt: »Der Mann ist das Haupt der Gemeinschaft.«

Hier zeigt sich, dass die Konstruktion Mann = Kopf und Frau = Herz einer Beziehung keineswegs so harmlos ist, wie das von Kirchenseite stets dargestellt wird, sondern dass sie ein reales Herrschaftsverhältnis beschreibt. Denn, so sagt selbst der Autor, damit würde dem Mann »die Aufgabe des Steuermanns im ehelichen Boot« zugewiesen: »Er vertritt die Gemeinschaft nach außen, er bestimmt den Wohnsitz, und er hat für die Unterhaltung der Familie zu sorgen. Das sind Funktionen, die seiner besonderen Veranlagung entsprechen und um die ihn seine Frau nicht zu beneiden braucht.« Die Frau, so der Autor weiter, brauche sich darüber nicht zu grämen, denn »neben dem Haupt hat der eheliche Organismus auch ein Herz, und das ist die Frau«. Das Gesetzbuch sagt: »Sie steht dem Manne mit Rat und Tat zur Seite... Sie führt den Haushalt.«

Liest man diese Aussagen, könnte man meinen, Pease und Co. hätten ihre nicht minder fragwürdigen Weisheiten aus kirchlichen Publikationen bezogen, und umgekehrt kann sich die Kirche auch heute noch auf Autoren vom Schlage Pease und Co. und deren Gerede von männlichen Jägern und weiblichen Heimchen berufen. Aber wer möchte von solchem antiquierten Denken noch etwas wissen, geschweige denn danach leben? Dabei ist es nicht einmal 50 Jahre her – so lange kann eine Beziehung heute dauern –, dass die Rollenteilung derart gepriesen und erzwungen wurde.

Interessant zum Vergleich des damaligen mit dem heutigen Rollenverständnis ist auch ein Artikel, der aus einer US-Zeitschrift mit dem Namen *Housekeeping Monthly* vom Mai 1955 stammen soll und der im Internet offenbar mit dem Ziel verbreitet wird, sich über die damalige Rollenerwartung an die Frau lustig zu machen. Auch wenn dieser Artikel im Original nicht belegt zu sein scheint, ist seine Handhabung im Internet aufschlussreich, wo einige ältere Frauen betonen, ihre Ehe nach Maßgabe dieser Regeln lange und glücklich geführt zu haben. »Eine gute Ehefrau weiß, wo ihr Platz ist«, heißt es in dem Artikel, und sie solle ihren Platz beispielsweise folgendermaßen ausfüllen:

Seien Sie fröhlich, machen Sie sich interessant für ihn! Er braucht vielleicht ein wenig Aufmunterung nach einem ermüdenden Tag, und es gehört zu Ihren Pflichten, dafür zu sorgen – Seien Sie glücklich, ihn zu sehen – Begrüßen Sie ihn mit einem warmen Lächeln, und zeigen Sie ihm, wie aufrichtig Sie sich wünschen, ihm eine Freude zu bereiten – Hören Sie ihm zu. Sie mögen ein Dutzend wichtige Dinge auf dem Herzen haben, aber wenn er heimkommt, ist nicht der geeignete Augenblick, darüber zu sprechen. Lassen Sie ihn zuerst erzählen – und vergessen Sie nicht, dass seine Gesprächsthemen wichtiger sind als Ihre. – Fragen Sie ihn nicht darüber aus, was er tagsüber gemacht hat. Zweifeln Sie nicht an seinem Urteilsvermögen oder seiner Rechtschaffenheit. Denken Sie daran: Er ist der Hausherr, und als dieser wird er seinen Willen stets mit Fairness und Aufrichtigkeit durchsetzen. Sie haben kein Recht, ihn in Frage zu stellen. – Eine gute Ehefrau weiß stets, wo ihr Platz ist.

Die Frau soll sich dem Mann unterordnen und ihn als überlegen anerkennen. Und was ist mit den Frauen, die ihrem Ehemann überlegen sind? Auch für sie hatte diese Zeit ihre Tipps parat. »Wenn die Frau stärker, klüger, erfahrener, temperamentvoller ist als der Mann und ihm das zu spüren gibt, dann sind gewöhnlich beide unglücklich und klagen sich gegenseitig an.«[60] Die Lösung ist denkbar einfach: die Frau stellt sich dumm, und schon sind beide zufrieden. Er, weil er meint klüger zu sein, und sie, weil sie weiß, dass sie es ist. Na prima.

Offensichtlich haben sich Eheberater schon in den 1950er-Jahren allerhand gute Tipps ausgedacht, und sie tun es heute immer noch. Ich will aber gar nicht bestreiten, dass eine Ehe funktionieren kann, wenn er sich als Macho und sie sich als Heimchen benimmt, aber: wer ist denn heute noch willens geschweige denn in der Lage zu einem solchen Verhalten? Welten liegen zwischen dem hier beschworenen Rollenverhalten und der Art und Weise, in der Männer und Frauen heute miteinander umgehen. Haben sich zwischenzeitlich ihre Gene oder Hormone verändert? Wohl kaum. Es sind die sozialen Bedingungen, die sich verändert haben.

UNVERSTÄNDNIS ODER MACHTKAMPF?

Das ist nicht zuletzt dem durch die Frauenbewegung des letzten Jahrhunderts ausgelösten Geschlechterkampf zu verdanken, in dem Frauen um gleiche Rechte und Männer um den Erhalt ihrer Privilegien kämpfen, also um Macht. Dieser Kampf findet nicht nur auf gesellschaftlicher und politischer Ebene, sondern auch in Beziehungen statt. Wenn ein Mann beispielsweise meint, sich auf einem Waldspaziergang besser orientieren zu können, kommt es natürlich zu Disputen, es sei denn, die Frau gibt um des lieben Friedens willen nach. Und wenn eine Frau meint, sie könne besser mit den Kindern umgehen, stimmen ihr längst nicht mehr alle Männer zu. Ein Mann kann sich nicht mehr selbstverständlich hinters Steuer setzen und seine Frau auf den Beifahrersitz verbannen, und Frauen können sich nicht mehr darauf berufen, es sei Aufgabe ihres Mannes, sie sexuell zu begehren.

Die Geschlechter kämpfen darum, ihre Rollen abzustreifen. Ihr Machtkampf, gerade weil er nicht nur auf gesellschaftlicher und politischer, sondern auch auf privater Ebene geführt wird, muss oft als Beleg für die Behauptung herhalten, Männer und Frauen könnten sich nicht verstehen und daher nicht lieben. Doch in diesem Kampf geht es um Macht und um Interessen und um Durchsetzung, aber nicht um Liebe. Um Liebe kann man bekanntlich nicht kämpfen. Daher hat der Kampf der Geschlechter mit Liebe rein nichts zu tun, er betrifft allein die Regeln des Zusammenlebens und der Partnerschaft. Partnerschaft und Liebe sind – worauf ich später sehr ausführlich eingehen werde – aber zwei paar Schuhe.

FAZIT ZUM ROLLENVERHALTEN

Fassen wir also zusammen: Es gab und gibt ein Rollenverhalten, aber dieses hat mit einer so behaupteten »Natur« der Geschlechter oder einem angeblichen »Wesen« von Mann und Frau nichts zu tun. Die Natur hat es den Menschen selbst überlassen, das Verhältnis der Geschlechter zu regeln, und die Menschen haben diesen Spielraum quer durch ihre Entwicklung auf Grundlage sozialer, ökonomischer und kultureller Zusammenhänge auf verschiedenste Weise genutzt. So kann man Günter Dux nur zustimmen, wenn er sagt:

Warum zwischen den Geschlechtern an sich Krieg sein soll, habe ich nicht ausmachen können. Nicht in der Liebe sitzt der

Wurm – die Liebe kennt ihre eigenen Probleme; aber sie unterjocht nicht. Es sind die Determinanten der Macht im Aufbau der Gesellschaft, die auf das Innenverhältnis durchschlagen[61] *– Was immer den Unterschied der Geschlechter ausmachen mag, eines ist in diesem Streit am wenigsten zu gebrauchen: neue Mythen über Geschlechtscharaktere.*[62]

WIE SICH DAS ROLLENVERHALTEN HEUTE AUSWIRKT

Wer in Diskussionen mit Freunden infrage stellt, dass es gravierende *biologisch* fundierte Verhaltensunterschiede zwischen Männern und Frauen gibt, dem werden sogleich Verhaltensweisen vorgehalten, in denen sich die Geschlechter voneinander unterscheiden. Der Einfachheit halber wird dann unterstellt, Männer und Frauen »wären« von Natur aus unterschiedlich, und ihr Wesen sei, weil genetisch und hormonell bedingt, auch nicht veränderbar.

Nun liegt es mir fern, ein teilweise unterschiedliches Verhalten der Geschlechter zu leugnen. Männer und Frauen verhalten sich in Teilbereichen des Lebens verschieden, und da hinter jedem Verhalten auch Denkweisen und Empfindungen stehen, mag man sogar davon sprechen, dass Männer und Frauen in ihren Einstellungen verschieden sind. Vergessen wir für den Moment, dass auch Frauen von Frauen und Männer von Männern verschieden sind und zahlreiche Untersuchungen ergeben haben, dass die Unterschiede zwischen den Geschlechtern geringer ausfallen als die Unterschiede innerhalb der Geschlechter, bleibt dennoch ein geschlechtsspezifisches Rollenverhalten übrig. Da dieses Rollenverhalten Spuren im Verhältnis der Geschlechter hinterlässt, lohnt es sich, etwas ausführlicher darauf einzugehen.

ZWEIERLEI BOTSCHAFTEN – ZWEIERLEI VERHALTEN

Die oben zitierten soziologischen Forschungen haben gezeigt, dass beim Übergang von den umherstreifenden Wildbeutergruppen zu den sesshaften Stämmen die sozialen Zuständigkeiten zwischen Mann und Frau aufgeteilt wurden. Der Mann regelte die Außenverhältnisse, die Frau die Innenverhältnisse. Den Männern gelang es dann nach und nach, ihre Macht auf das Innenverhältnis der Geschlechter auszudehnen und Frauen von bestimmten gesellschaftlichen Positionen und Tätigkeiten auszuschließen. Je größer die Gesellschaften wurden und je stärker sich infolge dieser Entwicklung die Macht der Männer festigte, je patriarchalischer die Verhältnisse also wurden, desto ausgeprägtere Formen nahm auch das Rollenverhalten an.

Die etablierte Aufgabenteilung sorgte dafür, dass Fähigkeiten geschlechtsspezifisch erworben wurden. Mädchen lernten im Kreis der Frauen, was Mädchen lernen sollten, und Jungen lernten im Kreis der Männer, was ihnen zugedacht war. Gleichzeitig erwarben Jungs und Mädchen eine entsprechende Geschlechtsidentität, die ihnen half, sich von dem fern zu halten, was angeblich »naturbedingt« oder »gottgewollt« zum anderen Geschlecht gehörte. (Wer so etwas heute noch beobachten möchte, braucht nur einen Blick in einige islamische Länder zu werfen, in denen Frauen der Zugang zu Universitäten verwehrt wird und ihnen Autofahren, Sport und vieles andere verboten ist.)

Passend zu ihren unterschiedlichen sozialen Aufgaben vermittelte die patriarchale Gesellschaft den Geschlechtern unterschiedliche Botschaften darüber, wie sie zu sein und wie sie sich zu verhalten hatten. Die spezifische Botschaft an den Mann lautete: »Du musst stark sein«, während der Frau die spezifische Botschaft »Du musst einen haben« mitgegeben wurde. Einen haben? Einen Mann! Eine Frau ohne Mann lebte quer durch die Jahrhunderte ein gefährliches Leben, und ein schwacher Mann konnte die familiären Interessen nach außen nicht ausreichend vertreten. Dem geforderten Rollenverhalten zu entsprechen wurde Voraussetzung dafür, sozial und auch ökonomisch zu überleben.

Die geschlechtsspezifischen Botschaften »stark sein« und »einen haben« lieferten das Rüstzeug, um in patriarchalischen Verhältnissen zurechtzukommen. Dort nahm die Bedeutung der Ehe (Ehe heißt so viel wie Vertrag) zu, und die Abhängigkeit der Frau vom Mann, der sich die Verfügung über den Großteil des Eigentums sichern konnte, wuchs. In den matrilinearen Gesellschaften hingegen gehörte eine Frau der Sippe ihrer Mutter an, und diese Sippe kam für sie und die Kinder auf. Dadurch konnte die Frau nicht in eine derart ausgeprägte Abhängigkeit vom Mann geraten, dass sie »einen brauchte«, um sozial und ökonomisch zu überleben.

In den patriarchalischen Systemen aber hatten die Geschlechter keine andere Wahl, als ihr Verhalten entsprechend der Botschaften »stark sein« und »einen haben« auszurichten. Das ist über viele Jahrhunderte so geblieben. Im Bürgertum wurde die Teilung von Arbeit und Haus und damit die Rollenzuweisung sogar noch verschärft, indem man beispielsweise die Kinder getrennt nach Geschlecht unterrichtete. Noch in meiner Kindheit erhielten Mädchen in der Grundschule »Hauswirtschaftskunde«, während Jungs »Bastelunterricht« bekamen.

Mittlerweile haben sich die gesellschaftlichen Verhältnisse geändert, und man sollte meinen, die geschlechtsspezifischen Botschaften hätten ihre Kraft verloren. Doch dem ist nicht so. Man kann noch nicht von einer sozialen Gleichstellung von Männern und Frauen sprechen, bestenfalls eine rechtliche

Gleichstellung mag einigermaßen vollzogen sein. So wundert es nicht, dass die Botschaften »stark sein« und »einen Mann haben« auch heute noch spürbare Wirkungen zeigen. Vor allem in der älteren und mittleren Generation lässt sich das Rollenverhalten noch ohne Schwierigkeiten aufspüren. Bedenkt man zudem, dass soziale Botschaften vor allem modellhaft übertragen werden, durch Vorbilder, die den jungen Leuten geschlechtsspezifisches Verhalten vorleben, wird klar, dass es wahrscheinlich noch einige Generationen dauern wird, bis Männer und Frauen sich weitgehend davon frei gemacht haben. Dabei wird ihnen das Leiden an den Rollen behilflich sein.

DAS LEIDEN DER GESCHLECHTER AN DEN ROLLEN

Mit der Rollenfestlegung ist einerseits zwar eine gewisse Macht im jeweiligen Aufgabenbereich verbunden, andererseits ruft sie das Leiden der Geschlechter an diesen Rollen hervor. Eine Frau braucht heute keinen Mann mehr, um zu überleben, und ein Mann braucht nicht mehr im damaligen Sinne stark zu sein, um in einer Partnerschaft klar zu kommen. Wenn Frau und Mann sich aufgrund ihrer Erziehung dennoch so verhalten, leiden sie umso mehr. Der »starke« Mann macht viel mit sich selbst aus, um vor sich selbst und anderen stark und unabhängig zu erscheinen, und die sich angewiesen wähnende Frau richtet sich weitgehend auf den Mann aus, um sich nicht unsicher zu fühlen oder um nicht unvollständig zu erscheinen. Man kann das beidseitige Leiden auch auf gesellschaftlicher Ebene finden, wo Frauen für gleiche Tätigkeiten immer noch schlechter bezahlt werden und ihnen der Zugang zu Machtpositionen generell erschwert wird; und wo Männer eine geringere Lebenserwartung aufweisen. Männer sterben zwar nicht mehr, wie das vor 40 Jahren noch der Fall war, acht

Jahre früher als Frauen, doch es sind immer noch etwa fünf Jahre, die ihnen weniger an Lebenszeit bleiben.

Auch auf dem Gebiet der Sexualität findet man Spuren des Leides an den Rollen. Der Mann wird gezwungen, sich sexuell initiativ und leistungsfähig zu zeigen. Er meint, die Frau befriedigen und sich beweisen zu müssen, und steht sich selbst und ihr gegenüber unter Druck. Die Frau hingegen fühlt sich durch ihre Rolle zu Passivität und Hingabe aufgefordert und dazu, den Mann zu bestätigen und dadurch an sich zu binden. Das Rollenverhalten erfordert von beiden, etwas zurückzuhalten. Der Mann gestattet sich weniger genießende Hingabe, und die Frau verbietet sich eher gestaltende Aktivität. Wie sehr beide Geschlechter unter diesen sexuellen Zwängen (immer noch) leiden, davon können Sexualtherapeuten ein Lied singen.

Auch in den Paarbeziehungen leiden beide Geschlechter, obgleich es den Frauen hier eher gelingt, ihr Leiden darzustellen, was den Eindruck entstehen lässt, den Männern ginge es in Beziehungen besser als ihren Frauen. Ein Beispiel hierfür gab mir die Lesung der Autorin Eva-Maria Zurhorst[63], deren Buch »Liebe dich selbst und es ist egal, wen du heiratest« es in die Bestsellerlisten schaffte. Die Schilderung des Beispiels soll dreierlei zeigen: Frauen leiden nicht mehr als Männer, sie können sich nicht besser mitteilen, und es kann jederzeit zu einem Rollentausch zwischen den Geschlechtern kommen.

Die Autorin beschrieb in der Lesung ihr jahrelanges emotionales Martyrium in einer Ehe, die hoffnungsvoll begann und bald zu einer Quelle dauernder Frustration wurde. Sie schilderte ihre Einsamkeit und wachsende Selbstzweifel und schließlich den Tag, an dem das Leid auf ihrer Geburtstagsparty mit den Worten »Ich kann nicht mehr, ich lasse mich scheiden« aus ihr herausbrach. Im Rahmen ihres Vortrages kam sie auch auf das Schweigen der Männer und deren angeblich größere Unfähigkeit sich mitzuteilen zu sprechen.

Ich unterstelle der Autorin, dass sie sich ihrem Mann gegenüber im Laufe der Jahre durchaus geäußert hat, und wahrscheinlich hat sie das auf ähnliche Weise getan, in der die meisten Frauen das tun: indem sie ihren Männern Vorwürfe machen. Man könnte nun oberflächlich betrachtet behaupten, eine Frau, die klagt, habe kommuniziert, und ihr Mann habe geschwiegen. Das trifft den Sachverhalt aber nicht. Denn auch der Mann hat seine Unzufriedenheit kommuniziert, indem er sich eine Geliebte nahm. Beide Äußerungen (Vorwürfe versus Fremdgehen) haben Gemeinsamkeiten: beide zeichnen sich durch *indirekte* Kommunikation aus, beide sind vom Partner nicht zu verstehen, und beide Äußerungen sind einer Beziehung gleich abträglich.

Somit macht es wenig Sinn zu sagen, einer der Partner könne sich besser mitteilen als der andere. Partnern fällt es generell schwer, ihr Leid innerhalb der Beziehung so mitzuteilen, dass der andere es versteht und dadurch etwas in Bewegung gerät. Um das nachzuvollziehen, muss man zwischen Äußerung und Mitteilung unterscheiden. Eine Äußerung kann man in den Raum werfen, ohne sich darum zu kümmern, ob sie ankommt und verstanden wird, und wenn sie nicht verstanden wird, kann man das dem Partner ankreiden (Männer sind unsensibel!). Eine Mitteilung kann im Gegensatz zur Äußerung nicht darauf verzichten, verstanden zu werden, und wenn sie nicht verstanden wird, kann man das dem Partner nicht ankreiden.

»Du kümmerst dich nicht genug um mich«, ist eine Äußerung, zudem ein typischer Vorwurf, gegen den sich Männer wehren. Eine Mitteilung würde daraus, wenn das dahinter stehende Bedürfnis »Ich fühle mich einsam« (und was damit gemeint und dadurch erwartet wird) nachvollziehbar kommuniziert würde. Ein Mann, dem es in der Beziehung zu eng wird und der daraufhin fremdgeht, äußert damit zwar sein Unbehagen, aber eine Mitteilung würde erst daraus, wenn sein Bedürfnis »Ich brauche Raum« (und was damit gemeint und dadurch erwartet wird) nachvollziehbar kommuniziert wäre.

Zu dem geschlechtsspezifischen Erleben der Liebe komme ich gleich noch ausführlich. Hier sei erst einmal festgehalten: wenn Frauen sich vorwurfsvoll beklagen und Männer sich einmauern oder abwenden, handelt es sich um Äußerungen und nicht um Mitteilungen. Dieses Verhalten ist rollenkonform und erfordert von jeder Seite, ein Leid auszuhalten. Die Frau beklagt sich und macht dem Mann Vorwürfe, und der Mann mauert sich ein oder macht sich innerlich aus dem Staube. Anschließend erleidet die Frau Frust, und den Mann plagt sein schlechtes Gewissen.

Rollenkonform in dem Beispiel der Autorin scheint mir auch die Handlungsblockade zu sein, unter der sie stand. Sie wartet jahrelang, bis ihr schließlich der Kragen platzte, während der Mann entsprechend seiner Rolle handelte und sich eine Geliebte nahm. Das Interessante ist, und das zeigt das Beispiel auch: sobald die Frau handelte, kam es zu einem Rollentausch. Sie kündigte die Scheidung an, war zur Handlung fest entschlossen und konnte dies nachfühlbar mitteilen, woraufhin der Mann sich der Beziehung wieder zuwendete.

Die Erfahrung eines solchen Rollentausches machen viele Paare, und sie geschieht immer dann, wenn ein Partner aus seiner Rolle heraustritt, sozusagen »aus der Rolle fällt«, weil er es nicht mehr aushält, derart festgelegt zu sein. Wenn die Frau mit dem Handeln ernst macht und sich von ihm abwendet, beginnt der Mann sich abhängig zu fühlen. Und wenn der Mann anfängt, sich emotional gegen die Frau zu behaupten, statt sich aus dem Staub zu machen, hört sie mit ihren Vorwürfen auf. Auch wenn sich äußere Umstände verändern, beispielsweise wenn die Frau stirbt und die Kinder dem Mann überlassen sind, findet ein Rollentausch statt. Dann werden Männer nicht selten gute »Mütter«. Dass Frauen sich als »Ernährer« von Familien bewähren können, haben sie bereits im und nach dem letzten Weltkrieg zu Genüge bewiesen und tun das auch heute.

Am Rande sei darauf hingewiesen: wenn Männer und Frauen zu einem derartigen Rollentausch in der Lage sind, dann ist ihr Verhalten erlernt und nicht genetisch bedingt, und weil es erlernt ist, kann unter entsprechenden Umständen auch ein Umlernen stattfinden. Das gilt auch für das Erleben der Liebe durch Männer und Frauen, zu dem ich jetzt komme und das ebenfalls von der gesellschaftlich sanktionierten Aufgabenteilung getrübt ist, was in Beziehungen zu manchen Schwierigkeiten führen kann.

LIEBE IM SCHATTEN VON ENGE UND MANGEL

Im Jahr 1990 erschien mein zweites Buch mit dem Titel *Schluss mit dem Beziehungskrampf* (heute: *Wie Männer und Frauen die Liebe erleben*). Das Buch befasst sich mit der geschlechtsspezifischen Wahrnehmung der Liebe und erfreut sich immer noch großer Beliebtheit. Dieser Langzeiterfolg lässt sich durch zweierlei Faktoren erklären. Erstens hat sich das Rollenverhalten natürlich noch nicht aufgelöst, und die Partner sind nach wie vor daran interessiert, es zu verstehen. Und zweitens ist es mir im Buch anscheinend gelungen, die unterschiedliche Wahrnehmung und das unterschiedliche Verhalten von Männern und Frauen gerade in Bezug auf die Liebe nachvollziehbar zu erklären.

Dazu habe ich mich einer speziellen grafischen Darstellung bedient. Ich schildere zuerst einen Vorfall, durch den ein Paar in Konflikt gerät, und teile den Text dann in zwei Spalten.

In der linken Spalte lege ich dar, was im Mann abläuft,	während die rechte Spalte darauf eingeht, was in der Frau passiert.

Auf diese Weise wird die unterschiedliche Wahrnehmung der Liebe durch Männer und Frauen deutlich, und damit werden auch die ernsten Missverständnisse nachvollziehbar, die aufgrund der rollenspezifischen Wahrnehmung und Kommunikation entstehen. Es wird beispielsweise deutlich:

dass Männer die Vorgänge rund um die Liebe im *Zusammenhang mit Enge* wahrnehmen. Das bedeutet, wann immer ein Mann liebt, rechnet er unbewusst damit, früher oder später von der Frau beengt zu werden. Sobald sie ihn beispielsweise fragt: »Wie war dein Tag?«, vermutet er Kontrolle und verschließt sich davor, sich ausgefragt zu fühlen.	dass Frauen die Vorgänge rund um Liebe im *Zusammenhang mit Mangel* wahrnehmen. Das bedeutet, wann immer eine Frau liebt, vermutet sie unbewusst, früher oder später vom Mann vernachlässigt zu werden. Da er ihrer Frage »Wie war dein Tag« ausweicht, vermutet sie, er hätte etwas zu verheimlichen, und reagiert verunsichert.

Männer und Frauen reagieren nun auf ihre eigene Wahrnehmung (also auf die eigene Deutung der Ereignisse) und treffen Schutzmaßnahmen, um den befürchteten Ereignissen – beengt werden beziehungsweise vernachlässigt werden – entgegen zu wirken.

Der Mann zieht sich im Laufe einer Beziehung mehr und mehr zurück und mauert sich in Schweigen ein. Den Fragen seiner Frau weicht er aus, oder er geht scheinbar auf ihre Wünsche ein, verhält sich aber gegenteilig. Der Mann entwickelt die *Ja/Nein-Falle.* Er sagt »Ja, natürlich liebe ich dich«, während er mit der Fernbedienung durchs Programm zappt. Er hält die Frau sozusagen mit einer Hand fest (ich liebe dich), mit der anderen Hand hält er sie auf Abstand (komm mir nicht zu nahe) und lässt sie nicht an seinen Gefühlen teilhaben.

Die Frau hingegen fängt an, sich um die Liebe des Mannes zu bemühen. Sie investiert in ihr Aussehen, ihre Kleidung, in die Beziehung überhaupt. Da sie vom verschlossenen Mann nicht die gewünschte Orientierung erhält, entwickelt sie den *Empfindsamkeitstest.* Sie rückt ihm mit Vorwürfen und der Kraft ihrer Gefühle auf die Pelle und geht ihn massiv an, in der Hoffnung, ein Zeichen seiner Liebe zu erhalten. Wenn sie ihn verletzen kann, hat sie zumindest ein Zeichen, dass sie ihm etwas bedeutet.

Nun sind beide Partner in ihren eigenen Verhaltenszwängen gefangen und entwickeln die Sehnsucht, aus ihren Zwängen befreit zu werden: durch den Partner. Dieser soll sein Verhalten ändern, damit man sich besser fühlt.

Der Mann träumt von Freiheit. Dahinter steht sein Wunsch, sich unbeeinträchtigt von Enge spüren zu können. Die Frau soll ihm diese Freiheit einräumen und ihn »in Ruhe lassen«.	Die Frau träumt von Nähe und Aufmerksamkeit. Dahinter steht ihr Wunsch nach Bestätigung ihres Selbstwertes. Der Mann soll ihr diese Bestätigung geben und sich ihr »zuwenden«.

Natürlich lässt sich die Sehnsucht von Mann und Frau auf diese Weise nicht erfüllen. Die Frau kann dem Mann keine Freiheit geben, die muss er sich schon selbst nehmen, ansonsten ist es keine Freiheit, weil sie ihm jederzeit entzogen werden könnte. Und der Mann kann der Frau ihren Selbstwert nicht geben, den muss sie sich schon selbst zusprechen, sonst ist es kein echter Selbstwert, sondern Fremdbestätigung. So bleibt den Partnern, die im Beziehungskampf festhängen, nichts anderes übrig, als selbst den Schritt aus dem Rollenverhalten zu tun.

Für den Mann bedeutet das, sich gegenüber der Frau emotional zu behaupten,	und für die Frau bedeutet das, sich selbst zum Zentrum ihrer Fürsorge zu machen.

Bei dieser Schilderung handelt es sich selbstverständlich um eine plakative Darstellung des Rollenverhaltens, das in dieser Reinform meist nur in Krisensituationen hervortritt. Dennoch sprechen zahllose Leser und Leserinnen davon, genau dieses Verhalten bei sich zu beobachten.
Wie kommt dieses Verhalten zustande? Seine Ursachen sind in der speziellen Familiensituation zu finden, die sich aus der

geschilderten traditionellen Aufgabenteilung der Geschlechter – der Mann ist für den Außenbereich zuständig, die Frau für den Innenbereich – ergibt.

Männer wachsen unter der Kontrolle von Frauen auf. Der Vater ist in der Außenwelt beschäftigt und hat für die Kinder wenig Zeit. Er kann seinem Sohn nicht zeigen, wie man sich gegenüber einer starken Frau wie der Mutter behauptet. Erstens, weil er es selbst nicht weiß, und zweitens, weil er Wichtigeres zu tun hat, beispielsweise Geld verdienen. Der Junge ist also der Mutter ausgeliefert, die er liebt, von der er abhängig ist, auf deren Zustimmung er angewiesen ist und deren Ablehnung er fürchten muss. Diese Situation bedeutet für den Jungen, dass er Liebe zum anderen Geschlecht als eine Erfahrung von Enge und Bedrohung verinnerlicht. Schon das Kind reagiert darauf mit innerlichem Rückzug und widersprüchlichem Ja-Nein-Verhalten der

Frauen wiederum wachsen in der Abwesenheit der Väter auf. Das bedeutet für das Mädchen, dass die Anwesenheit der Person des anderen Geschlechts, die es liebt und die ihm Sicherheit in Bezug auf seine geschlechtliche Identität und seinen Wert als Frau vermitteln könnte, wenig erfahren und ständig ersehnt wird. Das Mädchen erhält die ersehnte Aufmerksamkeit nur sehr ungenügend. So wird Liebe für das Mädchen zu einer Erfahrung des Mangels. Schon das Kind reagiert auf seine Situation mit Versuchen, die Liebe des Vaters zu testen, und bemüht sich um seine Aufmerksamkeit.

Mutter gegenüber, und beim späteren Mann werden wir dieses Verhalten wieder finden.

So lässt sich erklären, wie die familiären Verhältnisse, die sich aus der Konzentration des Mannes auf den Außenbereich und der Frau auf den Innenbereich ergeben, für das unterschiedliche Erleben der Geschlechter rund um das Thema Liebe sorgen.

Übrigens ist in diesen familiären Verhältnissen auch die Ursache dafür zu finden, warum Männer öfter lügen und warum Frauen Schuhe kaufen. Sie tun es nicht, weil die Gene es ihnen befehlen, sondern aus emotionalen Gründen: um den Empfindungen der Enge und des Mangels entgegen zu wirken. Der Mann will sich lügend innerlich Raum verschaffen, und die Frau möchte attraktiv und begehrenswert erscheinen.

DAS ROLLENVERHALTEN KANN SICH DREHEN

Es verwundert nicht, wenn Männer und Frauen aufgrund ihrer unterschiedlichen Wahrnehmung der Vorgänge rund um die Liebe zu dem Ergebnis kommen, sie würden sich nicht verstehen. Dieser Eindruck bleibt aber nur bestehen, solange sie sich an ihr Rollenverhalten klammern. Fallen sie aus der Rolle, wendet sich – wie oben schon erwähnt – das Blatt, und die Partner sind in der Lage, das Verhalten des anderen sehr gut nachzuvollziehen und perfekt zu verstehen.

In den 27 Jahren, seit ich Paarberatung durchführe, habe ich oft folgende Situation erlebt: Die Frau wendet sich vom Mann ab. Sofort beginnt der Mann zu leiden, wird unsicher und bemüht sich um Zuwendung. »Jetzt«, gesteht der Mann in solch einem Fall, »kann ich verstehen, wie sie sich jahrelang mit mir gefühlt haben muss.« Er fühlt, wie ihm der Boden unter den Füßen weggezogen wird, wie er in der Luft hängt, er fühlt sich übergangen und ignoriert. Um sein Leid zu mildern, läuft nun er hinter seiner Frau her und bedrängt sie mit Vorwürfen und Erwartungen, was die Frau zu der Aussage nötigt: »Er geht mir fürchterlich auf die Nerven. Jetzt verstehe ich erst, wie es ihm mit mir gegangen ist.« Jetzt fühlt sie sich in die Ecke gedrängt, bekommt Beklemmungen, ihr fehlt die Luft zu atmen, und sie zieht sich genervt zurück.

Rollenverhalten ist – der Name sagt es schon – ein Verhalten, das man aus einer Rolle heraus zeigt. So wie man in eine Rolle hineinschlüpft, kann man auch aus ihr heraustreten. Das mag nicht immer einfach sein und zu großen Verunsicherungen führen, dennoch ist es möglich. Meist tritt man erst aus einer Rolle heraus, wenn es sinnlos erscheint sie beizubehalten, wenn sie nicht das bringt, was man sich davon verspricht. Wenn der Mann realisiert, dass seine Flucht ihm keine Freiheit bringt, und die Frau realisiert, dass sie ihren Selbstwert nicht von der Zuwendung eines Mannes abhängig machen kann, ist die Bereitschaft, das Verhalten zu ändern, meist vorhanden.

Unterstützt wird diese Bereitschaft durch die gesellschaftlichen Veränderungen, die in den letzten Jahrzehnten der Frau zunehmend Unabhängigkeit und dem Mann mehr Bezogenheit ermöglichen. Die Geschlechter lernen langsam, aber sicher um. Trotzdem ist das Rollenverhalten noch nicht verschwunden. Solange den Mädchen gegenüber mehr Gefühle geäußert werden als gegenüber den Jungen, werden sich Frauen leichter mit Gefühlen tun; und solange sie schonender erzogen werden und generell mehr Schutz und Fürsorge als

Jungs genießen, werden sie sich mehr emotionalen Themen zuwenden. Umgekehrt gilt für Männer: solange die Jungen zu mehr Unabhängigkeit angehalten werden, entwickeln sie ein größeres Selbstvertrauen, durch das sie ihre Fähigkeiten oftmals überschätzen, und solange sie weniger fürsorglich erzogen werden, halten sie sich von der Gefühlswelt ferner, als Frauen das tun.

Doch wir können zuversichtlich sein und davon ausgehen, dass die Geschlechter unter den heutigen gesellschaftlichen Umständen zunehmend an der Einschränkung ihrer Möglichkeiten leiden, was die Auflösung des Rollenverhaltens zukünftig noch mehr beschleunigen wird.

FAZIT ZUM ROLLENVERHALTEN

Was bedeuten diese Ausführungen für das große Hintergrundthema Verstehen? Sie zeigen den Zusammenhang von familiärer Situation und der Art und Weise, in der Männer und Frauen die Liebe erleben, und räumen mit vielen Missverständnissen bezüglich der »Natur« von Männern und Frauen auf. Sie zeigen darüber hinaus, dass sich Männer und Frauen selbst in scheinbar fremdartigem Verhalten verstehen können, sobald sie in die Position des anderen geraten.

Das bedeutet aber auch: das Rollenverhalten allein erklärt die Klage des Nichtverstehens nicht hinreichend. Hinter dieser Klage muss noch etwas anderes stecken.

WAS UNTER »VERSTEHEN«
ZU VERSTEHEN IST

Wenn Männer und Frauen von der Erde sind, wenn weder eine biologische noch eine psychische Notwendigkeit eines Geschlechterkrieges herrscht, wenn sie aus den gleichen Quellen menschlicher Fähigkeiten schöpfen und darüber hinaus zum Rollentausch fähig sind, so ist nicht einzusehen, warum sie sich nicht verstehen sollten. Die Frage, ob und wie weit die Geschlechter dazu in der Lage sind, bedarf allerdings einer grundsätzlichen Klärung: der Klärung der Fragen, was unter »verstehen« zu verstehen ist und wie weit Menschen im Allgemeinen und Partner im Speziellen überhaupt in der Lage sind, einander zu verstehen.

Das Wort »Verstehen« selbst gibt einen Hinweis auf seinen Sinn. *Ver*-stehen bedeutet sinngemäß »den Standort wechseln«. Es fordert dazu auf, sich dorthin zu stellen, wo jemand anderes steht. Von da aus erscheint die gleiche Situation verändert, erscheint das gleiche Thema in einem anderen Licht, weil man eine andere Sichtweise, eine veränderte Perspektive einnimmt. Verstehen erfordert, sich in die Lage eines anderen zu versetzen, um bestmöglich nachzuvollziehen, was er aus dieser Lage heraus sieht, denkt, fühlt und tut. Natürlich kann man sich nicht wirklich in jemanden hineinversetzen, aber man kann aufgrund der Kommunikation mit ihm Hinweise auf ähnliches Erleben und übereinstimmende Erfahrungen erhalten.

Um zu verstehen, ist demnach zweierlei nötig: Erstens die

Fähigkeit, sich in die Lage eines anderen zu versetzen, und zweitens die *Bereitschaft*, das überhaupt zu tun.

DIE FÄHIGKEIT DES VERSTEHENS

Fangen wir mit der Fähigkeit des Verstehens an, die wiederum zwei Voraussetzungen hat. Will sich jemand beispielsweise in die Lage eines traurigen Menschen versetzen, muss er über einen *Begriff* von Trauer und damit verbunden über eine *Erfahrung* von Trauer verfügen.

Man schaut jemanden an, sieht seinen körperlichen Zustand und hört seine Worte und deren Klang und kann das Beobachtete unter dem Begriff »Trauer« erfassen, weil diesem Begriff eigene Erfahrungen zugeordnet sind, die ähnlich klingen, und weil man sich selbst schon in solch einem Zustand erlebt hat. Durch Begriff und Erfahrung wird das beobachtete Gefühl vom Beobachter nachvollziehbar, und man spricht von Verständnis oder Einfühlung. Das Wort Einfühlung ist dabei nicht wörtlich gemeint, man gelangt nicht ins Innere des anderen hinein und fühlt dort. Einfühlung beruht auf einem Rückschluss: es sieht so aus und es klingt so wie das, was ich kenne, also wird das gleiche Gefühl damit verbunden sein, und das bedeutet: ich verstehe.

Die Fähigkeit der Einfühlung und damit des Verstehens bringt der Mensch nicht mit – man kann das an der brutalen Art und Weise sehen, wie kleine Kinder mit ihresgleichen und mit Tieren umgehen –, sondern sie muss wie jede menschliche Eigenschaft im sozialen Feld erlernt werden. Dazu hält man die Kinder an, Tiere zu streicheln, man streichelt ebenfalls die Kinder, damit sie eine Erfahrung des zärtlichen Vorgangs gewinnen, man lobt sie, wenn sie sich »einfühlend« verhalten und bringt ihnen so Bedeutungen bei. Verstehen ist Ergebnis solcher und ähnlicher Lernprozesse. Emotionale Zustände wie Freude, Leid, Liebe, Schmerz, Sehnsucht, Hoffnung und andere Zustände können deshalb nachvollzogen werden, weil sie mit ganz bestimmten Bedeutungen versehen und mit eigenen Erfahrungen verknüpft wurden, sodass man sie an sich und an anderen erkennen und daher verstehen kann.

Die Fähigkeit der Einfühlung oder Empathie geht somit über rationales Begreifen dessen, was andere empfinden, hinaus. Empathie bedeutet, dass beobachtetes Erleben im eigenen Körper nachvollzogen wird. Man sieht die Traurigkeit des anderen, und man begreift nicht nur, sondern fühlt etwas davon auch bei sich selbst.

Die neurobiologischen Zusammenhänge der Einfühlung hat vor kurzem die Entdeckung der so genannten »Spiegelneuronen« offenbart, deren Wirken Joachim Bauer in seinem Buch *Warum ich fühle, was du fühlst*[64] ausführlich beschreibt.

Die Spiegelneurone, es handelt sich dabei um spezielle Nervenzellen des Gehirns, werden aktiv, sobald ein Mensch eine Handlung plant und auch wenn er eine Handlung ausführt. In beiden Fällen, dem der Planung und der Ausführung, feuern die Nervenzellen elektrische Impulse ab und lösen dadurch bestimmte Bewegungs- oder Gefühlsreaktionen aus. Das konnten die Entdecker der Spiegelneuronen, eine Forschungsgruppe um den Italiener Giacomo Rizzolatti, anhand der Untersuchung von Affen feststellen. Immer dann, wenn einer der Versuchsaffen nach einer Erdnuss greifen wollte oder nach ihr griff, wurden ganz spezielle Nervenzellen aktiv. Allerdings, und diese Beobachtung markiert die Entdeckung der Spiegelneuronen, feuerten die gleichen Nervenzellen auch dann, *wenn der Affe lediglich beobachtete*, dass ein anderer Affe nach einer Erdnuss griff.

Die Schlussfolgerungen aus dieser Entdeckung sind von großer Bedeutung auch für die menschliche Kommunikation. Sie zeigen, dass ein beobachteter Vorgang vergleichbare neuronale und damit vergleichbare emotionale Reaktionen im Beobachter auslösen kann. Ich fühle, was du fühlst, weil meine Beobachtungen deiner Gefühle ähnliche vegetative Reaktionen und ähnliche Emotionen in mir hervorrufen. Aufgrund einer Beobachtung lassen sich also tatsächlich Empfindungen anderer Menschen mitfühlen und nachvollziehen. Sicherlich nicht in gleicher Intensität, in der der Erlebende sie erlebt, aber zumindest in vergleichbarer Qualität.

Spiegelneuronen leisten somit eine Art von Übersetzungsarbeit, und man könnte sie als neuronale Dolmetscher bezeichnen. Sie ermöglichen soziale Kommunikation auf einer tieferen Erlebensebene, und sie sind selbstverständlich von großer Bedeutung in der Liebe. Der Liebende wird wie kein anderer nachvollziehen können, was der Geliebte fühlt, und er wird ihn daher auch besonders gut verstehen. Verstehen im Sinne eines gewissen Einfühlens und Mitfühlens ist demnach möglich, und daher sind Verliebte meist überzeugt davon, sich hervorragend zu verstehen.

Verstehen ist übrigens keineswegs geschlechtsspezifisch festgelegt. Eltern verstehen ihre Kinder unabhängig von deren Geschlecht, und auch Freunde und Freundinnen verstehen sich über Geschlechtergrenzen hinweg. Trauer, Angst, Liebe, Wut, Sehnsucht, Aggression – diese und andere Gefühlszustände und die damit verbundenen Verhaltensweisen sind weder »weiblich« noch »männlich«, sie sind schlicht menschlich und für beide Geschlechter nachvollziehbar. Männer und Frauen sind, und das ist in unserem Zusammenhang wichtig, zu den gleichen Gefühlen und zu gleichem Verständnis fähig. Was ihnen oft schleierhaft erscheinen mag, sind lediglich die *Auslöser* bestimmter Gefühle, die aufgrund des Rollenverhaltens geschlechtsspezifisch unterschiedlich sind, siehe das vorher behandelte Thema Enge und Mangel in der Liebe.

DIE BEREITSCHAFT ZUM VERSTEHEN

Dass Menschen über die Fähigkeit zum Mitfühlen verfügen, bedeutet allerdings nicht, dass diese Fähigkeit unbedingt und unter allen Umständen zur Anwendung gelangt. Offensichtlich verfügen wir über Mechanismen, die das Verstehen auf reines Begreifen und unter Umständen auf schiere Berechnung reduzieren, indem sie das Mitfühlen vermindern oder es blockieren oder sogar vollständig ausschalten.

Wenn beispielsweise ein Geschäftsmann einen anderen in den Bankrott treiben will, gelingt ihm das umso besser, je genauer er seinen Gegner durchschaut. Dabei hilft ihm rationales Begreifen, aber emotionales Mitgefühl würde ihn daran hindern, seine egoistische Absicht umzusetzen. Damit er sein geschäftliches Vorhaben umsetzen kann, schaltet er das Mitgefühl aus. Das ist kein bewusster Vorgang, aber ein alltäglicher und einer, der gut funktioniert. Auch ein Soldat, der selbst Familienvater ist und der die Kinder anderer Eltern umbringt, wird daran weder von Spiegelneuronen noch von Mitgefühl gehindert. In solchen Fällen kommt es zu keinem Verstehen, weil der Standpunkt des anderen *innerlich* nicht eingenommen wird. Man versteht sich nicht, weil man innerlich auf dem eigenen Standpunkt stehen bleibt und sich weigert, sich in die Lage des anderen einzufühlen.

DIE BEREITSCHAFT ZUM VERSTEHEN HÄNGT ALLEIN VON DER INTERESSENLAGE AB

Es braucht offenbar nicht viel, um das mitfühlende Verstehen eines Menschen auszuschalten und die Spiegelneuronen zu neutralisieren. Dazu genügt es, jemand anderen als Konkurrenten, Gegner oder Feind zu klassifizieren, als jemanden, der andere Interessen als man selbst verfolgt. Für solche Klassifizierungen besteht vielfältiger Bedarf, nämlich immer dann, wenn andere nicht in die eigene Interessenlage eingeordnet werden können. Die Möglichkeit zum Verstehen ist demnach grundsätzlich vorhanden, aber nicht die Bereitschaft dazu.

Die Bereitschaft zum Mitfühlen/Verstehen *anderer* – und dieser psychische Mechanismus ist für unser Thema von besonderer Bedeutung – wird durch die *eigene* Interessenlage reguliert und entweder ermöglicht oder begrenzt oder sogar verhindert.

Je mehr sich die Interessen der Menschen entsprechen, desto mehr Bereitschaft ist vorhanden, im Kontakt miteinander Empathie gelten zu lassen und Verständnis zu entwickeln; und umgekehrt gilt: je weniger die Interessen der Beteiligten zur Deckung kommen, desto geringer fällt die Bereitschaft zum Verstehen aus. Dieser Mechanismus lässt sich in allen menschlichen Beziehungen beobachten, seien es Geschäftsbeziehungen, Freundschaften, aber vor allem auch in Paar- oder Liebesbeziehungen.

WAS VERSTEHEN IN DER LIEBE BEDEUTET

Wenn es ums Verstehen geht, das haben die vorigen Ausführungen gezeigt, spielen zwei Dinge eine Rolle: zum einen die Fähigkeit und zum anderen die Bereitschaft zum Verstehen. Aber selbst dann, wenn die Fähigkeit zur Empathie ausgeprägt ist, muss sie nicht zur Anwendung kommen. Das hängt allein von der Interessenlage der Beteiligten ab. Wie sieht es dann mit dem Verstehen in der Liebe aus?

Männer und Frauen verfügen grundsätzlich über die Fähigkeit, die Gedanken und Gefühle des anderen Geschlechts nachzuvollziehen. Sie sind in der gleichen Gesellschaft aufgewachsen und verfügen über ähnliche Begriffe und Erfahrungen für ihr Erleben. Bei der Bereitschaft zum Verstehen sieht das allerdings völlig anders aus. Hierbei spielen die Interessen der Beteiligten die ausschlaggebende Rolle, und die sind keineswegs immer deckungsgleich.

Ob Liebespartner die Bereitschaft zu Verständnis und Mitgefühl aufbringen, hängt allein davon ab, ob in ihrer Kommunikation gemeinsame oder unterschiedliche Interessen zur Geltung kommen.

Dieser Zusammenhang macht Liebesbeziehungen so kompliziert. In Liebesbeziehungen kommen nämlich widersprüchliche Interessen – sowohl gemeinsame als auch unterschiedliche – vor. Das Gemeinsame und das Unterschiedliche taucht darin sogar in besonders starker Ausprägung auf. Insofern sind Liebesbeziehungen sehr viel spannungsreicher als andere Beziehungsformen. Sie können zu totalem Verstehen oder zu totalem Unverständnis führen. Weil diese Bereitschaft beziehungsweise Nichtbereitschaft allein von dem jeweiligen Interesse abhängt, ist die Frage, worin die gemeinsamen und die unterschiedlichen Interessen der Liebespartner bestehen, ganz besonders wichtig.

DIE GEMEINSAMEN INTERESSEN DER LIEBESPARTNER

Beziehungspartner mögen viele gemeinsame Interessen haben, die aufzuzählen an dieser Stelle unnötig zu sein scheint. Konzentrieren wir uns auf das größte vorstellbare gemeinsame Interesse der Partner, auf ihr *Interesse an Verbundenheit*, auf dessen Gründe ich später noch ausführlich zu sprechen komme.

Sobald sich zwei Menschen lieben, fühlen sie sich auf besonders tiefe Weise verbunden. Sie sind davon überzeugt, sich vollständig in den anderen einfühlen zu können. Sie sind sicher, auf den Wellen desselben Erlebens zu surfen. Sie sind sich einig, also »eins«, und verstehen sich, und dieses Verstehen ermöglicht ihnen, Liebesgefühle zu entwickeln. Und tatsächlich: beobachtet man frisch Verliebte, trifft man auf scheinbar vollständiges Verstehen und eine scheinbar lückenlose Empathie. Sie verstehen sich so gut, dass sie glauben, sich bereits ein Leben lang zu kennen, und natürlich sind sie überzeugt, diese Gefühle würden ein Leben lang anhalten.

Das erscheint zumindest verwunderlich. Zwei verlieben sich – womöglich noch auf den ersten Blick – ineinander und sprechen augenblicklich davon, sich zu verstehen. Man mag sich fragen, woher diese Übereinstimmung kommen sollte, da sich die Partner doch noch gar nicht kennen. Doch gerade dieses Fremdsein schafft die Voraussetzung für ihre scheinbar vollständige Übereinstimmung. Gerade weil sie sich in vielen Aspekten ihrer Persönlichkeit *nicht* kennen, können sie den Eindruck gewinnen, sich ganz und gar zu verstehen.

Um den Eindruck des völligen Verstehens nicht zu beschädigen, konzentrieren sich die Liebespartner darauf, nur Verbindendes zu kommunizieren. Sie tauschen zärtliche Blicke und Berührungen aus, Küsse und Sexualität, erzählen sich Geschichten aus ihrem Leben, hören sich gegenseitig geduldig zu, träumen von einer gemeinsamen Zukunft, schwören sich ewige Liebe. Sie kommunizieren, was Erwiderung findet, und vermeiden, was Ablehnung hervorruft.

Auf diese Weise entstehen Verstehen und Mitgefühl bei Liebespartnern in besonders ausgeprägter Form. Solange die Kommunikation der Verliebten auf das gemeinsame Interesse nach Verbundenheit ausgerichtet ist, bleibt der Eindruck des Verstehens erhalten und festigt sich.

Dieser Eindruck vollständiger Verständigung entsteht, es muss betont werden, allerdings nicht deshalb, weil die Partner tatsächlich alles miteinander kommunizieren, sondern gerade deshalb, weil sie einander vieles nicht *mitteilen.*

Liebe macht blind, und sie muss blind machen, sonst würde sich zu viel Trennendes der Verbindung in den Weg stellen und sie von vornherein verhindern.

Die Liebe lebt demnach nicht vom tatsächlichen Verstehen und Verstanden-Sein, sondern vom Eindruck des Verstanden-Habens. Der Soziologe Niklas Luhmann beschreibt dies in einer Abhandlung über die Liebe:

Sie (die Liebe) kann, um es paradox zu formulieren, Kommunikation unter weitgehendem Verzicht auf Kommunikation intensivieren. Sie bedient sich weitgehend indirekter Kommunikation, verlässt sich auf Vorwegnahme und Schonverstandenhaben ... Zum klassischen Code (der Liebe) gehört denn auch die »Augensprache«, ebenso wie die Feststellung, dass Liebende endlos miteinander reden können, ohne sich etwas zu sagen zu haben.[65]

Der Eindruck des Schon-Verstanden-Habens darf nicht gestört werden, wenn Liebe erlebt werden soll. Die Partner tun deshalb gut daran, sich auf ihr gemeinsames Interesse an Verbundenheit zu konzentrieren und alles bei sich zu behalten, was den Eindruck des Verstehens stören könnte. Das bedeutet: solange beide Partner an Verbundenheit interessiert sind, ermöglichen sie Verstehen und Verständnis und lassen – natürlich steuern sie diese Abläufe nicht bewusst – die Spiegelneuronen ungehindert ihr Werk verrichten.

DIE UNTERSCHIEDLICHEN INTERESSEN DER LIEBESPARTNER

Allerdings verfügen Partner neben dem gemeinsamen Interesse an der Liebe auch über individuelle Interessen. Etliche dieser Interessen sind nicht nur individuell, sondern widersprüchlich zu denen des Partners.

Der eine Partner will Kinder bekommen, der andere nicht, einer will eine Wohnung, der andere ein Haus, der Umgang mit Geld gestaltet sich möglicherweise extrem unterschiedlich, oder die Hobbys kommen nicht zusammen. Vom Umgang mit Sexualität und Gefühlen ganz zu schweigen. Alle denkbaren Interessen können sich in einer Beziehung unterscheiden, Freizeitinteressen, kulturelle Interessen, berufliche Interessen, familiäre Interessen, geistige, körperliche und emotionale Bedürfnisse und nicht zuletzt sexuelle Interessen.

Treten derartige Unvereinbarkeiten zutage, wird der Eindruck des Schon-Verstanden-Habens augenblicklich gestört, und die Bereitschaft, sich in den Partner hineinzuversetzen und mit ihm mitzufühlen, schwindet rapide. Das Verstehen wird durch ein Eigeninteresse begrenzt oder ganz und gar ausgeschaltet, und die Spiegelneuronen werden ruhig gestellt. Man versteht sich plötzlich – trotz aller Liebe – nicht mehr.

Geht beispielsweise ein Partner fremd, ist es mit dem Verstehen vorbei, und zwar aus dem einfachen Grunde, weil man sich nicht in ihn hineinfühlen will. Der eigene Schmerz steht im Vordergrund, der Schmerz des Partners interessiert wenig, und daher wird der Fremdgänger nicht gern verstanden, aber gern verurteilt.

Dahinter steht die simple Tatsache, dass sich ein Partner selbst der Nächste ist, und das gilt in Bezug auf Liebesangelegenheiten ganz besonders. An dieser Selbstzentriertheit lassen sich Liebespartner auch von ihren Spiegelneuronen nicht hindern, die ihnen sonst so eine perfekte Empathie für den Partner bescheren. Statt den Standpunkt des Fremdgängers oder des Betrogenen einzunehmen, beharrt jeder auf seinem eigenen Standpunkt, und ein Konflikt bricht aus.

Der Partner, der entrüstet behauptet: »Ich verstehe nicht, wie du fremdgehen konntest«, stellt sich zwar verständlicherweise, aber nur scheinbar dumm. Schließlich ist ein Seitensprung durchaus begreifbar, wenn man sich in die Lage des Fremdgehers versetzt. Aber der Seitensprung ist emotional nur schwer zu akzeptieren, weil er mit Erwartungen bricht und weil die Folgen einer Akzeptanz nicht absehbar wären, und deshalb weigert man sich standhaft, den Standpunkt des Partners einzunehmen, und signalisiert völliges Unverständnis.

ICH VERSTEHE DICH EINFACH NICHT!

Das heißt: man will den Partner nicht verstehen, weil es nicht gelingt, ihn in die eigene Interessenlage einzuordnen. Den anderen *nicht* zu verstehen übt demnach eine wichtige Funktion aus: Es ist nötig, um die eigene Position zu verteidigen und sich entsprechend abgegrenzt verhalten zu können. Statt Verständnis wird Unverständnis entwickelt, und die Klage »Ich verstehe dich nicht« taucht auf. Diese Klage taucht natürlich nicht nur im Zusammenhang mit etwas so Extremem wie dem Fremdgehen auf, sondern bei allen Situationen, in denen unterschiedliche Interessen das Gefühl, sich zu verstehen, stören.

Diese Vorgänge lassen den Verdacht aufkommen, hinter der Klage der Geschlechter, sie könnten einander nicht verstehen, stecke weniger Unverständnis als vielmehr fehlende Akzeptanz. Dann hätten die Partner weniger Probleme mit dem Verstehen als mit dem Akzeptieren der Eigenarten des anderen.

Mit dieser Vermutung sind wir beim Kern der Vorwürfe, die sich Beziehungspartner im Konfliktfall und die Geschlechter im Allgemeinen machen, angekommen.

Es geht beim Lamento des Nichtverstehens weniger ums Nichtverstehen-können als vielmehr ums Nicht-akzeptieren-wollen!

Um den anderen zu verstehen, würde es genügen, den eigenen Standpunkt zu verlassen und sich in die Lage des anderen zu versetzen. Dann müsste der Mann einer meiner Klientinnen, die fremdgegangen war, womöglich etwas in der folgenden Art sagen: «Ich verstehe, dass ich nicht mehr attraktiv für dich bin, mit meinen Schwimmringen und den dreißig Kilo Übergewicht, und ich verstehe auch, dass du sexuelle Bedürfnisse anderswo auslebst, da ich dich schon lange nicht mehr begehre.« Aber wo würde das hinführen? Die Befürchtung sagt, es führt zum Ende der Beziehung, und daher will man sich solch ein tiefes Verständnis nicht leisten. Wer auf Treue besteht, will sich kein Verständnis für die Untreue des Partners leisten.

Hört man Männer rufen: »Soll einer die Frauen verstehen!«, und Frauen: »Soll einer die Männer verstehen!«, steht dahinter vor allem das Entsetzen, dass der andere die eigenen Erwartungen enttäuscht hat. Nichts von dem, was Männer tun, ist für Frauen grundsätzlich unverständlich, und umgekehrt gilt das Gleiche. Einsamkeit, Angst, Vernachlässigung, Hoffnung, Sehnsucht, Freude und Schmerz, Eifersucht – diese Gefühle kennen beide Geschlechter. Bestenfalls mögen sich Männer wundern, warum Aufmerksamkeit für Frauen so wichtig ist, und Frauen mögen sich wundern, warum ihre so genannte Freiheit den Männern so wichtig ist. Das ist aber lediglich ein gradueller Unterschied, der sich einfach vermitteln und verstehen lässt. Wenn der Mann sieht, dass Aufmerksamkeit für die Frau ebenso wichtig ist wie Freiheit für ihn, und wenn die Frau sieht, dass Freiheit für ihn ebenso wichtig ist wie Aufmerksamkeit für sie, dann verstehen das beide. Außerdem verstehen sie die Sehnsucht nach Aufmerksamkeit und Freiheit, wie ich bereits zum geschlechtsspezifischen Erleben der Liebe ausgeführt habe, augenblicklich dann, wenn es zu einem Rollentausch kommt.

Männer und Frauen sind, folgt man diesen Thesen, durchaus fähig, einander zu verstehen, gerade was die Vorgänge rund um das Thema Liebe betrifft, aber sie sind nur begrenzt bereit dazu. Die Grenzen des Verstehens sind zugleich Grenzen der Akzeptanz.

Wo die Akzeptanz zwischen Menschen groß ist, da ist Verstehen grundsätzlich kein Problem, und die Akzeptanz ist umso größer, je weniger eigene Interessen gefährdet erscheinen. Dies gilt für alle Arten menschlicher Beziehungen und lässt sich am Beispiel von Freundschaften gut erläutern. Freundschaften funktionieren in der Regel deshalb gut, weil darin selten Interessenkonflikte ins Spiel kommen. Von einem Freund will man nichts Grundlegendes. Schon gar nicht soll sich ein Freund »mir zuliebe« verändern. Freunde dürfen bleiben, wie sie sind, und können sich daher problemlos gut verstanden fühlen. Der Partner hingegen soll sich oder sein Verhalten dort, wo er den eigenen Erwartungen, sprich: den Interessen nicht entspricht, ständig verändern. Man will etwas von ihm – man will Liebe – und kann ihn daher schlecht lassen, wie er ist.

FAZIT ZUM VERSTEHEN IN DER LIEBE

Beziehungspartner müssen – fasst man diese Aussagen zusammen – mit einer sehr widersprüchlichen Interessenlage zurechtkommen. Einerseits haben sie ein großes gemeinsames Interesse, nämlich die Liebe, andererseits wollen und können sie ihre individuelle Unterschiedlichkeit nicht leugnen.

Das hat zur Folge, dass die Geschlechter *zugleich gut* und *zugleich schlecht* miteinander klarkommen. Sie verstehen einander dort gut, wo sich ihre Interessen decken, und dort schlecht, wo diese auseinander klaffen.

Da hilft alles Klagen nicht. Der Hintergrund der großen Beschwerde, die Geschlechter könnten sich nicht verstehen, ist denkbar schlicht. Es wird beklagt, dass es nicht gelingen will, den anderen auf Dauer und schon gar nicht vollständig in die eigene Interessenlage einzubinden. Das Unverständnis in der Liebe wird nicht von geschlechtsspezifischen Unterschieden genährt, sondern allein davon, dass Partner neben identischen auch widersprüchliche Interessen verfolgen.

Unter diesen Bedingungen versteht es sich von selbst,

dass der Eindruck des Verstehens nicht durchgängig aufrechtzuerhalten ist. Verstehen als »endgültiges« oder »vollständiges« oder »andauerndes« Verstehen ist in der Liebe nicht möglich. Völliges oder dauerndes Verstehen würde es notwendig machen, unterschiedliche Interessen abzuschaffen und nur noch das gemeinsame Interesse an der Liebe bestehen zu lassen. Aber damit wäre die Liebe ihrer Grundlage beraubt. Denn das Interesse an der Liebe – das sollen die nächsten Abschnitte deutlich machen – ist nur möglich, solange die Menschen ein Interesse an sich selbst haben.

TEIL 2
WIE INDIVIDUEN LIEBEN
UND WARUM WIR HEUTE NICHT WENIGER,
SONDERN INTENSIVERE LIEBE BRAUCHEN

DAS INTERESSE AN DER LIEBE

Die vorigen Ausführungen zeigen, dass Liebende auf den Eindruck angewiesen sind, einander umfassend zu verstehen. Dieser Eindruck wird erzeugt und aufrechterhalten, indem nicht alles, sondern nur Verbindendes mitgeteilt und wahrgenommen wird.

Warum ist diese Vorstellung, die bis zur Illusion eines »totalen« Verstehens reicht, für die Partner so unverzichtbar wichtig? Weil der Eindruck, sich verstanden zu glauben, ihnen ein Gefühl starker Verbundenheit vermittelt.

Betrachten wir diesen Zusammenhang von der anderen Seite. Wer sich unverstanden wähnt, fühlt sich automatisch sogleich unverbunden. Wenn ein Partner beispielsweise tiefe Traurigkeit oder große Freude zeigt und der andere signalisiert Unverständnis oder er wertet diese Gefühle womöglich sogar kommentierend ab, tritt augenblicklich der Eindruck auf, vom Partner nicht verstanden zu werden, und es stellt sich das Gefühl ein, von ihm getrennt zu sein. Dieses Gefühl bedeutet für die Liebenden vor allem eines: Schmerz. »Du verstehst mich nicht« bedeutet auf einer tieferen Ebene: »Du bist nicht mit mir verbunden«, und das wiederum heißt: »Ich fühle mich getrennt.«

Sich getrennt vom Liebespartner zu fühlen kann äußerst schmerzhaft sein. Darin liegt der Grund, warum die Klage des Nichtverstehens nicht in gleicher Weise in anderen menschlichen Beziehungen auftaucht, sondern sich auf die Liebesbeziehung konzentriert. Denn in keiner anderen Beziehung wird die eigene Isolation so spürbar wie in der Liebe. Dort, wo Verbundenheit besonders intensiv erlebt wird, ist Getrenntheit doppelt unerträglich.

Die Klage des Nichtverstehens, die sich durch die Geschlechterdebatte zieht, erscheint in diesem Licht als ein Aufbegehren der Individuen gegen ihre Isolation.

DIE EINSAME PSYCHE

Das Innenleben des Menschen läuft in einem von der Umwelt vollständig abgekapselten Wahrnehmungssystem ab, das wir gemeinhin Psyche nennen. In ihr ist ein Mensch Zeit seines Lebens isoliert. Sämtliche Gedanken und Gefühle und die übrigen Wahrnehmungen haben ihren Ursprung dort, und dort werden sie auch verarbeitet. Ihnen steht kein Weg nach draußen zur Verfügung. Niemand kann seine Gedanken in das Gehirn eines anderen übertragen oder welche empfangen, und niemand kann seine Gefühle in die Nervenbahnen eines anderen fließen lassen oder die Gefühlskanäle anderer anzapfen. Selbst wer, wie das Wissenschaftler heute mit Hilfe von Computertomografen tun können, in das Innere eines Gehirns blickt, entdeckt dort lediglich Zellen und chemische und elektrische Aktivitäten, aber keine psychischen Vorgänge, weder Gedanken noch Bilder, noch Gefühle.

Was ein Mensch wahrnimmt, jeder Gedanke, jedes Gefühl, jede Phantasie und Erinnerung, jeder Geruch und Geschmack, all das läuft lediglich in seiner eigenen Psyche ab und sonst nirgendwo. In dieser psychischen Welt ist ein Individuum mit sich allein, dorthin kann auch der intimste Partner nicht gelangen. Die Wissenschaft bezeichnet die Psyche daher als ein geschlossenes System und spricht von der Isolation des Menschen im Selbst.

Diese Geschlossenheit stellt keine evolutionäre Fehlentwicklung dar, sie ist im Gegenteil Voraussetzung für das Funktionieren der Psyche. Ohne sie gäbe es keine Individualität. Stellen wir uns nur mal vor, die Psyche sei offen und es könnten Bilder, Gefühle und Gedanken beispielsweise telepathisch übertragen werden. In dem Fall wären die Luft und die Gehirne aller Menschen voller Bilder, alle zugleich gedachten Gedanken würden von jedermann vernommen, alle zugleich empfundenen Gefühle von jedermann gefühlt werden. Das wäre, als nähme man Millionen Radio- und Fernsehprogramme gleichzeitig wahr. Unter diesen Umständen wäre individuelles Handeln nicht mehr möglich, weil sich nicht unterscheiden ließe, welches *eigene* und welches *fremde* Wahrnehmungen sind.

Ließe sich psychische Getrenntheit aufheben, verlöre man jede Individualität. Das ist bei den *Borgk* der Fall, den Maschinenmenschen aus der Science-Fiction-Serie *Star-Wars*. Mit dieser Spezies haben die Serienschreiber ein gutes Beispiel für psychische Grenzenlosigkeit entworfen. Die Gehirne der Borgk sind in einem riesigen Netzwerk miteinander verbunden. Was einer denkt, denken alle, und was einer fühlt, fühlen alle. Die Borgk sind eins, sie verfügen über eine einzige, kollektive Identität. Für sie ist Andersartigkeit – der Kern von Individualität – nicht möglich. Deshalb sind die Borgk nie einsam. Weil sie nicht getrennt sind, entwickeln sie auch kein Bedürfnis danach, sich zu verstehen. Das mag ideal klingen, warum es dennoch nicht erstrebenswert ist, dazu gleich mehr.

Bei uns Menschen sieht das anders aus. Wir sind zwangsläufig und unauflöslich isoliert, und offensichtlich lebt es sich nicht besonders gut im Bewusstsein permanenter Isolation, weil damit starke Schmerzzustände verbunden sind. Aus diesem Grund befinden sich Menschen ständig auf der Suche nach Verbundenheit. Das Interesse an der Liebe ist im Kern eine solche Sehnsucht nach Verbundenheit.

DIE SEHNSUCHT NACH VERBUNDENHEIT

Man kann sogar davon ausgehen, dass das Bedürfnis nach Verbundenheit das stärkste aller menschlichen Bedürfnisse ist. Es macht sich im Leben der Menschen auf verschiedenen Erlebensebenen bemerkbar.

Auf *geistiger Ebene* finden wir es als Sehnsucht nach Rückbindung an den Urgrund (re-ligio), also nach Religion. In der Sehnsucht, zu einer Gruppe oder Gemeinschaft zu gehören, macht es sich auf *sozialer Ebene* bemerkbar. Auf *körperlicher* Ebene stellt es sich als Sehnsucht nach Sinnlichkeit und Sexualität dar, und im *zwischenmenschlichen* Bereich taucht es schließlich als Sehnsucht nach Liebe auf.
Ohne solche Verbindungen könnte der Mensch nicht existieren.

Die Sehnsucht nach Verbundenheit scheint beim Menschen aus einem weiteren Grund besonders existenziell zu sein. Der Mensch weiß zu allem Überfluss um seine Isolation, denn er ist sich seiner Existenz bewusst. Bevor Menschen dieses Bewusstsein entwickelten, empfanden sie sich mit ihrer Umgebung weitaus verbundener und im Ganzen der Existenz aufgehoben. Mit der Selbsterkenntnis aber verloren sie diese Einbettung in die Natur.

Von diesem Verlust erzählt der biblische Mythos von der Vertreibung aus dem Paradies. Demnach wurden Adam und Eva aus dem Paradies vertrieben, weil sie vom Baum der Erkenntnis aßen. Die Botschaft dieser Geschichte lautet: Selbsterkenntnis vertreibt das Bewusstsein aus dem Aufgehobensein im so empfundenen Ganzen. Dieses undefinierbare Ganze ist ein Zustand, in dem nichts von etwas unterschieden ist und daher alles mit allem verbunden zu sein scheint. Seit der Mensch aber »Ich« sagen kann, seit er sich mit Blick auf seine Psyche vom Ganzen und von anderen Menschen zu unterscheiden vermag, ist er sich seiner Isolation bewusst. Im Schatten dieser Erkenntnis ist ihm die Endlichkeit seines Lebens deutlich geworden. Seither empfindet er Angst und sehnt sich danach, wieder Zugang zur verlorenen Einheit zu erlangen.

Das evolutionäre Erwachen des menschlichen Bewusstseins, das irgendwann im Laufe der Jahrmillionen geschah, als sich auf Grundlage der körperlichen Entwicklung eine selbstreflexible Psyche bildete, wird von jedem menschlichen Individuum nachvollzogen, wenn im Kind das Ich-Bewusstsein erwacht. Diese Entwicklung beginnt normalerweise im zweiten Lebensjahr, aber erst mit dem vierten Lebensjahr haben Kinder begriffen, dass in anderen Menschen andere Gedanken und Gefühle ablaufen als in ihnen selbst, dass also die Psychen der Menschen geschlossen sind. Vor dieser Erkenntnis hat sich das Kind mit der Mutter verbunden gefühlt, von der es sich psychisch nicht unterscheiden konnte, schon deshalb nicht, weil es erst einmal eine funktionierende Psyche aufbauen musste.

Die Mutter (oder die am nächsten stehende Person) stellt für das Kind den Urgrund dar, in dem es sich aufgehoben und geborgen fühlt. Mit der Mutter entsteht sogar die umfassendste Erfahrung menschlicher Verbundenheit, die vorstellbar ist: die Erfahrung *intimer* Verbundenheit durch gleichzeitige körperliche, emotionale und psychische Nähe. Durch diese frühe und prägende Erfahrung wird die intime Beziehung zu der Beziehungsform, in der ein größtmögliches Ausmaß an Verbundenheit erlebt wird. Es wundert daher nicht, dass Menschen im späteren Leben Verbundenheit in einer vergleichbar intimen Beziehung suchen, in einer Beziehung, die neben psychischen auch emotionale und körperliche Aspekte umfasst: in der intimen Beziehung zum Liebespartner.

DIE SEHNSUCHT NACH EINER LIEBESBEZIEHUNG

Die Liebesbeziehung ist der Ort, an dem sich Menschen gewöhnlich am meisten aufgehoben und am intensivsten verbunden fühlen, und sie gewinnt gegenwärtig an Bedeutung. In der Vergangenheit spielte sie eine geringere Rolle. Damals vermittelte die Religion mit ihrem Glauben an eine göttliche Bestimmung des Schicksals ein gutes Stück der benötigten Verbundenheit. Man brauchte sich keine Gedanken zu machen, Gott sorgte schon dafür, dass alles in den »richtigen« Bahnen verlief.

Da die Religion mittlerweile massiv an Bedeutung verloren hat, nimmt die Liebesbeziehung einen Teil ihrer Aufgaben wahr. Der Soziologe Ulrich Beck spricht von der Liebe als einer »irdischen Religion«. Das ist insofern stimmig, als dass sowohl in der Religion als auch in der Liebe die Verbindung mit dem Ganzen gesucht wird. Der Soziologe Günter Dux beschreibt die gleiche Sehnsucht mit anderen Worten. Er sieht in der Liebe eine Möglichkeit der »Rückführung in die sinnfreie Daseinszone«. Diese sinnfreie Daseinszone meint nichts anderes als das Erleben der Einheit.

Die christliche Religion erklärt die Suche nach Verbundenheit im zitierten Mythos von der Vertreibung aus dem Paradies. Auch die Liebe hat Mythen, mit denen sie ihre Notwendigkeit erklärt. Dazu gehört die vorne schon erwähnte Geschichte von den Kugelmenschen, die auf Platon zurückgeht. Platon lässt darin den Dichter Aristophanes erzählen:

Am Anfang war der Mensch ein mehrgeschlechtliches Wesen von kugelförmiger Gestalt, mit vier Händen und vier Füßen und zwei einander entgegengesetzten Gesichtern auf einem einzigen Kopf, mit vier Ohren und zwei Schamgliedern. Von gewaltiger Stärke wagte sich der Mensch selbst an die Götter, was aber Zeus missfiel, der die Kugelmenschen zerschlug und teilte. Da trat jede Hälfte mit sehnsüchtigem Verlangen an ihre andere Hälfte heran, und sie schlangen die Arme umeinander und hielten sich umfasst, voller Begierde, wieder zusammenzuwachsen. Seit so langer Zeit ist die Liebe zueinander den Menschen eingeboren.

Hier wird, ähnlich wie in der Geschichte von der Vertreibung aus dem Paradies, der Verlust einer Einheit beschrieben. Dieser Verlust bringt das Bedürfnis nach Liebe hervor. Die Trennung der Psychen durch Zeus wird zur Voraussetzung für das menschliche Bedürfnis nach Liebe.

Auf den gleichen Zusammenhang deutet das vorn aufgeführte Beispiel von den Borgk aus der TV-Serie *Star-Wars* hin. Die Gehirne der Borgk sind miteinander verbunden, die Borgk kennen keine psychische Getrenntheit, sie sind eins. Daher werden sie nicht als liebevolle Wesen gezeigt, denn sie kennen weder Leidenschaft noch Sehnsucht, noch Erfüllung in der Begegnung der Liebenden. Das entspricht der Logik der Sache: weil bei ihnen keine Individualität existiert, gibt es in ihrer Welt auch keinen Bedarf an der Liebe.

Genau umgekehrt verhält es sich bei uns Menschen. Wir können nicht bloß lieben, wir müssen uns liebend verbinden, eben weil wir voneinander getrennte Individuen sind und dies so schwer ertragen. Der Psychologe David Schnarch formuliert das so:

Das Bewusstsein der fundamentalen Einsamkeit und des Getrenntseins ist ... die motivierende Kraft für eine höchst intime Verbindung.[66]

Man muss diesen Zusammenhang dick unterstreichen: wir lieben, weil unsere Psychen voneinander getrennt sind. Wir lieben, weil wir Individuen sind.

DIE KOMMUNIKATION VON LIEBE

Die Sehnsucht nach Liebe ist eine Sache, aber wie kann diese intime Verbundenheit gelingen, wenn die Psychen isoliert sind und es keinen direkten Weg gibt, diese Isolation aufzuheben? An dieser Stelle kommt die Kommunikation ins Spiel. Sie sorgt für die einzig mögliche Form der Verbundenheit zwischen den getrennten Individuen. Die Betonung liegt hierbei auf dem Wort *zwischen*. Verbundenheit ist nicht auf direktem Wege, als Verschmelzung, sondern nur auf indirektem, kommunikativem Wege möglich.

Kommunikation bedeutet, Mitteilungen (verbaler oder nonverbaler Art) in den Raum *zwischen* den Individuen zu transportieren, wo sie aufgegriffen und beantwortet werden können, und aus dem Hin und Her der Mitteilungen kann sich der Eindruck ergeben, sich zu verstehen. Weil man aber nie weiß, welchen Verlauf eine Kommunikation nehmen wird, leuchtet es ein, dass gerade Liebende großen Wert darauf legen, nur Verbindendes mitzuteilen. Ihre Kommunikation ist auf beeindruckende Weise selektiv. So erhalten sie den Eindruck des Schon-Verstanden-Habens aufrecht. Von diesem Eindruck, ich habe es schon erwähnt, lebt ihre Liebe, ohne ihn zu haben riskieren Partner die Gefühle der Liebe nicht.

Setzt man die geschilderte Aufgabe der Liebeskommunikation mit der Geschlossenheit der Psyche ins Verhältnis, wird klar:
Menschen sind nicht psychisch, sondern nur kommunikativ miteinander verbunden.

Die menschliche Psyche bleibt bei aller Liebe ein Gebiet ohne Zutritt für andere Psychen. Die Gedanken sind frei, heißt es in einem Lied. Sie sind allein deshalb frei, weil sie eingesperrt sind, eingesperrt in die Windungen des Gehirns. Niemand kann sie lesen oder löschen. Der Mensch ist in sich selbst eingeschlossen, und er bleibt das zeit seines Lebens. Der Soziologe Günter Dux beschreibt dieses psychische Dasein mit den Worten:

Das Selbst, das sich im Organismus nur für sich erfährt, ist ein verlorenes Selbst.[67]

Das Selbst, das von seiner Existenz und Isolation weiß, ein Selbst, das über sich reflektiert, wird zum verlorenen Selbst. Es treibt quasi im Nebel der Orientierungslosigkeit und fühlt den Schmerz der Einsamkeit. Die Formulierung des »Selbst, das sich nur für sich erfährt«, weist zugleich auf den Ausweg aus dem Dilemma hin. Das Selbst muss einen Weg finden, sich *anders als nur für sich* zu erfahren. Dieser Weg ist die Kommunikation.

Der »Trick« dabei ist folgender: der Mensch zieht sein Bewusstsein von der Selbstwahrnehmung ab und verschiebt es auf die Wahrnehmung der Kommunikation. Er sieht von sich selbst ab und richtet das Bewusstsein auf die Vorgänge, die nicht *im* Individuum, sondern *zwischen* den Individuen stattfinden.

Ist er nicht auf sich selbst, sondern auf die Verbindung zum Partner konzentriert, ruft dies den Eindruck von Verbundenheit hervor, und der Eindruck der Isolation löst sich auf. In der Liebes-Kommunikation kann man seine Isolation daher zeitweise und sehr gründlich »vergessen«, indem man sich auf etwas anderes als auf sich selbst konzentriert, nämlich auf den Produktionsprozess von Mitteilung und Verstehen und damit darauf, Liebe zu ermöglichen. Das funktioniert in einer intimen Beziehung natürlich umfassender als in unpersönlichen Beziehungen, weshalb beinah jeder, der keine solche führt, auf der Suche nach einer Liebesbeziehung ist.

Was ist Liebe? Liebe ist ein verschobener Bewusstseinszustand. Etwas salopp könnte man die Liebe als »Urlaub von sich selbst« bezeichnen, und an der Stärke des menschlichen Liebesbedürfnisses kann man ersehen, wie dringend Abstand zum eigenen Ich und der Eindruck von Verbundenheit gebraucht werden.

DAS WESEN DER LIEBE

Lassen Sie mich an dieser Stelle einige weitere Gedanken zum Wesen und Zweck der Liebe ausführen. Das Wesen der Liebe ist Verbundenheit. Mehr braucht man meiner Ansicht nach über die Liebe nicht zu wissen. Deshalb bin ich auch nicht der weit verbreiteten Meinung, man könne die Liebe nicht definieren. Liebe zwischen Menschen ist das Empfinden von Verbundenheit, und die Liebe der Liebespartner stellt eine Steigerung dieses Gefühls dar, sie zeichnet sich durch *intime* Verbundenheit aus. Schwierigkeiten mit der Definition der Liebe bekommt lediglich, wer sich mit dieser einfachen Beschreibung des Phänomens nicht zufrieden gibt. Wer etwa von »wahrer« oder »reifer« Liebe spricht und wer versucht, die Liebe auf eine bestimmte Form oder Dauer festzulegen.

MUSS LIEBE UMFASSEND SEIN?

Dem Versuch, die Liebe auf bestimmte Formen festzulegen, begegnet man an allen Ecken und Enden. Kürzlich las ich in einem therapeutischen Fachbuch den Satz: »Sexualität ist keine Liebe.« Wer so etwas sagt, muss definieren, was Liebe sonst sein soll, und das wird ihm nicht überzeugend gelingen. Natürlich ist Sexualität ebenfalls Liebe, denn sie stellt Verbundenheit auf körperlicher Ebene her. Körperliche Liebe in Form von Sexualität bietet sogar eine besonders intensive Möglichkeit, das Bewusstsein auf die Kommunikation zu richten, auf Berührungen, auf Gerüche und auf gemeinsam geschaffene Erregung. Der Psychologe Dieter Wyss beschreibt entsprechend, was im Orgasmus passiert. »Im Orgasmus wird dann jene Unterbrechung der Kontinuität des Bewusstseins und damit die ersehnte Aufhebung des eigenen Ich vollzogen.«[68] Auch der Orgasmus verschafft dem Ich eine Pause, einen Kurzurlaub sozusagen, indem er das Bewusstsein quasi anhält und den Eindruck grenzenloser Verbundenheit mit dem Partner und darüber hinaus »mit allem« erzeugt.

Liebe – Verbundenheit zwischen Menschen – ist auf vielfältige Weise möglich, sie kann geistig oder emotional oder körperlich erlebt werden. Eine vollkommene Verbundenheit, die geistige, emotionale und körperliche Aspekte gleichzeitig umfasst, ist sicher die am intensivsten empfundene und meisten ersehnte, aber sie ist zugleich auch die am seltensten erlebte Liebeskommunikation. Verbundenheit muss aber keineswegs derart umfassend sein, um als Liebe erlebt zu werden.

DIENT DIE LIEBE ANDEREN ZWECKEN ALS DER LIEBE?

Oft werden der Liebe Aufgaben zugeteilt, die über ihr Wesen hinausgehen. Der Priester stellt sie beispielsweise in den Dienst an Gott, der Psychologe will sie in den Dienst der Partnerschaft oder des persönlichen Wachstums stellen, und der Sozialbiologe stellt sie in den Dienst der Fortpflanzung.

So behauptet die bekannte US-Anthropologin Helen Fisher: »Liebe ist der stärkste Trieb der Welt, stärker als der Sextrieb.«[69] *Helen Fisher erklärt die romantische Liebe aus dem biologischen Drang zur Fortpflanzung. Eben aus diesem Grund würde die romantische Liebe bei Paaren weltweit nur drei bis vier Jahre anhalten, gerade so lange, bis die Kinder aus dem Gröbsten heraus sind. Sie ordnet diese starke Liebe der Fortpflanzung unter, indem sie ergänzt: »Wir sind auf der Welt, um uns fortzupflanzen.«*

In diesen Aussagen bleibe ich gleich zweimal hängen. Erstens: wenn die Liebe der Fortpflanzung dienen würde, dann wäre der Trieb zur Fortpflanzung der stärkste Trieb der Welt und nicht die Liebe. Zweitens: Helen Fisher koppelt Liebe und Fortpflanzung zwingend aneinander. Macht das Sinn? Wohl kaum, wenn man die Entwicklung der Geburtenraten in armen und reichen Ländern in Betracht zieht. In armen Ländern setzen die Partner vor allem deshalb viele Kinder in die Welt, weil diese traditionell ihre Altersversorgung gewährleisten. In reichen Ländern hingegen ist die Altersversorgung staatlich geregelt, und daher geht die Zahl der Kinder dort seit Jahrzehnten zurück. Seit nunmehr 30 Jahren schrumpft die Bevölkerung in Deutschland, wo 30% der jungen Paare gar keine Kinder mehr bekommen und die meisten anderen nur noch ein Kind in die Welt setzen.

Selbst Spanien, ein traditionell familienorientiertes Land, weist eine der weltweit niedrigsten Geburtenraten auf. Hier wie in der übrigen industrialisierten Welt hat die Fortpflanzung einen dramatischen Bedeutungsverlust erfahren.

Wie ist diese Entwicklung möglich, wenn wir von unseren Genen in die romantische Liebe getrieben und von dieser zur Zeugung verführt werden? Wenn die Theorie stimmen würde, müssten sich Menschen im Zeugungsrausch befinden und alle Verhütungsmittel wegwerfen, denn die romantische Liebe erfreut sich gegenwärtig höchster Konjunktur. Dennoch produzieren wir nur noch wenig Nachwuchs. Kann der Fortpflanzungstrieb, der sich mit der romantischen Liebe des angeblich stärksten Triebes der Welt bedient, so einfach und schnell außer Kraft gesetzt werden?

Nein, das Bedürfnis nach romantischer oder intimer Liebe lässt sich weder an die Fortpflanzung koppeln noch mit der Fortpflanzung erklären. Der Tokioter Professor Keisuke Ueda beobachtete beispielsweise, dass sich Pinguine in Zoos aus Mangel an Auswahl zu gleichgeschlechtlichen Partnerschaften zusammenschließen, wobei sie sowohl schwule als auch lesbische Paare bilden. Ähnliches spielt sich in Gefängnissen ab. Dahinter steht wohl kaum die Absicht der Fortpflanzung, vielmehr der Wunsch nach körperlicher und psychischer Verbundenheit.

Der russische Philosoph Wladimir Solowjew hat bereits Ende des 19. Jahrhunderts bestritten, dass der Sinn der geschlechtlichen Liebe in der Vermehrung zu finden sei. Vermehrung und Geschlechtsliebe haben für ihn eigenständige Bedeutungen, und er betont in seinem Werk *Le sens de l'amour:* »Je höher es die Stufenleiter der Organismen hinaufgeht, desto mehr verringert sich die Potenz zur Vermehrung, während die Kraft der sexuellen Anziehung zunimmt.«

Körper und Psyche stellen unterschiedliche Systeme mit unterschiedlichen Aufgaben dar. Sie müssen keinesfalls Hand in Hand arbeiten, sondern können unterschiedliche Ziele verfolgen. Daher sind Liebesbeziehungen nicht auf ein festes Bündnis von biologischen, sexuellen, emotionalen und psychischen Motiven angewiesen. Der Wunsch nach intimer Liebe mit einem Partner lässt sich schlüssig weder biologisch noch sexuell, noch sozial begründen.

Außerdem wäre die Fortpflanzung gar nicht auf Paarbindungen angewiesen, denn zur Zeugung würde ein einmaliger Geschlechtsakt ausreichen. Auch die sexuelle Lust ist nicht auf intime Liebe angewiesen, sie leidet in Paarbeziehungen auf Dauer sogar, was ich an anderer Stelle ausgeführt habe.[70] Sozial ist die intime Liebe ebenfalls nicht überzeugend erklärbar. Kinder könnten ebenso gut oder besser außerhalb von Paarbeziehungen in Sippen und Stämmen aufwachsen statt in Kleinfamilien, was in matrilinear organisierten Gesellschaften der Fall ist.

LIEBE IST VOR ALLEM EIN PSYCHISCHES PHÄNOMEN

Wie ist die Liebe dann zu erklären? Dass die intime Liebe, wie sie in einer Paarbeziehung möglich ist, anderen Möglichkeiten der Verbundenheit vorgezogen wird, ist allein der Psyche zu verdanken. Die psychische Isolation des Individuums und das daraus resultierende Bedürfnis nach Verbundenheit erklären die Liebe überzeugender als alles andere.

Auch für den oben zitierten Philosophen Solowjew steht die Liebe im Zusammenhang mit der Individualität, die bei höheren Organismen an Bedeutung gewinnt und beim Menschen die größte Bedeutung erlangt hat. »Der Sinn der menschlichen Liebe überhaupt ist die Rechtfertigung und Rettung der Individualität durch die Opferung des Egoismus«, sagt er. Solowjew sieht demnach vorwiegend psychische Gründe für die Liebe und die ungebrochene Tendenz, Liebesbeziehungen zu bilden. Ich meine, damit trifft er den Nagel ziemlich genau auf den Kopf. Das wird noch deutlicher werden, wenn ich später intensiver auf die »Liebe der Individuen« und die Besonderheiten der Liebeskommunikation in Paarbeziehungen eingehe.

Halten wir so lange fest: das Wesen und das Ziel der Liebe ist Verbundenheit. Verbundenheit ist auf verschiedenen Ebenen – körperlich, geistig, emotional – möglich. Die Liebe dient insofern allein dem Ziel, zu lieben. Sie ist ihr eigenes Ziel.

»Was wollen Liebende voneinander?«, fragt der Forscher Semir Zeki vom University College London und gibt die Antwort: »Sie wollen vereint sein!«[71]

Der Haken bei der Liebe besteht allerdings darin, dass Individuen genauso nötig, wie sie Verbundenheit suchen, auf Getrenntheit angewiesen sind. Sie zeigen neben dem Interesse an der Liebe ein ebenso starkes Interesse an der Individualität.

DAS INTERESSE AN DER EIGENEN INDIVIDUALITÄT

Das starke menschliche Bedürfnis nach Verbundenheit resultiert aus der vollkommenen psychischen Isolation des Individuums. Verbunden sein will das Individuum, das ein »Unteilbares«, ein »Einzigartiges« und somit unvermeidlich ein »Getrenntes« darstellt. Dieses Streben nach Verbundenheit hebt das Interesse, an der eigenen Individualität festzuhalten, jedoch keineswegs auf. Ganz im Gegenteil. Da die Geschlossenheit der Psyche die Grundbedingung individueller Existenz darstellt, ist jedes Individuum daran interessiert, seine Unterscheidbarkeit und damit seine Getrenntheit zu erhalten. Das bezeichne ich als das Interesse des Individuums an sich selbst. Niemand will sich aufgeben. Es sei an die Borgk erinnert, die vollkommene und dauerhafte Verbundenheit nur um den Preis erlangen, dafür ihre Individualität zu opfern.

DER BEDARF AN INDIVIDUALITÄT EINST

Das Bedürfnis, sich von anderen Menschen abzugrenzen, stellt kein neuartiges Phänomen dar. Es hat quer durch die Geschichte bestanden, sich aber in früheren Phasen weitaus weniger entfalten können als heutzutage. In der Vergangenheit war das Individuum darauf angewiesen, sich in enge Sozialverbände, in Sippen oder Stämme einzubinden, was die Spielräume für individuelle Unterschiede drastisch begrenzte. Die

Individualität konnte sich aber stets nur parallel zu veränderten sozialen Bedingungen entfalten. Vergleicht man die frühen sozialen Strukturen mit den heutigen, wird deutlich, wie eingeschränkt der gesellschaftliche *Bedarf an Individualität* früher war und wie enorm dieser Bedarf im Laufe der Jahrtausende und vor allem der letzten Jahrhunderte zugenommen hat.

In der Frühzeit, als Menschen in kleinen Gruppen als Wildbeuter umherstreiften, wurde Individualität lediglich in sehr geringem Umfang gebraucht. Es hätte den Gruppenmitgliedern kaum Vorteile, aber viele Nachteile gebracht, individuelle Verschiedenheit zu kultivieren. Die ursprünglichen Sozialverbände brauchten Jäger und Sammler, die gleich dachten und gleich handelten, und in späteren Entwicklungsstufen bestenfalls zusätzlich noch Häuptlinge und Schamanen. Die Gesellschaft hatte zu dieser Zeit noch nicht genügend spezifische Aufgaben entwickelt, für deren Erledigung eine größere Individualisierung erforderlich gewesen wäre. Die Gruppe überlebte, nicht der Einzelne, und deshalb passte sich das Individuum an die Bedürfnisse der Gruppe an, im öffentlichen wie im privaten Bereich, den es ja nur sehr eingeschränkt gab.

Der Verzicht auf Individualität geschah übrigens nicht freiwillig, sondern er wurde von den Gruppen erzwungen. Eine umfassende soziale Kontrolle verhinderte jede unerwünschte Ausweitung individueller Regungen. Diese Einschränkung mag unter den damaligen Lebensbedingungen notwendig gewesen sein, die damit verbundene soziale Kontrolle wurde jedoch schon in frühzeitlichen Organisationsformen als belastend empfunden, wie ethnologische Berichte belegen:

So berichtete schon im 19. Jahrhundert Colonel Richard Dodge über die Unbarmherzigkeit von Klatsch und Tratsch in den nordamerikanischen Indianercamps, und von den Arawaté heißt es, dass nicht selten die einzelnen Familien für einige Zeit in die Gärten ziehen, wo sie sich viel wohler und entspannter als in der Siedlung fühlen, weil hier das »Dorfauge« jede ihrer Lebensäußerungen ausspäht. In den Gärten können die Arawaté endlich frei sprechen und Dinge tun, die sie sonst dem Tratsch und dem Spott der Nachbarn ausgeliefert hätten – so betreiben die jungen und noch kinderlosen Ehepaare das apihipiha, den Partnertausch zwischen Freunden, was im Dorf völlig unmöglich wäre.

Der Drang zu individuellem und von der Norm abweichendem Verhalten ist überall dort vorhanden, wo kollektiver Zwang auftritt, und das gilt offenbar weltweit.

Wie ein Damoklesschwert, so berichtet eine Ethnologin, hänge auf dem balinesischen Dorf die Meinung der anderen über den Einzelnen; »sie«, die Nachbarn, sind eine ständige Kontrolle, ihr Gelächter über jegliches Fehlverhalten und der Klatsch hinter dem Rücken der Opfer.[72]

DER BEDARF AN INDIVIDUALITÄT HEUTE

Wie diese beiden Zitate zeigen – es ließen sich unzählige weitere anfügen –, hat immer und überall ein psychischer Drang bestanden, individuelle Unterschiedlichkeit auszuweiten. Heutzutage stellen sich der Psyche dabei nicht nur sehr viel weniger Hindernisse in den Weg als früher, nein, die Entwicklung der Individualität wird geradezu verlangt und befördert.

Aus den Stämmen der Vergangenheit haben sich hochgradig differenzierte Gesellschaften entwickelt, in denen nicht einige Hundert, sondern oft Hunderte von Millionen Menschen ihr Überleben organisieren. Diese Gesellschaften haben zahllose »Subsysteme« gebildet, in denen unendlich viele verschiedene Aufgaben zu erledigen sind. Um nur einige dieser Bereiche zu nennen: ein Rechtssystem, ein Wirtschaftssystem, ein politisches System, ein Gesundheitssystem, eine Öffentlichkeit, religiöse Systeme, kulturelle Systeme usw. Jeder dieser Bereiche hat wiederum zahllose unterschiedliche Funktionen hervorgebracht, im Medizinsystem beispielsweise einige Dutzend spezialisierte Arztberufe, verschiedenste Krankenschwesterberufe, Laborspezialisten, Pflegekräfte, Physiotherapeuten usw. Um diese unterschiedlichen Aufgaben erledigen zu können, werden entsprechend unterschiedliche Menschen benötigt. Menschen mit sehr unterschiedlichen Zielen und Präferenzen. Differenzierte Gesellschaften verfügen daher über einen enormen Bedarf an Individualität.

Hinzu kommt, dass die moderne Gesellschaft dem Einzelnen keine Orientierung vorgeben kann, in welchem Bereich er sich verwirklichen soll. Keine Instanz vermag den komplexen Prozess zu steuern, durch den Individuen ihren Platz in der Gesellschaft finden, auch das muss der Einzelne selbst erledigen. Aus diesem Grund spielen soziale Kontrollen und verbindliche Moralvorstellungen in der modernen Gesellschaft keine große Rolle mehr. Derartige Mechanismen würden die nötige persönliche Flexibilität so stark behindern, dass die Gesellschaft ihre vielfältigen Aufgaben nicht wahrnehmen könnte. Auch bestens organisierte, staatliche Steuerungsversuche sind nicht von Erfolg gekrönt, was durch den Untergang der sozialistischen Staaten bewiesen wurde. Dort wurde im Grunde alles zentral gesteuert, weshalb nicht viel funktionierte. Die Individualität sollte zugunsten des Kollektivs zurückgefahren werden, weshalb die Gesellschaft zusammenbrach.

STARKE INDIVIDUEN WERDEN GEBRAUCHT

Wir brauchen heute starke Individuen, die sich im weiten Feld gesellschaftlicher Möglichkeiten, in dem niemand über einen Gesamtüberblick verfügt, *selbst* zurechtfinden. Nicht zufällig sind die »Selbst«-Begriffe im ständigen Gebrauch und in aller Munde. Das Selbst ist gefragt, als Selbst-Bewusstsein, Selbst-Verantwortung, Selbst-Steuerung, Selbst-Motivation, Selbst-Liebe.

Es geht kein Weg an dieser Entwicklung vorbei: der Mensch ist gezwungen, eine ausgeprägte Individualität zu entwickeln. Das ist kein Zeichen von Egoismus, wie uns Moralprediger glauben machen wollen, sondern eine gesellschaftliche Notwendigkeit. Die Ansprüche an das Individuum steigen nun einmal mit dem Differenzierungsgrad der Gesellschaft, und sie sind im Zuge der ökonomischen und kulturellen Globalisierung der »Weltgesellschaft« weiter im Wachsen begriffen.

So hat das Individuum nicht nur die Möglichkeit, es ist geradezu verpflichtet, ein starkes Interesse an sich selbst zu entwickeln. Es kommt darauf an, selbst zu wissen »Wer man ist«, und das zum guten Teil unabhängig von Rollenzuweisungen und sozialen Bindungen. Der Einzelne tut daher gut daran, ein starkes Ich und damit einen ausgeprägten Sinn für seine individuelle Identität zu entwickeln. Wie sich das mit der Liebe verträgt, das wird sich im Folgenden zeigen. Vorher möchte ich mich noch etwas weiter mit der Individualität befassen, weil sie für die Liebe so wichtig ist.

INDIVIDUALITÄT
BRAUCHT EINEN NAMEN

Wie entwickelt man einen ausgeprägten Sinn für Individualität? *Indem man sich unterscheidet!* Um das tun zu können, ist das Individuum auf zwei Merkmale angewiesen: auf eine (einzigartige) Vorstellung von sich selbst und auf einen dazu passenden (einzigartigen) Namen.

Um seine Unterschiedlichkeit von anderen herauszufinden, beobachtet sich das Individuum, und es beobachtet, wie andere es beobachten. In diesem Prozess der Selbsterkenntnis fallen ihm Wesens- und Charaktermerkmale, Interessen, Bedürfnisse und Verhaltensweisen auf, mit denen es sich von anderen unterscheidet, ebenso bleibt ihm nicht verborgen, dass Menschen anders auf es reagieren als auf die anderen Menschen seiner Umgebung. Diese Selbstbeobachtung lässt im Laufe der Zeit eine Selbstvorstellung entstehen, eine Vorstellung davon, *wer man ist* und *wer man nicht ist*. Mit dieser Vorstellung lässt sich allerdings wenig anfangen, solange sie nicht benannt ist. Denn was immer unterschieden wird, muss benannt werden, sonst kann es weder Gegenstand der Wahrnehmung noch der Kommunikation sein. Wer etwas beobachten will, braucht den Namen, mit dem er das Beobachtete vom Nichtbeobachteten trennt.

Um eine Identität zu bekommen, braucht die Selbstvorstellung eine Selbstbezeichnung. Der gebräuchlichste Name, mit dem ein Individuum sich selbst bezeichnet und so von anderen unterscheidet, lautet »Ich«. An diesen Sammelbegriff lassen sich zahllose andere Namen anhängen, und zwar je nach Situation – »Ich, der Herr Mary«, »Ich, der Mann«, »Ich, der Partner« usw. Ein Ich wird gebraucht, weil ohne das Ich die Voraussetzung für Liebe fehlt.

IDENTITÄT IST AUF KONTINUITÄT ANGEWIESEN

Eine persönliche Identität ist demnach nicht mehr (und nicht weniger!) als eine Vorstellung von sich selbst, die einen Namen trägt. Diese Vorstellung sorgt dafür, dass ein Mensch sich in seinen Gedanken, Gefühlen und Handlungen als der erkennt, für den er sich hält. Gedanken, Gefühle und Handlungen wechseln aber mit den Umständen des Lebens. Damit sich das Individuum trotz dieser Veränderungen stets wieder erkennt, ist individuelle Identität auf Kontinuität angewiesen. Es sollte möglichst nichts passieren, das dazu führt, sich selbst nicht wieder zu erkennen. Wenn das geschieht und jemand etwas an sich beobachtet, das nicht zu dem passt, was er bisher an sich beobachtete, verliert seine Selbstwahrnehmung an Verlässlichkeit. Im Extremfall kann das zum Verlust der Identität führen.

So etwas kann geschehen, wenn ein Mensch einen schweren Unfall oder eine Krankheit erleidet. Er beobachtet dann jemanden, der verkrüppelt, schwach, gelähmt, depressiv oder auf sonst eine Weise bis zur Unkenntlichkeit verändert ist, der quasi ein Fremder ist und sagt: »Das bin nicht ich.« Damit befindet er sich in einer Identitätskrise. Die einzige Chance, seine Identität zu retten und psychisch gesund zu werden, besteht nun darin, die Vorstellung von sich selbst zu revidieren und einen neuen Namen anzunehmen. Dann wird beispielsweise aus dem Single der Partner, aus dem Gesunden der Krüppel, aus dem Resignierten der Zuversichtliche. Dieser Prozess der Identitätsänderung, den ich ausführlich in meinem letzten Buch *Das Leben lässt fragen, wo du bleibst – wer etwas ändern will, braucht ein Problem* beschrieben habe, geschieht sehr langsam, Schritt für Schritt, und ist ein extrem aufwändiger psychischer Vorgang.

Es hat Jahre gedauert, eine verlässliche Identität aufzubauen, und es dauert Jahre, sie umzubauen. Man kann verstehen, dass die Psyche an der Veränderung ihrer Identität nicht interessiert ist. Wer man ist, der will man bleiben, weil Veränderung immer Ungewissheit bedeutet. Daher wird ein möglicher Verlust an Identität vom Individuum stets als bedrohlich empfunden. Ohne eine *verlässlich bestätigte* Vorstellung von sich selbst hört man als der zu existieren auf, der man ist. Im alltäglichen Sprachgebrauch spricht man davon, sich zu verlieren. So etwas ist nur begrenzt erträglich, weshalb kein Mensch seine Identität freiwillig verändert und weshalb er jede ernste Veränderung der Identität als eine individuelle Krise erlebt.

IDENTITÄT IST STÄNDIG GEFÄHRDET

Nun lebt der Mensch nicht im luftleeren Raum, sondern in einer realen Welt. Er ist der Natur und anderen Menschen ausgeliefert. Er kann weder Unfälle noch Krankheiten vermeiden, noch kann er den Verlauf der Kommunikation mit anderen Individuen kontrollieren.

Gerade die zwischenmenschliche Kommunikation eignet sich dafür, die Gedanken, Gefühle und Handlungen eines Menschen durcheinander zu bringen. Man weiß nie, wozu man im Kontakt mit anderen gebracht werden kann. Jederzeit kann ein Streit ausbrechen, in dem sich der »Friedliche« in den »Hassenden« verwandelt, der mit Worten oder Gegenständen um sich wirft und sich anschließend nicht mehr erkennt. Ihm bleibt dann nur bedauernd zu sagen, »Ich« wollte das nicht, womit er sein Erstaunen über das ausdrückt, was er an sich beobachteten musste.

Weil sie unberechenbar ist, gefährdet die Kommunikation

permanent und latent die individuelle Identität. Damit kommt die Liebe wieder ins Spiel. Denn unter den verschiedenen Formen der Kommunikation trägt eine ganz besonders zur möglichen Verwirrung und Gefährdung der Identität bei: die Kommunikation der Liebe.

LIEBE GREIFT DIE INDIVIDUELLE IDENTITÄT AN

Liebe bringt Menschen dazu, ihr Fühlen, Denken und Tun radikal zu verändern. Jemand, der sich verliebt, erkennt sich nicht wieder, und ähnlich geht es seiner Umgebung. Die spricht davon, der Verliebte sei »ein anderer« geworden.

Verliebte sind zu allerhand verrückten und ungewöhnlichen Dingen in der Lage, beispielsweise dazu, den liebgewordenen Job zu kündigen, um dem/der Geliebten zu folgen, eine bisher gut geglaubte Ehe zu verlassen, auf die Verwandtschaft oder das Erbe zu pfeifen, das Konto zu räumen, auf der Straße zu tanzen und zu anderem Ungewöhnlichen mehr. Aber auch wenn die Verliebtheit sich legt und eine dauerhafte Beziehung entsteht, nagt die Liebe an der individuellen Identität. Einfach deshalb, weil sich die Partner im Laufe der Zeit immer mehr aufeinander einstellen und ihr Ich potenziell aufgeben.

Die Liebe lebt ja, auch das habe ich anfangs angedeutet, geradezu davon, individuelle Unterschiede zu übersehen und zu leugnen. Das verführt Partner dazu, im Laufe ihrer Beziehung mehr und mehr Rücksichten aufeinander zu nehmen. Beispielsweise verzichten Partner »der Liebe« zuliebe auf eine Reihe individueller Eigenheiten. Sie geben ihr Hobby auf oder ihre Freunde, passen ihre Meinung aneinander an oder unternehmen alles nur noch zusammen. Je mehr so etwas um sich greift, desto mehr verliert sich das Individuelle. Schließlich legt die Beziehung das eigene Verhalten derart fest, dass man nicht mehr weiß, »wer man ist«. Das meint: man weiß nicht mehr, *wer man unabhängig von der Beziehung* ist.

An der Tatsache, dass jede Liebesbeziehung die individuelle Identität der Partner gefährdet, führt kein Weg vorbei. Wem die Wahrnehmung von sich selbst als abgegrenztem Individuum verschwimmt, der erfährt verwirrende Konsequenzen. Er verliert mit seinem Selbstgefühl auch an Handlungsorientierung. Wer nicht mehr weiß, wer er ist, weiß nämlich auch nicht, wie er sich dem Partner gegenüber verhalten soll. Er wird indifferent und damit für den Partner zur Zumutung.

Die Beschreibung, man verhalte sich dem Partner *gegenüber,* ist bezüglich dieser Vorgänge sehr exakt. Sie weist darauf hin, dass die Kommunikation der Liebe auf ein Gegenüber und damit auf die Getrenntheit der Partner angewiesen ist. Verlieren sich die beiden Gegenüber in der Beziehung, verliert die Beziehung an Sinn. Ihr Sinn besteht in der Kommunikation von Liebe, und die kann nun einmal nur von getrennten Individuen aufrechterhalten werden.

Die Gefährdung der Individualität durch die Liebe ist unvermeidlich und liegt im Wesen der Liebe begründet. Die Liebe befreit den Menschen zwar aus dem Eingesperrtsein in seiner Psyche, indem sie sein Bewusstsein von der Selbstwahrnehmung ablöst und es im Raum zwischen den Partnern festhält. Aber dort, im Paradies intimer Verbundenheit, fühlen sich Liebende letztendlich gefangen und ihrer Einzigartigkeit beraubt. Die Wahrnehmung wird deshalb immer wieder zum Selbst zurückkehren, zu ihrer Basis, der einsamen Psyche.

FAZIT ZUM INTERESSE AN LIEBE UND AN INDIVIDUALITÄT

Ein Individuum kann auf das Interesse an sich selbst nicht verzichten. Das Eigeninteresse steht dem Interesse an Liebe gegenüber. Diese beiden widersprüchlichen Grundbedürfnisse bedingen sich gegenseitig. Das eine kann ohne das andere nicht existieren, und deshalb sind Individualität und Liebesbeziehung – unter heutigen Bedingungen – gleich viel wert.

DIE NEUE GLEICHWERTIGKEIT VON BEZIEHUNG UND INDIVIDUUM

Halten wir fest: das Verhalten der Menschen in Liebesbeziehungen wird von zwei unterschiedlichen Interessen reguliert, einerseits dem Interesse an einer abgegrenzten Individualität und andererseits dem Interesse an einer intimen Verbundenheit. Das war einmal anders, denn früher wurde der Beziehung Vorrang vor den individuellen Interessen eingeräumt. Daneben gibt es einen weiteren Unterschied zu vergangenen Zeiten. Auf dem Hintergrund des immens gesteigerten Bedarfs an Individualität ergibt sich ein enorm gesteigerter Bedarf an intimer Verbundenheit.

DER BEDARF AN INDIVIDUALITÄT IST HEUTE GRÖSSER DENN JE

Folgerichtig befasst sich der moderne Mensch ausgiebig mit seinen Eigenarten; seine Gefühlsregungen und Geistesinteressen sind ihm wichtig, und er zeigt wenig Bereitschaft, seine eigenen Bedürfnisse familiären und sozialen Bezügen unterzuordnen. Diese Entwicklung ist keineswegs, wie ich bereits dargelegt habe, moralisch verwerflich. Dem modernen Menschen bleibt gar nichts anderes übrig, als selbstbezogen zu sein, denn er ist für sich selbst verantwortlich und kann sich im Wesentlichen auch nur auf sich selbst verlassen.

Wie weit diese selbstzentrierte Entwicklung inzwischen fortgeschritten und wie selbstverständlich sie geworden ist, kann ich in meinen Urlauben feststellen. Diese verbringe ich seit einigen Jahren auf den Kapverden, einem armen Inselstaat vor der Westküste Afrikas. Dort haben familiäre Bezüge eine wesentlich größere Bedeutung als individuelle Eigenarten. In einer typischen kapverdischen Familie schlafen mehrere Personen in einem Zimmer, wobei keines der Betten jemandem dauerhaft zugeordnet ist, die Eltern kleben nicht an ihrem Schlafzimmer (falls sie eines haben), sondern überlassen es bei Bedarf den Kindern oder Enkeln oder Verwandten, es gibt im Haus nur wenige private Gegenstände, und alte Leute werden grundsätzlich in der Familie umsorgt. Alles ist am Wohl der Familie und nicht am Wohl des Einzelnen orientiert.

Ein solches Verhalten wäre hierzulande undenkbar. In unserer Gesellschaft findet das Gegenteil statt. Worauf sich ein Individuum einlässt, das wird einer genauen »Individual-Verträglichkeitsprüfung« unterzogen und muss »stimmen«, also mit den inneren Bedingungen und Vorstellungen des Einzelnen übereinstimmen. Man stelle sich nur mal vor, welche Diskussionen ausbrächen und welche Komplikationen entstünden, wenn unsere verwöhnten Jugendlichen ihr Schlafzimmer abtreten müssten oder wenn sie auf den eigenen Fernseher verzichten sollten, von den Eltern ganz zu schweigen? Wir ordnen uns nicht ein, sondern behaupten uns.

Auch in unseren Fernsehprogrammen wird das Individuum gefeiert und seine mediale Selbstdarstellung praktiziert. »Outing« ist ein Stichwort dazu. In einer Talkshow erklärt ein 18-jähriges Mädchen, das bereits 80 Anzeigen wegen Körperverletzung erhalten hat, schlicht: »Ich bin eben so«, und erhält für diese »selbstbewusste« Darstellung den Beifall des jugendlichen Publikums. Ein Sportartikelhersteller verkauft im Internet erfolgreich individualisierte Schuhe, die sich am

Bildschirm in Form und Farbe gestalten und mit dem Namen ihres Trägers versehen lassen. Mit individualisierten Klingeltönen für Handys werden Milliarden verdient. Der anhaltende Trend zum Tuning von PKWs wird von Automobilklubs mit dem zunehmenden Bedürfnis nach Individualität erklärt.

Der Lohn dieser gesellschaftlichen Entwicklung hin zu mehr Individualismus besteht in einem immensen Gewinn an persönlicher Freiheit; der Preis dieser Freiheit aber lautet: persönliche Unsicherheit. Das freie Individuum steht nicht mehr auf dem Boden bewährter Denk- und Verhaltensanweisungen, es schwebt sozusagen im freien Raum der Möglichkeiten. Da existiert niemand mehr, der einem sagt, was man zu tun und zu lassen hat, welche Lebensziele man anstreben, welche politische Richtung man verfolgen und welche Meinung zu den unzähligen gesellschaftlichen und privaten Sachverhalten man einnehmen soll. All das und noch viel mehr muss jeder selbst herausfinden und selbst bewerkstelligen. Um die damit verbundene Verunsicherung aufzulösen, sucht das Individuum nach Orientierung.

Diese Suche nach Orientierung erklärt, warum das mediale Selbstdarstellungstheater so beliebt ist. Diese Inszenierungen verfolgen einen Zweck: sie setzen die bestätigende Botschaft »Du bist gut so, wie du bist« in die Welt. Ähnlich funktioniert der Starrummel. Stars demonstrieren in Zeitschriften, Auftritten und TV-Sendungen ihre Individualität, und wer sich als ein Fan bekennt, erklärt sich ebenfalls für einzigartig und heimst heimlich den Applaus der Stars mit ein. Das moderne Individuum »hungert« sozusagen nach Bestätigung und Ver-Sicherung. Diese Bestätigung kann nur von anderen kommen, und sie versichert den Individuen, nicht allein und nicht vollständig isoliert zu sein.

DIE GESTEIGERTE INDIVIDUALITÄT BEDARF EINER GESTEIGERTEN BESTÄTIGUNG

Dass der Mensch der Bestätigung seiner Individualität bedarf, das galt schon in der Vergangenheit. Aber damals war es relativ einfach, für das bisschen Individualität, das man sich leisten konnte, Bestätigung zu erhalten. Man passte sich dem sozialen Umfeld an und erhielt dafür Bestätigung. Diese Geborgenheit stand aufgrund von Religions-, Familien- und Ständezugehörigkeit quasi automatisch zur Verfügung. Heute ist das anders.

Das moderne Individuum muss auf derartige soziale Geborgenheit weitgehend verzichten. Es wird weniger für Anpassung belohnt als dafür, eine Persönlichkeit zu sein. Bestätigung bekommt heute, wer Einzigartigkeit demonstriert. Aber je einzigartiger die Menschen werden und je mehr sie sich von anderen unterscheiden, desto mehr sind sie davon bedroht, in den bodenlosen Räumen der Individualität verloren zu gehen. Daher wird der andere zur Rückversicherung gebraucht. Man braucht ihn einerseits, um im Vergleich festzustellen: »Ich bin anders«, und man braucht ihn andererseits, um ein O.K. für diese Andersartigkeit zu erhalten.

Wie sehr Menschen der gegenseitigen Bestätigung bedürfen, wird deutlich, wenn menschlicher Kontakt vollständig verhindert wird, so wie das beispielsweise in jahrelanger Isolationshaft geschieht. Dann verlieren Menschen ihr Selbstgefühl und ihre Selbstwahrnehmung. Ihre Grenzen verschwimmen, sie verlieren ihre Konturen, und ihre Identität löst sich auf. Um die eigene Identität zu erhalten, ist Bestätigung unentbehrlich. Das bedeutet: die gesteigerte Individualität des modernen Menschen verlangt dementsprechend nach einer ebenfalls gesteigerten Bestätigung.

Der individualisierte Mensch braucht nicht, wie man meinen sollte, weniger Bestätigung, sondern im Gegenteil, er braucht intensivere Bestätigung.

Wie gesagt, die Medien greifen dieses Bedürfnis auf. Die TV-Programme quellen über von diversen Talk-, Reality- und Castingshows, und bei allen geht es darum, demonstrativ Einzigartigkeit zu bestätigen und bestätigt zu bekommen. Ein gutes Beispiel hierfür sind die Castingshows à la DSDS (Deutschland sucht den Superstar). Hier werden pausenlos für Show und Gesang völlig ungeeignete Bewerber gezeigt, die in den Vorrunden ausscheiden. Die vermittelte Botschaft lautet dennoch: es ist o.k., so zu sein und sich zu zeigen. Diese medialen Bezeugungen und Bestätigungen von Individualität reichen jedoch nicht besonders tief. Sie finden im gesellschaftlichen Bereich der unpersönlichen Beziehungen statt.

TIEFGEHENDE PERSÖNLICHE BESTÄTIGUNG WIRD IN LIEBESBEZIEHUNGEN VERMITTELT

Im Bereich der unpersönlichen Beziehungen, dazu gehören beispielsweise die Arbeitswelt und die gesamte Öffentlichkeit, wird nur Unpersönliches mitgeteilt. Deshalb kann dort auch nur relativ wenig Persönliches Bestätigung finden. Die innersten Gefühle, Gedanken und Vorstellungen, die den Kern der Individualität ausmachen, werden gegenüber den meisten Menschen geheim gehalten, und daher besteht in Bezug auf dieses intime Innenleben die größte Unsicherheit. Der Einzelne fragt sich: »Bin ich – auch mit meinen geheimen Empfindungen, Gefühlen, Gedanken, Phantasien, von denen kaum jemand weiß – wirklich o.k.?« Die Bestätigung dieser intimsten Bereiche kann nur jemand geben, der von ihnen so viel als möglich erfährt, jemand, von dem man sogar meint, er könne ins eigene Innere hineinsehen – jemand, zu dem eine intime Liebesbeziehung besteht.

Eine *persönliche* Bestätigung der Individualität, bei der es auf Tiefe ankommt, auf individuelle Gefühle, Empfindungen, Hoffnungen, Ängste und Sehnsüchte, bedarf einer entsprechend personenbezogenen Rückmeldung. Hierzu bietet sich die einzige tief persönliche Beziehung an, die dem Individuum in der komplexen Gesellschaft zur Verfügung steht: die Liebesbeziehung. In einer Liebesbeziehung wird die Unsicherheit darüber, ob man derart individuell, wie man ist, gut, richtig und liebenswert ist, bestätigend aufgehoben.

Der gesteigerte Bedarf an individueller, persönlicher und intimer Bestätigung ist hauptsächlich dafür verantwortlich, dass moderne Beziehungen besonders intensiv und tief zu sein haben – »von tiefer Liebe getragen«, wie es so schön heißt. Das bestätigen die Soziologen Beck/Gernsheim:

Das Bedürfnis nach geteilter Innerlichkeit, wie es heute im Ideal der Ehe als Gefühlsgemeinschaft ausgesprochen wird, ist kein Urbedürfnis. Es wächst mit den Verlusten, die die Individualisierung als Kehrseite ihrer Möglichkeiten beschert.[73]

Mit den Verlusten der Individualisierung sind die Verluste an Bestätigung und Geborgenheit gemeint. So hat eine Liebesbeziehung unter heutigen Bedingungen (unter anderem) die unverzichtbare Aufgabe übernommen, dem Individuum Halt durch die höchstpersönliche Bestätigung zu vermitteln: »Ich liebe dich, so wie du bist, und grade, weil du so bist.«

DIE PARADOXE LIEBE DER INDIVIDUEN

Die Individualität hat heute eine enorme Aufwertung erfahren, was gleichbedeutend damit ist, dass sich der psychische Abstand der Menschen voneinander vergrößert hat. Deshalb ist auch die Bedeutung der Liebe gewachsen, welche diesen Abstand erträglich macht. Damit tritt die wechselseitige Abhängigkeit, in der sich die Bedürfnisse Getrenntheit und Verbundenheit zueinander befinden, deutlicher hervor und offenbart das Paradoxe der modernen *Liebe der Individuen*.

Der Psychoanalytiker Dieter Wyss drückt dieses Paradox mit den Worten aus: »Die Bindung, nach der die Liebe natürlicherweise strebt, gräbt ihr auch das Grab.«[74] Kommt die Bindung zustande, verliert die Liebe ihr Motiv. (Wohlgemerkt: hier ist die Rede von intensiver, emotionaler Liebe, nicht von partnerschaftlicher Liebe, auch darauf komme ich noch zurück).

Liebe und Individualität bedingen sich gegenseitig und schließen einander gleichzeitig aus. Beides kann nicht miteinander vereint werden. Es gibt keine »getrennte Liebe« oder »liebende Getrenntheit«. In der Liebe vergisst man, wer man ist, aber allzu sehr und allzu lange darf man nicht selbstvergessen bleiben, sonst ist niemand mehr da, der lieben und geliebt werden könnte.

So wird in der Liebe Getrenntheit zeitweise überwunden, aber sie kann darin nicht dauerhaft aufgehoben werden. Das wird als Drama empfunden und ist gemeint, wenn es heißt, Liebende oder ganz allgemein Männer und Frauen könnten nicht miteinander und nicht ohne einander leben. Sie können nicht miteinander leben, weil sie nicht in der Lage sind, zu einem Wesen zu verschmelzen, und sie können nicht ohneeinander leben, weil sie in der echolosen Wüste der Selbstbezogenheit den anderen als Grenze und damit als Bestätigung ihres eigenen Daseins dringend benötigen.

Dieses nicht miteinander und nicht ohneeinander leben können ist auch gemeint, wenn von der Unmöglichkeit der Geschlechter gesprochen wird, einander zu verstehen.

Das Unverständnis, das sich Männer und Frauen gegenseitig ankreiden, gehört zum Wesen der Liebe.

Verständnis im Sinne des Hineinschlüpfens in den Partner, des Denkens seiner Gedanken, des Fühlens seiner Gefühle, das ist nicht möglich. Verständnis im Sinne völlig übereinstimmender Interessen und Wahrnehmungen, auch das ist nicht möglich. Aber das ist keine Schranke, die sich spezifisch zwischen den Geschlechtern aufbaut, sondern eine Schranke, die zwischen allen Menschen steht. In der Liebesbeziehung wird diese Trennung lediglich besonders schmerzhaft empfunden.

Das Paradox der Liebe kann nur aufgelöst werden, indem den widersprüchlichen Bedürfnissen nach Verbundenheit und Getrenntheit zeitlich versetzt, also nacheinander, Rechnung getragen wird. Um dem Bedürfnis nach Getrenntheit gerecht zu werden, konzentriert sich das Bewusstsein auf die eigene Psyche. Dann nimmt man seine eigenen Gedanken und Gefühle und damit seine Individualität wahr. Dem Bedürfnis nach Verbundenheit wird nachgegangen, indem sich das Bewusstsein auf die intime Verbindung zu jemand anderem konzentriert. Dann nimmt man wahr, was durch den

Austausch von Blicken, Gesten, Worten oder Berührungen entsteht, und befindet sich in dem Zustand, den wir als Liebe bezeichnen.
Zusammengefasst besagt die paradoxe Liebe der Individuen: nur Getrennte können lieben.
  Natürlich träumen alle Liebenden davon, ihre Getrenntheit auflösen zu können und für immer verbunden zu sein. So wie Menschen seit jeher vom ewigen Leben träumen. Doch wenn der Tod besiegt wäre, verlöre das Leben seine Bedeutung. Die Liebe ist auf Getrenntheit in ähnlicher Weise angewiesen wie das Leben auf den Tod. Wenn Männer und Frauen diesen Zusammenhang begreifen und akzeptieren, versiegt die Klage des Nicht-Verstehens. Dann akzeptieren sie das Drama des Getrenntseins, dem sie die Freuden der Liebe verdanken, und akzeptieren auch das Hin- und Hergeworfensein zwischen den Zuständen der Getrenntheit und der Verbundenheit. Dann akzeptieren sie, dass ihre Liebe wie nie zuvor eine Liebe der Individuen ist.

DIE LIEBE DER INDIVIDUEN

Im Begriff der *Liebe der Individuen* erfasse ich die Gleichwertigkeit von Liebe und Individualität. Diese moderne Erscheinungsform der Liebe wurde möglich, weil Liebesbeziehungen nur noch individuellen Bedürfnissen dienen und von gesellschaftlichen Verpflichtungen befreit sind. Dazu musste die Paarbeziehung von einer Reihe von Aufgaben entlastet werden. Diesen geschichtlichen Vorgang beschreibt der Wissenschaftler Gunter Schmidt:

Die Institution Ehe verliert ihr Monopol, Beziehungen und Familien zu definieren und zu legitimieren. Nun gilt: Ein Paar ist

> dort, wo zwei Menschen sagen, dass sie eines sind, unabhängig vom Familienstand und vom Geschlecht des Partners; und Familie ist dort, wo Kinder sind – unabhängig davon, ob Mutter oder Vater verheiratet sind. ... Aber nicht nur von der Institution Ehe werden Beziehungen freigesetzt, sie werden zunehmend auch freigesetzt von sachlichen Aufgaben der Lebensbewältigung und des Lebenskampfes... (und) von traditionellen Geschlechterrollen, die die Arbeitsteilung in einer Partnerschaft ehemals verbindlich regelten.[75]

Eine moderne Beziehung fungiert nicht mehr als Produktionsgemeinschaft, sie dient nicht mehr dem Erhalt des sozialen Status oder von Standesinteressen, ja sie wird nicht einmal mehr zur Alltagsbewältigung benötigt. Sie dient vor allem dazu, den Individuen die gesuchte intime Liebe zu ermöglichen. Moderne Beziehungen werden deshalb auch als »reine Beziehungen« bezeichnet[76], rein im Sinne von pur, da sie vorwiegend von Liebe getragen werden und von anderen Aufgaben befreit sind.

WUNSCH UND WIRKLICHKEIT
IN DER LIEBE DER INDIVIDUEN

Dass die heutige Liebe eine Liebe der Individuen ist, führt zu Konsequenzen im Verhalten der Partner. Die wichtigste Veränderung besteht darin, dass die Beziehung nicht mehr über das eigene Glück gestellt wird. Die Zeiten, da das Gemeinsame wichtiger als das Individuelle war, sind vorüber.

In der Praxis offenbart sich damit eine zwiespältige Situation. Einerseits scheinen die Ideen, Wünsche und Sehnsüchte der Partner ganz auf die Beziehung ausgerichtet zu sein. Betrachtet man andererseits das, was die Partner tatsächlich tun, wird klar, dass sie keineswegs gewillt sind, gegenüber der Beziehung zurückzustehen. Denn die Art und Weise, in der die jungen Partner miteinander umgehen, offenbart den hohen Stellenwert des Individuellen.

Gunter Schmidt von der Universität Hamburg und andere Wissenschaftler hielten diese gelebte Beziehungspraxis in einer großen Untersuchung fest.[77] Ihre Untersuchung belegt: die Wahrscheinlichkeit, dass heute Menschen mit 30 Jahren verheiratet sind, liegt bei 60 % gegenüber 90 % in den 1960er-Jahren, und die Scheidungswahrscheinlichkeit einer heute geschlossenen Ehe liegt bei 40 % gegenüber damaligen 13 %. Zudem haben Paare heute im Durchschnitt nur noch 1,4 statt damals 2,4 Kinder. Es wird seltener geheiratet, und man geht schneller auseinander.

Diese Zahlen geben die Trennungshäufigkeit in Beziehungen jedoch sehr unvollständig wieder, da sie sich lediglich auf Ehen beziehen. Außereheliche Verbindungen, wie sie von jungen Leuten bevorzugt werden, enden noch wesentlich häufiger. Von den mehr als 2000 Trennungen, die in der zitierten Untersuchung auftauchten, waren lediglich 9 % eheliche Scheidungen. Überträgt man diese Zahlen auf die gesellschaftliche Ebene, kommen zu den etwa 250 000 jährlichen Scheidungen mehr als zwei Millionen außereheliche Trennungen hinzu. Bei deutlich mehr als zwei Millionen Trennungen pro Jahr kann man kaum davon sprechen, Beziehungen würden noch Vorrang vor den Individuen genießen.

Den individualisierten Partnern fehlt offensichtlich die Fähigkeit (und vor allem: die Notwendigkeit) zum Verzicht auf individuelle Entfaltung, über die ihre Großeltern noch verfügten. Denn woran »scheitern« die modernen Beziehungen, wenn man diesen Begriff verwenden will? An der Individualität, die nicht geopfert werden will. Man kämpft miteinander (um individuelle Interessen), man lebt sich auseinander (aufgrund verschiedener individueller Interessen), man langweilt sich miteinander (aufgrund hoher individueller Erwartungen).

Die Beziehungen scheitern daran, dass sie den hoch gesteckten Vorstellungen der Partner auf Dauer nicht entsprechen, und solange die Partner ihre hohe Erwartung, alles für immer und ewig mit einem Menschen haben zu wollen, nicht aufgeben, werden eben die Beziehungen aufgegeben. Eine neue Liebe soll neues Glück bringen. Längst ist die serielle Partnerschaft die am häufigsten praktizierte Beziehungsform, die den ehemals richtigen Partner, sobald er sich als falscher erweist, gegen einen neuen austauscht.

Diese Entwicklung steht im glatten Widerspruch zu den Absichten der jungen Paare, zeigt aber, wohin der Weg tatsächlich geht: einer Beziehung wird real kein Vorrang vor dem individuellen Lebensbereich eingeräumt, sie muss sich im Gegenteil gegenüber den beteiligten Individuen behaupten.

Eine Beziehung ist heute eine private Angelegenheit und ein persönliches Interesse geworden und kann daher keine dem Individuum übergeordnete Bedeutung mehr einnehmen. Diese Entwicklung zur Gleichwertigkeit von Liebe und Individualität hat natürlich Auswirkungen auf die praktischen Erwartungen, die Partner heute an ihre Beziehungen stellen. Mit praktischen Erwartungen meine ich nicht, um es nochmals zu betonen, was die Paare wollen oder sich wünschen, sondern das, wonach sie sich tatsächlich richten.

Im Wesentlichen setzen sich zwei neue Erwartungen durch. Zum einen wird von Beziehungen eine nie verlangte *Intensität* erwartet, während die Bedeutung der Dauer zurückgeht, und zum zweiten wird die *Begegnung* mit dem Partner gesucht und nicht mehr die Verschmelzung mit ihm.

DIE ERSTE NEUE ERWARTUNG: INTENSITÄT STATT DAUER

Noch vor knapp 100 Jahren wurde die Ehe im bürgerlichen Gesetzbuch als eine Institution bezeichnet, die dem »Erhalt von Staat und Familie« zu dienen habe, nicht dem Glück der Partner. Da sie soziales und materielles Überleben sicherte, war die Ehe in erster Linie auf Dauer ausgerichtet. Dieser Notwendigkeit wurden sämtliche Bedürfnisse untergeordnet, auch und gerade die sexuellen, erotischen und emotionalen Bedürfnisse der Partner. Das Individuelle musste zurückstehen. Die Ehepartner sollten sich nicht emotional und leidenschaftlich lieben, weil man seit jeher begriffen hatte, dass Beziehungen, die auf Gefühlen basieren, nicht auf Dauer angelegt sind. Schließlich können sich selbst intensivste Gefühle mit der Zeit ändern, und dann geraten die Beziehungen in Gefahr.

Die alte Liebe sollte daher nicht tief und intensiv, sondern flach und stetig sein, und die Ehe sollte nicht auf Leidenschaft und Emotionen beruhen, sondern auf Vertrautheit und rollenkonformem Verhalten. Leidenschaft in der Ehe war unerwünscht und wurde im Mittelalter sogar als Sünde betrachtet und strikt verurteilt.[78]

AN FLACHEN BEZIEHUNGEN HERRSCHT HEUTE WENIG BEDARF

Mittlerweile sind die Motive dieser alten Liebe aufgrund der rechtlichen und materiellen Absicherung der Partner obsolet

geworden. Die Individuen sind nicht mehr darauf angewiesen, dass ihre Beziehungen dauern.
Mit anderen Worten: es war noch nie so leicht wie heute, das Ideal der Liebesehe anzustreben.

Der Liebesehe stellen sich keinerlei äußere Umstände mehr entgegen. Die jungen Paare könnten den Beweis dafür antreten, dass sich intensive Liebesbeziehungen tatsächlich dauerhaft leben lassen. Doch an diesem Punkt geschieht etwas Unerwartetes. Je leichter es wird, der Idee der Liebesehe zu folgen, desto deutlicher treten die inneren Widersprüche dieses Ideals zutage. Zu diesen Widersprüchen gehört der Gegensatz von Intensität und Dauer.

Intensität und Dauer haben ihre Probleme miteinander, sie gehen nicht wie Verliebte Hand in Hand einher. Die Absicht, sie aneinander zu binden schafft keineswegs die gewünschten Ergebnisse. Untersuchungen weisen eher auf das Gegenteil hin. Je höher der Wert von Individualität erachtet wird, und je mehr parallel dazu die Ansprüche der Partner steigen, desto kürzer dauern die Liebesbeziehungen. Davon berichtet der Soziologe Karl Lenz, wenn er sagt:

Es scheint in der Logik der romantischen Liebe zu liegen,
dass die Individualität im Konfliktfall Vorrang vor der Sicherung
der Dauer gewinnt.[79]

Der Wunsch nach Beziehungsdauer stolpert meist über den Anspruch der Intensität. Gerade die jungen Paare zeigen sich an flachen, stetigen Alltagsbeziehungen zunehmend desinteressiert. Ihre Beziehungen sollen tief sein, die Liebe soll brennen, die Sexualität ein sinnliches Kunstwerk sein, die gegenseitige persönliche Bestätigung uneingeschränkt. Natürlich gibt es so etwas, wovon jeder Verliebte ein Lied singen kann.

Aber es gibt es nicht unbedingt auf Dauer, nicht umfassend und nicht in der gewünschten Intensität. Wenn das klar wird, kommt es zu Spannungen, Konflikten oder Ausbruchsversuchen aus der Beziehung. Scheinbar liegt es am Partner, scheinbar ist er nicht »der Richtige«, scheinbar ist er schuld, wenn die Beziehung mit der Zeit an Intensität verliert.

Doch tatsächlich liegt es nicht am Partner. Vielmehr verflachen Liebesbeziehungen wie von selbst.

LIEBESBEZIEHUNGEN VERFLACHEN SOZUSAGEN VON SELBST

Verflachen Beziehungen tatsächlich unvermeidbar? Hierüber herrscht in Fachkreisen Uneinigkeit. Mancher Psychologe vertritt die Auffassung, es läge nicht am Alltag, sondern am Verhalten der Partner, wenn die Liebe flach wird. Aber dieser Einwand würde nur Sinn machen, wenn man die Beziehungsdauer von den Verhaltensmöglichkeiten der Partner trennen könnte. Das scheint aber nicht der Fall zu sein. Die Beziehungsdauer wirkt sich unvermeidlich auf das Verhalten der Partner aus.

Das wird beispielsweise deutlich, wenn Paare auseinander gehen. »Seit wann gehst du wieder zum Tango-Unterricht?«, wurde eine Klientin gefragt. »Seit ich wieder solo bin«, war ihre Antwort. Getrennte Partner stellen oft mit Erstaunen fest, wie lange sie alte Freunde nicht mehr gesehen haben (weil der Partner die nicht mochte), wie sehr sie ihre Hobbys vernachlässigten (weil der Partner nicht viel davon hielt oder sie nicht teilte), auf welche ungewohnten Einfälle sie jetzt kommen (die der Partner doch nicht mitgemacht hätte), wie gerne sie ausgehen (der Partner war nicht gern allein) oder eine Reise tun (der Partner war ungern unterwegs) oder wie aufregend Sexualität wieder sein kann (irgendwie war es mit dem Partner immer dasselbe). Nicht selten werden Lebensträume wieder aktiv, die für immer begraben zu sein schienen.

»Der Beziehung zuliebe« oder »dem Partner zuliebe« wird individuell Unterschiedliches geleugnet und eingeebnet. Der Fachbegriff dafür lautet »ungenügende Differenzierung«. Das bedeutet, dass die Partner in Dauerbeziehungen ihr Verhalten so sehr aufeinander einstellen, dass ihrer Beziehung die gewünschte Spannung abhanden kommt. Die individuellen Unterschiede werden im Umgang miteinander auf ein für beide Partner erträgliches Maß reduziert. Man zeigt nur noch das, von dem man sicher sein kann, dass der andere es akzeptiert oder anerkennt. So bleibt man von Ablehnung, aber auch von Unerwartetem verschont. Die Beziehung wirkt harmonisch, und der Kontakt wird scheinbar verlässlich, aber eben auch vorhersehbar. Das Verhalten des anderen berechnen zu können, zu wissen, wie er reagieren wird, seine Gesten und Aktivitäten, sein Tun, seine emotionalen Reaktionen und sein Verhalten bis hin in den sexuellen Bereich voraussehen zu können, das ist *auf Dauer* langweilig.

Dieses harmonisierende Verhalten setzt meist ein, kurz nachdem zwei sich zum Paar erklärt haben. Dahinter steht keine Unfähigkeit, sondern das Bedürfnis, die Beziehung nicht zu gefährden. Man will sich nicht wehtun, nicht enttäuschen, und man will nicht verletzt oder enttäuscht werden. Man will seinem Bedürfnis nach Verbundenheit auf möglichst sichere Weise nachkommen. Man will geliebt werden und nichts aufs Spiel setzen. Aber dadurch verliert die Beziehung an Intensität und der ersehnten Tiefe.

INTENSITÄT KOMMT
IM SCHATTEN DER GEFAHR

Im Alltag gehen die Partner, so könnte man es ausdrücken, auf Dauer auf Nummer sicher. Es scheint jedoch, dass Intensität auf sicherem Wege nicht zu haben ist.

Die Soziologin Eva Illouz weist darauf hin, dass es einen Widerspruch zwischen Lust und Behaglichkeit gibt. Sie betont, wenn Beziehungen erregend sein sollten, müssten sie – zumindest periodisch – die Behaglichkeit der Lust opfern.[80] Diese Einschätzung lässt sich von der Lust auf die Liebe übertragen, denn offensichtlich besteht ein Widerspruch zwischen Intensität und Gewissheit. Je gewisser eine Beziehung wird, desto weniger intensiv werden die Begegnungen darin empfunden. Wenn eine Beziehung intensiv erlebt werden soll, so ist anzunehmen, muss die Gewissheit zumindest sporadisch der Ungewissheit geopfert werden.

Lust und Intensität haben ein gemeinsames Element, durch das sie aktiviert werden. Das ist die Gefahr. Wer der Spur seiner Lust folgt, begibt sich aufs Glatteis. Er riskiert, abgewiesen und damit frustriert oder beschämt zu werden. Ohne diese Gefahr wäre Lust längst nicht so lustvoll. Eine verlässliche, garantierte, sichere Befriedigung würde in Langeweile enden, weil die Lust jener Aufregung beraubt wäre, welche die Gefahr mit sich bringt. Ähnlich verhält es sich mit der Intensität in der Liebe. Je unsicherer man sich einer Beziehung wähnt, desto intensiver wird sie erlebt. In der ersten Verliebtheit ist die Gefahr, abgewiesen zu werden, gegenwärtig, weshalb die Verliebtheit gewöhnlich die emotional intensivste und aufregendste Phase einer Beziehung darstellt. Auch Paare, deren Beziehung beispielsweise aufgrund eines Seitensprungs auf der Kippe steht, beklagen sich nicht über Langeweile. Sie haben jedes Gefühl der Sicherheit verloren und erleben stattdessen schmerzliche oder freudvolle, aber in jedem Falle intensive Begegnungen.

Zu lieben ist gefährlich. Mit Gefahr ist hier nicht eine Gefahr für Leib und Leben gemeint. Man muss weder gemeinsames Bungee Jumping veranstalten noch snowboarden, noch Autorennen fahren, um Intensität in eine Liebesbeziehung zu bringen. Es genügt, die eigene Individualität ins Spiel zu bringen.

Ein kontroverses Gespräch über ein spannendes Thema mit ungewissem Ausgang tut es durchaus. Ein Kuss, aus eigenem Impuls und ohne vorherige Absicherung gegeben, tut es auch. Eine ungewohnte sexuelle Geste birgt die Gefahr der Abweisung. Das Eingeständnis, emotional oder erotisch ausgehungert zu sein, kann für Aufruhr sorgen. Die geäußerte Unzufriedenheit mit der Beziehung kann ungeahnte Emotionen wecken. Jedes Bekenntnis einer individuellen Unterschiedlichkeit kann für helle Aufregung sorgen. Ein Schritt aus der Gewohnheit, gleichgültig um was es sich dabei handelt, ruft die Gefahr auf den Plan und mit ihr Spannung und Intensität.

Wenn Partner tatsächlich, wie sie es selbst meinen und wie es von vielen Fachleuten gesehen wird, in erster Linie an der Dauer einer Beziehung interessiert wären, würden sie das Auftauchen von Gewissheit und Verlässlichkeit begrüßen und keine unnötigen Risiken eingehen. Vor allem nicht das Risiko namens Intensität. Aber sie verhalten sich gegenteilig. Sobald die Beziehung verflacht, suchen sie unbewusst, aber zielstrebig die Gefahr auf. Sie tun das auf unterschiedliche Weise.

Wenige, die es sich leisten können und leisten wollen, nehmen therapeutische Begleitung bei der so genannten »Arbeit an der Liebe« in Anspruch. Auch das ist gefährlich und aufregend, weil man nie weiß, was dabei herauskommt. Andere bringen ihre Beziehung unbewusst, aber dennoch zielgerichtet durch Konflikte oder Seitensprünge in Gefahr und erreichen auf diesem Wege nicht selten eine zeitweise Belebung. Andere wiederum bauen Nebenbeziehungen auf, und sehr viele denken an Trennung. Etliche solcher Lösungsversuche habe ich in meinem Buch 5 *Wege, die Liebe zu leben*, ausführlich beschrieben.[81]

Diesen angedeuteten Lösungsversuchen ist eigen, dass sie einen im Laufe der Zeit verloren gegangenen Abstand zwischen den Individuen wieder herstellen wollen. Beziehungsintensität hat viel mit Abstand zwischen den Partnern zu tun. Und es ist allein der Abstand, der die Erfüllung der zweiten neuen Erwartung ermöglicht. Diese lautet: Begegnen statt Verschmelzen.

DIE ZWEITE NEUE ERWARTUNG: BEGEGNUNG STATT VERSCHMELZUNG

Beziehungen verflachen, weil die Partner sie nicht gefährden wollen und glauben, sie auf harmonische Weise dauerhaft erhalten zu können. Sie verflachen, wenn der Beziehung Vorrang vor den Individuen eingeräumt wird, durch zu viel Rücksichtnahme und den Zwang zum Einigsein. Hinter dieser Entwicklung steht der Versuch, mit dem Partner eins zu werden.

Spätestens seit der Romantik wird das Einswerden der Partner als Ziel ihrer Liebe betrachtet. Allerdings idealisierten die Romantiker nur die Einheit der Partner, nicht aber die Dauer von Beziehungen. Erst in der auf die Romantik folgenden bürgerlichen Liebesvorstellung wurde der Traum der Einheit mit dem Traum der Dauer verbunden. Heute gilt dieses Ziel sowohl für die Anfangsphase einer Beziehung, die sich durch Verliebtheit auszeichnet, als auch für die anschließende Alltagsbeziehung. Die romantisch-leidenschaftliche Liebe des Anfangs wird von Psychologen als »mystische Einheit« und die daran anschließende Alltagspartnerschaft als »Einheit auf dem Boden« bezeichnet; und unter Liebe wird generell ein Verschmelzen der Seelen verstanden. Dieses Einswerden ist angeblich mit dem unvermeidbaren Verzicht auf Individualität verbunden.

Doch mit dem Einswerden tun sich die heutigen Partner schwer. Früher, als aufgrund der gesellschaftlichen Verhältnisse relativ wenig Individualität vorhanden war, mag eine so empfundene Verschmelzung zu einem »Paarkörper« möglich gewesen sein. Wenig Individualität bedeutet wenig Differenz und demzufolge wenig, das man opfern musste. Damals brauchte man keine großen Abgründe zu überwinden, um scheinbar zu verschmelzen, es genügte ein wenig Verzicht. Beim sich Einsfühlen half den Partnern zudem die Rollenteilung, in der sich Männer von so genannt weiblichen und Frauen von so genannt männlichen Eigenschaften getrennt hatten. Aufgrund dieser Teilung entwickelten sie ein Bedürfnis nach der so genannten »anderen Hälfte«. In der Beziehung ließen sich die Folgen der Rollenteilung dann im Kontakt mit dem anderen Geschlecht teilweise aufheben. Die Rollenteilung unterstützte also das Bedürfnis nach Verschmelzung.

Was passiert aber heute, wo nicht »Hälften« aufeinander treffen, sondern differenzierte Individuen, die die Rollenteilung zunehmend hinter sich lassen? Da gibt es wenig bis nichts mehr zu verschmelzen.

STATT EINSWERDEN IST ZWEIBLEIBEN ANGESAGT

Tatsächlich rücken die individualisierten Partner gegenwärtig mehr und mehr vom Versuch, eins zu werden, ab. Auch von Fachleuten wird immer häufiger betont, wie wichtig die *Differenz* der Partner für die Liebe sei. Schon vor gut zwei Jahrzehnten wurde vom »Nein in der Liebe« geschrieben und von der Notwendigkeit, sich in der Beziehung vom Partner abzugrenzen. Mittlerweile ist diese Entwicklung weiter fortgeschritten, und statt Einswerden ist Zweibleiben angesagt. Die Persönlichkeit wird nicht mehr zugunsten der Beziehung zurückgestellt, sondern dem Partner gegenüber behauptet. Mehr noch: Individualität soll durch die Partnerliebe sogar noch gestärkt und gefördert werden. Dies betonen etliche psychologische Konzepte, die Beziehungen als Möglichkeiten des *persönlichen* Wachstums beschreiben.

Um Missverständnissen vorzubeugen: festzustellen, dass es den Psychen nicht gelingen kann, tatsächlich miteinander zu verschmelzen, bedeutet nicht, die Partner müssten auf das *Gefühl* der Verschmelzung verzichten. Die Liebe stellt nach wie vor einen Vereinigungsmythos dar. Liebende wollen sich miteinander vereint *fühlen,* und es gelingt ihnen auch, dieses Gefühl hervorzurufen. Es gelingt, indem sie ihr Bewusstsein ganz auf die emotionale, körperliche und geistige Verbindung ausrichten, bis sie nur noch eines – nämlich die Verbindung – wahrnehmen. Diese Einheit löst sich aber auf, wenn das Bewusstsein zur Selbstwahrnehmung zurückkehrt und die eigene Individualität wieder in den Vordergrund tritt. So bleibt es letztlich dabei: die Partner bleiben zwei.

Die Vorteile dieses Zweibleibens liegen auf der Hand. Da die Individuen unterschiedlich sind, entsteht zwischen ihnen eine starke Spannung, und der Drang, den Abstand zu überwinden, beschert der Verbindung die erwünschte hohe Intensität und Dichte. Emotionale und leidenschaftliche Liebe der Art, wie sie heute gesucht wird, kann daher auf individuelle Differenzen nicht verzichten.

BEGEGNEN KANN SICH NUR UNTERSCHIEDLICHES

In der Liebe der Individuen – der hoch entwickelten, voneinander getrennten Psychen – wird nichts vereint, nichts verschmolzen, nichts übertragen, nichts geöffnet und nichts weggegeben. In der Liebe dieser Individuen wird sich vor allem *begegnet.*

Begegnung und Verschmelzung sind entgegengesetzte Konzepte. Verschmelzung will individuelle Identität auflösen, Begegnung will sie bestehen lassen. Verschmelzung führt zum Verschwinden individuellen Daseins, Begegnung ist auf die Unterschiede zwischen den Partnern angewiesen.

Die Vorstellung der Liebe als Begegnung und damit die Bedeutung individueller Differenzen setzt sich zunehmend durch. Beispielsweise empfiehlt der Sexualtherapeut Ulrich Clement Paaren, deren Sexualität im versuchten Einswerden eingeschlafen ist, Anregungen für ihr Sexualleben aus den *individuellen sexuellen Differenzen* zu gewinnen.[82] Die Therapie sucht in der Verschiedenheit der Partner nach Möglichkeiten für ein neues gemeinsames sexuelles Erleben. Diese Suche ist – an die Bedeutung der Gefahr für intensives Erleben sei erinnert – nebenbei bemerkt ein gefährliches und damit spannendes Unterfangen. Gelingt es, kommen die Partner durch ihr Auseinandersein wieder zusammen.

Auch der amerikanische Paartherapeut David Schnarch weist auf die Nachteile der Verschmelzung hin. Bei ihm kann man Folgendes lesen:

Probleme in der Paarbeziehung sind häufiger ein Zeichen dafür, dass die Beziehung in Ordnung ist, und seltener ein Hinweis darauf, dass etwas nicht stimmt. Viele Streitigkeiten, Konfrontationen und Weigerungen, Kompromisse einzugehen, sind auf die gesunden Prozesse der Differenzierung zurückzuführen.[83]

Schnarch meint damit, dass vielen Beziehungen der Abstand fehlt, und weist darauf hin, dass Partner sich streiten, um diesen Abstand (wieder) zu finden. Viele Probleme lassen sich nach Schnarch dadurch lösen, dass auf Verschmelzung verzichtet und stattdessen die Unterschiedlichkeit der Partner anerkannt wird. Differenz kann die Liebe beleben. Weil Differenzen nicht gefahrenfrei offen gelegt werden können, vermögen sie das Interesse und die Leidenschaft der Partner füreinander zu entfachen.

Aus den zitierten Passagen können wir ableiten, dass sich die Idealisierung des Einswerdens in therapeutischen Kreisen nicht ungebrochen fortsetzt und sich wahrscheinlich ihrem Ende zuneigt. Psychischer Gleichklang und ein in allen Aspekten geteiltes Leben sind bei den Paaren nicht mehr gefragt. Der Soziologe Niklas Luhmann beschrieb einen Aspekt dieser Entwicklung bereits 1982:

*Nur wer noch heute vom Roman und von der Romantik
her denkt, kann überrascht sein, wenn er erfährt, dass Liebende
dem topos »shared action« (gemeinsame Unternehmungen)
und »shared values and goals« (gemeinsame Werte und Ziele)
keine überragende Bedeutung beimessen.*[84]

Dass gemeinsame Unternehmungen und gemeinsame Werte und Ziele in Paarbeziehungen nicht mehr die große Rolle spielen, die ihnen einst zukam, haben Soziologen ermittelt. Der Zwang und Drang zur Gemeinsamkeit löst sich auf. Niklas Luhmann hat diese Entwicklung im Begriff der »zwischenmenschlichen Interpenetration« erfasst. Durch diesen Begriff, sagt er, »wird die Metaphorik der Verschmelzung aufgelöst und ersetzt. Die Interpenetration bringt nicht verschiedene Systeme zur Einheit. Sie ist keine *unio mystica*.«[85]

Luhmanns Begriff beschreibt eine Beziehung als *Begegnungssystem*. Was sich aufeinander bezieht, verschmilzt nicht. Was sich begegnet, wird dadurch nicht eins. So löst die Sprache des Bezuges die Sprache der Verschmelzung ab, mit deren

Begriffen vor nicht allzu langer Zeit in der Soziologie noch hantiert wurde. Darauf weist die Soziologin Andrea Leupold hin:

Noch in der Mitte der 60er-Jahre konnte die Ehe mit kommunikativem Erfolg in der Soziologie als eine »totale Institution« dargestellt werden, die zwei Wirklichkeitsentwürfe zu einer homogenen Wirklichkeit zusammenschmilzt und darüber hinaus kaum ein »Außen« kennt.[86]

Für die alte Soziologie entstand eine Paarbeziehung, indem zwei Lebensentwürfe zu einer gemeinsamen inneren Welt verschmolzen, so, als ob zwei Psychen sich zu einer einzigen Psyche vereinen könnten. Wäre das möglich, wäre eine Beziehung quasi unauflösbar. Die neue Soziologie hat im Gegensatz dazu erkannt, dass gerade die Individuen zum *Außen* der Beziehung gehören. Das klingt komplizierter, als es ist. Psychen sind mit der Beziehung, die sie bilden, nicht identisch. Sie bilden die Beziehung dadurch, dass sie miteinander kommunizieren. Genau genommen bilden sie daher Umwelten für eine Beziehung, so wie die auf Seite 176 stehende Zeichnung es zeigt. Aus dieser Umwelt-Position heraus sind sie sowohl in der Lage, Beziehungen kommunikativ zu erschaffen, als auch, diese zu zerstören, einfach indem sie die Kommunikation gänzlich einstellen.

Der Unterschied zwischen Verschmelzen und Begegnen lässt sich an den beiden folgenden Zeichnungen recht gut visuell erläutern.

 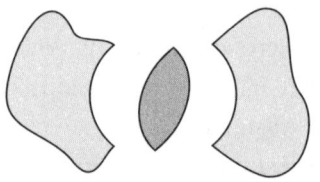

Diese Zeichnung zeigt zwei Psychen, die miteinander verschmelzen wollen. Diese Art der Darstellung ist in zahlreichen Partnerschaftsbüchern zu finden. Die Individualität der Partner ist zu einer unauflöslichen Einheit, dem so genannten »Paarkörper« verschmolzen.

In dieser Zeichnung werden zwei (unterschiedliche) Individuen und ihre intime Beziehung dargestellt. Diese Beziehung findet zwischen den Partnern statt. Die Psychen bleiben getrennt, sie ermöglichen durch ihren Bezug aufeinander die Beziehung, können sie aber auch auflösen oder zerstören.

Die rechte Zeichnung macht die enorme Bedeutung deutlich, die dem Abstand in der Liebe der Individuen zukommt.

ABSTAND GEWINNT IN DER LIEBE DER INDIVIDUEN AN BEDEUTUNG

Individualität bedeutet Abstand. Individualität sagt: die eine Psyche ist anders als die andere Psyche. Individualität bedeutet demnach vor allem: psychischer Abstand.

Diese Feststellung ist so einfach wie folgenreich. Sie empfiehlt den Partnern für den Fall, dass sie interessant und aufregend füreinander bleiben wollen, den psychischen Abstand zwischen sich zu erhalten. Auch David Schnarchs vorher zitierte Ansicht, Streitigkeiten, Konfrontationen und Weigerungen, Kompromisse einzugehen, seien auf »die gesunden Prozesse der Differenzierung« zurückzuführen, legt den Partnern nahe, psychischen Abstand voneinander zu nehmen.

Abstand scheint einer der Schlüsselbegriffe in der Liebe der Individuen zu sein. Waren die Partner früher stolz, jede Minute ihres Lebens miteinander zu verbringen und zu einem Paarkörper zu verschmelzen, was so weit ging, dass die Partner von »Wir« sprachen, auch wenn sie sich selbst meinten, ist Abstand für heutige Paare nicht nur selbstverständlich, sondern notwendig geworden. Individuelle Unterschiedlichkeit wird deshalb nicht bloß akzeptiert, sondern zunehmend als Voraussetzung für Begegnungen begriffen.

Ich komme auf die Bedeutung des Abstandes noch zurück, möchte aber zuvor das Thema Begegnung noch ausführen.

EINE LIEBESBEZIEHUNG ALS KETTE VON BEGEGNUNGEN

Wenn es heute so ist, dass Individuum und Beziehung gleich viel wert sind, und wenn es in Liebesbeziehungen weniger auf die Dauer und mehr auf intensive und intime *Begegnungen* ankommt, ergeben sich daraus Konsequenzen für die Vorstellungen, die sich Partner von ihrer Beziehung machen.

BEGEGNUNGEN ENDEN ...

Partner sprechen allgemein davon, eine Liebesbeziehung zu »haben«. Diese umgangssprachliche Formulierung entspricht zwar ihrem Empfinden, ist aber irreführend. Sie erweckt und festigt den Eindruck, es handle sich bei einer Beziehung um etwas Festes, Verlässliches, Gegenständliches. Eine Beziehung ist jedoch kein Gegenstand, den man zeigen und anfassen könnte, sondern ein lebendiger Vorgang. Man kann sie nicht haben, sondern nur – kommunikativ – führen, denn sie hängt davon ab, dass *gegenwärtig* Kommunikation stattfindet. Um Liebe mitzuteilen, müssen beide Partner anwesend sein und Liebe austauschen.

Eine Beziehung existiert daher nur in der Gegenwart der Partner. Sie endet wahrnehmungstheoretisch gesehen immer dann, wenn die Kommunikation der Partner endet. Dabei ist es unerheblich, ob es sich bei diesen Unterbrechungen um nur wenige Stunden oder um Tage oder Wochen handelt. Wenn keine Kommunikation abläuft, besteht auch keine Beziehung.

Natürlich empfinden Partner das anders. Sie meinen, auch dann eine Beziehung zu haben, wenn sie nicht in Kontakt miteinander sind. Doch nehmen wir an, zwei Partner wären eine Woche getrennt. Nun verliebt sich der eine bereits am ersten Tag unsterblich in jemand anderen und beschließt, seinen Partner zu verlassen, dieser erfährt aber erst am siebten Tag davon. Bis zu diesem Augenblick sprach er davon, eine Beziehung zu haben. Nun muss er feststellen, dass diese bereits seit Tagen gekündigt ist. Wenn der längst Verlassene dennoch von »seiner Beziehung« sprach, bezog er sich auf seine Erinnerungen und Erwartungen und nicht auf die erfahrene Gewissheit, noch in Beziehung zu sein.

Eine Liebesbeziehung ist im Rahmen dieses Buches als eine intime Kommunikation definiert, die *zwischen* zwei Menschen abläuft. Da man keine Beziehung zu einem Abwesenden führen kann, ist eine Beziehung entgegen den eigenen Empfindungen und der allgemeinen Vorstellung kein durchgängiges Phänomen. Sie endet im Grunde genommen pausenlos und muss, um fortgeführt zu werden, pausenlos wieder aufgenommen werden.

Konsequenterweise müsste man auf den Begriff Liebesbeziehung verzichten und nur noch von Liebesbegegnungen sprechen, aber die Umgangssprache würde dies sicherlich nicht nachvollziehen. Der Begriff Beziehung lässt sich dennoch erhalten, wenn man eine Beziehung als eine *Kette von Begegnungen* definiert. Diese Begegnungen enden und werden wieder aufgenommen, und solange das geschieht, setzt sich die Beziehung fort. So gesehen ist eine Liebesbeziehung mit einer Schmuckkette vergleichbar, auf die zahlreiche einzelne Begegnungen aufgefädelt sind.

Diese Sichtweise einer Beziehung mag ungewöhnlich erscheinen, aber sie ergibt Sinn, wie sich im Folgenden noch zeigen wird. Ihr größter Vorteil mag darin liegen, die Liebe nicht als selbstverständlich zu nehmen, nur weil es bisher relativ verlässlich zu Begegnungen kam.

... UND WERDEN WIEDER AUFGENOMMEN

Betrachten wir die Liebesbeziehung als eine Kette von Begegnungen, stellt sich die Frage, wie es den Partnern gelingt, die Beziehung immer wieder aufzunehmen. Dies geschieht über das, worüber die Partner verlässlich verfügen und was sie tatsächlich besitzen: über ihre *Erwartungen*.

Jede Begegnung hinterlässt in den Partnern bestimmte Erwartungen in Bezug auf die Zukunft. Diese Erwartungen ergeben sich aus der letzten Begegnung, aber sie enthalten noch wesentlich mehr Erinnerungen, beispielsweise Erfahrungen aus der Paargeschichte und darüber hinaus Erfahrungen aus der individuellen Lebensgeschichte. An diesem Erwartungsbündel setzt die erneute Beziehungsaufnahme an.

Mit ihren Erwartungen halten die Partner sozusagen einen Faden in der Hand, der es ihnen ermöglicht, die unterbrochene Liebeskommunikation wieder aufzunehmen. Solche Erwartungen darüber, wie es miteinander weitergehen soll, sind unverzichtbar, weil es ohne sie nicht weitergehen könnte, aber es liegt auch ein Haken darin, der für einen großen Teil der Beziehungsprobleme mit verantwortlich ist.

Nehmen wir zur Illustration dieses Hakens an, ein Paar habe eine wunderschöne Woche voller liebevoller Begegnungen miteinander verbracht und war anschließend einige Tage getrennt. Jetzt treffen sich die Partner wieder und freuen sich aufeinander. Es wird, davon gehen beide aus, wieder schön miteinander werden, vielleicht sogar noch schöner. Diese Erwartungen mögen verständlich sein, aber sie sind auch problematisch. Keiner weiß, in welchem Zustand der andere sein wird und wie er selbst darauf reagieren wird. Und es kann noch komplizierter kommen. Die freudigen Erwartungen der Partner beziehen sich womöglich nicht auf ein gemeinsames Empfinden. Vielleicht fand der eine Partner etwas anderes schön als der andere, und dann erwarten beide etwas Unterschiedliches. Der eine will vielleicht Sex, der andere Nähe.

Die Partner begegnen sich nun aufgrund von Erwartungen, welche zwischenzeitlich aufgetretene individuelle Veränderungen nicht enthalten. Solche individuellen Veränderungen mögen die Stimmung, die Gesundheit, die Bedürfnislage etc. betreffen und sind in der Beziehung noch nicht präsent, weil sie bisher nicht kommuniziert wurden.

BEZIEHUNGS-ERWARTUNGS-STÖRUNGEN

Wenn ein Partner entgegen gemeinsamer Erwartung beim Wiedersehen von Kopfschmerzen geplagt wird, ist das sicher leichter zu ertragen als die Nachricht, er habe sich zwischenzeitlich in jemand anderen verliebt. Aber in beiden Fällen werden Erwartungen frustriert, lediglich das Ausmaß der Frustration ist verschieden.

Das Bild einer Beziehung als einer Kette von Begegnungen lässt erahnen, dass Erwartungen beinah alltäglich enttäuscht werden. Partner sind weitaus öfter, als ihnen lieb ist, gezwungen, mit etwas kleinem und manchmal auch mit etwas großem Unerwartetem klarzukommen. Es ist daher nicht übertrieben zu sagen, dass Liebesbeziehungen im Grunde immer wieder oder sogar beinah ständig scheitern. Damit ist gemeint, dass die Beziehung, so wie man sie sich ausgemalt hat, nicht stattfindet. Was scheitert, sind die Vorstellungen der Partner. In einem solchen Fall wird automatisch von einer Beziehungsstörung gesprochen.

Doch Beziehungen sind niemals gestört. Sie weisen einen

erwünschten oder unerwünschten Zustand auf und führen zu erfreulichen oder unerfreulichen Begegnungen, aber sie sind immer so, wie sie sind.

Eine Beziehung mag unversehens zu einer Kampfbeziehung geraten oder zu einer langweiligen Beziehung oder zu einer angespannten oder leidenschaftlichen Beziehung. Sie ist einfach, wie sie ist. In Wirklichkeit sind die Partner gestört, weil ihre Erwartungen nicht erfüllt werden. Es wäre demnach zutreffender, von einer Beziehungserwartungs-Störung statt von einer Beziehungsstörung zu sprechen.

Der Begriff der Beziehungs-Erwartungs-Störung lässt das Scheitern weniger dramatisch erscheinen. Von einer Beziehungsstörung zu sprechen unterstellt den Partnern stillschweigend, sie hätten etwas falsch gemacht oder mit ihrer Beziehung würde irgendetwas nicht stimmen. Die Erwartungsstörung dagegen sagt lediglich, dass individuelle Veränderungen deutlich werden, mit denen keiner gerechnet hat und mit denen auch keiner rechnen konnte. In dieser entspannteren Sichtweise des Scheiterns liegt ein weiterer Vorteil, der sich aus dem Bild der Beziehung als Kette von Begegnungen ergibt.

BEZIEHUNGS-ERWARTUNGS-STÖRUNGEN SCHAFFEN ABSTAND

Halten wir fest: in Beziehungen wird ständig gegen Erwartungen verstoßen, weil laufend unerwartete individuelle Entwicklungen stattfinden. Einer sehnt sich nach Liebe, der andere nach Ruhe. Einer will erotische Begegnungen, aber der andere entzieht sich, weil ihm nicht danach ist. Einer will über etwas sprechen, aber der andere zeigt sich dem Thema gegenüber verschlossen. Einer will eine Entscheidung treffen, die der andere ablehnt. Einer hat eine zündende Idee für beide entwickelt, der andere will davon nichts wissen und so weiter und so fort.

Solche gescheiterten Erwartungen und die damit verbundenen Störungen auf Seiten der Partner lassen schlagartig den Abstand deutlich werden, der sich aufgrund individueller Entwicklungen zwischen ihnen – bisher unbemerkt – aufgetan hat. Die Partner reagieren auf diesen unerwarteten Abstand nicht selten mit Enttäuschung und der Klage, sich nicht zu verstehen. Insofern, ich werde nicht müde, es zu betonen, ist die Klage vom Nichtverstehen Teil jeder Beziehung und taucht darin, in wechselndem Umfang, vom Anfang bis zum Ende auf. Und immer drückt diese Klage das Bedauern oder den Schmerz darüber aus, an einem Punkt der Entwicklung nicht zusammenzukommen, sich nicht wie erwartet zu begegnen.

Es ist verständlich, dass Partner sich immer wieder und für immer in Liebe begegnen wollen. Die Erwartung der Liebe ist auf das ganze Leben und gefühlsmäßig sogar auf die Ewigkeit gerichtet. Liebe fühlt sich zeitlos an. Doch diese Erwartung, die darauf abzielt, dass jede Begegnung nahtlos an die nächste anschließt, muss scheitern. Sie scheitert nicht allein am Partner, der seine Individualität bewahren und leben will, sondern ebenso am eigenen Bedürfnis, die individuelle Identität zu erhalten.

Das Scheitern kleinster und größerer Erwartungen lässt sich als Abstand beschreiben, der sich unvermittelt zwischen den Individuen auftut. Diese Distanz fühlt sich gut oder schlecht an, je nachdem, wie die individuellen Bedürfnisse gerade ausfallen. Wem es zu eng wurde, der atmet im Abstand auf, und wer sich nach Liebe sehnt, der fühlt sich darin verloren. Unabhängig davon, wie er sich anfühlt, bietet Abstand den Partnern jedoch eine große Chance. Er vermittelt ihnen den Wunsch, erneut die Begegnung zu suchen. Damit stellt Abstand einen wichtigen Regulierungsfaktor in Liebesbeziehungen dar.

ABSTAND REGULIERT DIE LIEBE DER INDIVIDUEN

Abstand bildet die Dynamik der Liebe der Individuen ab. Einerseits wird er aufgesucht, weil er individuelle Entwicklungen ermöglicht, andererseits ist er gefürchtet und motiviert die Partner, erneut aufeinander zuzugehen. Auf Abstand kann in der Liebe nicht verzichtet werden, wenn Beziehungen lebendig und intensiv sein sollen.
Um die Überwindung von Abstand und um seine Wiederherstellung dreht sich in der Liebe der Individuen beinah alles.
Man sollte sich vom Abstand der Partner allerdings keine starre Vorstellung machen. Distanz kann unterschiedlichste Formen annehmen. Sie kann als körperlicher Abstand, als psychischer Abstand oder als räumlicher Abstand auftauchen oder als eine Mischung von alledem. Unabhängig von ihrer Erscheinungsform ist Distanz jedoch in jeder Beziehung zu finden, und sie setzt sich auch dann durch, wenn sie gemieden wird.

ABSTAND SETZT SICH DURCH
Manche Paare erachten ihre Beziehung als unproblematisch und harmonisch. Sie verbringen den gesamten Alltag miteinander und sind keine Minute getrennt. Wer diese Paare aufmerksam beobachtet, kann den Abstand, den sie halten, dennoch wahrnehmen. Sie sitzen stundenlang schweigend beieinander und schauen aneinander vorbei. Sie erzählen

sich kaum Intimes. Sie nehmen an den *inneren* Entwicklungen des anderen wenig Anteil. Obwohl sie ständig zusammen sind, halten sie viele ihrer Gedanken und Gefühle geheim, gerade solche, die Verwirrung in der Beziehung stiften könnten. Solche Paare erleben räumliche Nähe, halten aber psychische Distanz. Diese Fähigkeit, psychisch und auch emotional distanziert zu bleiben, war in den Beziehungen unserer Großeltern die bevorzugte Distanzform. Jeder machte seine Sorgen weitgehend mit sich selbst aus, man erzählte sich wenig und von persönlichem Wachstum war schon gar nicht die Rede. Dieser psychische Abstand ermöglichte es, die Beziehung auf Dauer auszurichten, gerade weil sich die Partner nicht verpflichtet fühlten, ihr Seelenleben offen zu legen und Individuelles zum Gegenstand der Kommunikation zu machen. Jeder konnte sein, wie er ist, er musste den Partner »lediglich« aushalten.

Andererseits lassen sich Paare beobachten, die ein hohes Maß an psychischer Übereinstimmung entwickeln. Sie erzählen sich viel und machen sich gegenseitig zu seelisch Vertrauten. Nach einigen Jahren finden sie sich mit der für sie erstaunlichen Tatsache konfrontiert, körperlich Abstand voneinander genommen zu haben. Das Begehren ist geschwunden, und es kommt nur noch selten zu sexuell aufregenden Begegnungen, was von den Partnern bedauert wird. In solchen Fällen kann der intime körperliche Bereich unbewusst zum Gebiet ohne Zutritt für den Partner erklärt worden sein. Der Körper wird zum autonomen Bereich, einem Reservat der Unabhängigkeit.[87] An der Oberfläche mag diese Distanzierung zur sexuellen Störung verharmlost werden im Sinne eines »Ich will ja, aber ich kann nicht«, darunter aber verbirgt sich das Bedürfnis, sich zumindest in einem Bereich unabhängig vom Partner zu erleben. Die fortschrittliche Sexualtherapie (siehe Ulrich Clement) spricht daher vom Nicht-Wollen statt vom Nicht-Können einer sexuellen Begegnung. Hinter dieser Verweigerung verbirgt sich oft ein individuelles Bedürfnis nach Getrenntheit, das anders nicht zum Zuge kommt.

Andere Paare öffnen sich dem Partner gegenüber emotional und psychisch und teilen all ihre Wünsche und Vorstellungen und Ängste und Hoffnungen mit. Damit ist die Erwartung verbunden, diese Offenbarungen mögen auf uneingeschränkte Annahme und ständige Bestätigung stoßen. Wird Individuelles aber permanent und massiv kommuniziert, stößt man zwangsläufig auch auf Unverständnis. Der Partner wird nicht alles toll finden und etliches sogar ablehnen. Das wird dann zum Anlass für Konflikte genommen. Die Partner streiten sich alsdann verbissen um Kleinigkeiten, um Worte und Bedeutungen, werden wütend aufeinander, sind verletzt und gehen sich schließlich eine Weile aus dem Weg. So schaffen sie räumlichen Abstand, weil ihnen emotionaler oder psychischer Abstand schwer fällt. Einem Außenstehenden mag ihr Verhalten sinnlos erscheinen, dennoch steckt das Bedürfnis nach Distanz dahinter. Wenn der Rauch verflogen ist, können die Partner sich wieder einander nähern, schütteln die Köpfe vor Unverständnis dem eigenen, scheinbar widersinnigen Verhalten gegenüber und lachen über ihre Sturheit. So kommen sie wieder zusammen.

ABSTAND VON DER BEZIEHUNG

Um seine Bedeutung für die individualisierten Partner zu beschreiben, reicht es meines Erachtens nicht mehr aus, vom Abstand *in* der Beziehung zu sprechen, so wie das häufig bereits geschieht. In dieser Formulierung erscheint die Beziehung nach wie vor umfassender und dem Individuum gegenüber vorrangig. Krass gesprochen erscheint die Beziehung als ein Gefängnis, in dem Gefangenen ein gewisser Freigang gewährt wird. Mit gefällt die Formulierung, Partner bräuchten Abstand *von* der Beziehung, wesentlich besser. Wenn das Individuum Abstand *von* der Beziehung hat, kann es erleben, wer es unabhängig von der Beziehung ist. Wenn es lediglich Abstand in der Beziehung hat, bleibt ihm diese Erfahrung weitgehend verwehrt.

Die Formulierung *Abstand von der Beziehung* weist zusätzlich darauf hin, dass auch räumlicher Abstand zwischen den Partnern unvermeidlich ist. Manche Psychologen meinen zwar, psychischer Abstand würde genügen, um der Differenzierung zwischen den Partnern gerecht zu werden. In dem Falle würde es genügen zu wissen, dass »ich anders bin« und der Partner ebenfalls, aber ansonsten könnte man ständig zusammen sein.

Ich bin da anderer Ansicht. In der Gegenwart seines Partners kann niemand wirksam alleine sein. Man kann nicht keine Beziehung haben, wenn der Partner anwesend ist. Man beobachtet sich selbst und man beobachtet, dass man beobachtet wird. Aufgrund dessen tut man andere Dinge, sagt man andere Dinge, verschweigt man andere Dinge. Wenn der Partner abwesend ist, genießt man einen sehr viel weiteren Bewegungsspielraum. Daher brauchen Partner Abstand *von* ihrer Beziehung, wenn sie erfahren wollen, wer sie unabhängig von der Beziehung sind.

Wird dem Bedürfnis nach Abstand von der Beziehung zu wenig Rechnung getragen, vermindern sich die Chancen, einander zu begegnen. Um intensive Nähe zu erleben, müssen die Partner erwartungsvoll aufeinander zugehen. Dabei legen sie einen emotionalen aufregenden Weg zurück, weil es ungewiss bleibt, ob sie zum Ziel gelangen. Die Anspannung dieser ungewissen Annäherung löst sich erst beim Zusammenkommen, und dadurch wird die Nähe intensiviert. Der Weg der Annäherung kann vom Erleben der Nähe nicht getrennt werden. Fehlt er, wird Nähe bedeutungsloser und schließlich vermisst.

Ich habe oben die Worte des Psychoanalytikers Dieter Wyss zitiert: »Die Bindung, nach der die Liebe natürlicherweise strebt, gräbt ihr auch das Grab.« Die Konsequenz hieraus lautet: damit die Liebe wieder auferstehen kann, muss die Bindung gelöst und erneut Abstand hergestellt werden.

Warum aber nehmen Partner zu wenig Abstand voneinander, wenn Abstand für die Liebe der Individuen einen derartigen Stellenwert hat? Paradoxerweise deshalb, weil sie eine gute Partnerschaft führen wollen.

ZU WENIG LIEBE
AUFGRUND ZU GUTER PARTNERSCHAFT

Es ist eine verblüffende Erkenntnis, dass zu wenig Abstand in einer Liebesbeziehung zu unbefriedigender Nähe führt. Der vorne schon zitierte Therapeut David Schnarch formuliert das sehr prägnant. Er betont, dass Probleme im sexuellen Bereich und Krisen in der Liebe häufig ein Zeichen dafür sind, dass die Partner ihre individuellen Unterschiede nicht genügend beachten.

Ein Emotionsstau entsteht, wenn sich die Differenzierung in einer Liebesbeziehung erschöpft hat. Er lässt sich nicht auf »gescheiterte Kommunikation« oder auf unüberwindbare Differenzen zurückführen.[88]

Wie kann sich eine Differenzierung »erschöpfen«? Indem die Partner versuchen, miteinander zu verschmelzen und eine Einheit zu werden und so unabsichtlich dafür sorgen, dass ihre Beziehungen verflachen. Welche Spannung kann entstehen, wenn sich extrem gesprochen *Gleiche* gegenüberstehen? Nichts Tiefes verbindet sie, nichts Überwältigendes passiert zwischen ihnen, kein Liebesgefühl stellt sich ein, sie dümpeln auf der Oberfläche einer bewährten Kommunikation dahin und langweilen sich in der auf Dauer vergleichsweise belanglosen Nähe. Im Versuch, irgendwie psychischen Abstand voneinander zu finden, brechen dann Konflikte aus. Der Emotionsstau, der sich darin entlädt, lässt sich nach Schnarch nicht darauf zurückführen, dass die Partner falsch kommunizieren oder zu verschieden sind. Ganz im Gegenteil. Die Liebe leidet an einer zu guten Partnerschaft.

Die Liebe soll an einer guten Partnerschaft leiden? Hören wir dazu wieder David Schnarch:

Ein Emotionsstau lässt sich nicht durch Kompromisse und Verhandlungen auflösen, weil eben die wiederholten Versuche, einen Kompromiss zu finden und Dinge auszuhandeln, und ebenso die dabei erzielten Erfolge den emotionalen Engpass hervorbringen.[89]

Die Partner haben sich im Versuch, ihren Lebensalltag miteinander zu regeln und die Liebe darin zu integrieren, aufeinander eingestellt. Sie haben sich dabei sehr partnerschaftlich verhalten, Kompromisse geschlossen und Verhandlungen geführt und waren darin erfolgreich. Auf diesem Weg haben sie jedoch, wie Schnarch es ausdrückt, ihre Differenzierung erschöpft, also ihre Individualität teilweise geopfert. Im Versuch, diese zurückzuerobern, geraten sie nun in Streit und Auseinandersetzungen. In dieser Situation tritt die paradoxe Situation der Liebe der Individuen zutage.

Ihre Liebe leidet, entgegen der verbreiteten Klagen der Beziehungstraditionalisten, nicht an zu viel Individualität, sondern an zu wenig Individualität.

Zu wenig individueller Bewegungsspielraum löst Aggressionen aus und lässt den von Schnarch so genannten Emotionsstau aus Ärger und Frustration entstehen, der aufgestaut wird, weil individuelle Unterschiede eingeebnet und geleugnet werden.

Damit zeichnet sich eine interessante Wende in der Beurteilung vieler Paarprobleme ab. Im Grunde wird der verbreiteten Auffassung widersprochen, es käme bei der so genannten Beziehungsgestaltung in erster Linie darauf an, Verhandlungsgeschick, kommunikative Kompetenz und gegenseitige Rücksichtnahme zu entwickeln. Ein Beispiel für diese traditionelle Sichtweise gibt die Psychoanalytikerin Ethel Person. Sie beschreibt die »Institutionalisierung ihres gemeinsamen Lebens« als dringliche Aufgabe des Paares und empfiehlt den Partnern, »damit die Liebe sich weiterentwickeln kann, müssen sie Kompromisse schließen, die strittigen Punkte regeln und ihre Zusammengehörigkeit bekräftigen. Das Paar, das ›Wir‹, muss obenan gestellt werden.«[90]

LIEBE ODER PARTNERSCHAFT?

Welche Empfehlung der Experten ist nun richtig? Einmal wird den Partnern zur Förderung der Liebe zum Kompromiss geraten, dann wieder wird ihnen gesagt, dass Kompromisse und Rücksichtnahmen ihre Liebe einschränken.

Diese beiden Positionen lassen sich nicht vereinbaren, weil sie etwas völlig Unterschiedliches beschreiben. Schnarch bezieht sich auf die Liebe, während Person zwar von Liebe spricht, tatsächlich aber partnerschaftliches Verhalten beschreibt. Person versucht, der Beziehung Vorrang einzuräumen, indem sie das ›Wir‹ an oberste Stelle setzt und Kompromisse und Verhandlungen nahe legt. Genau in solchen Verhandlungen und Regelungen sieht David Schnarch die Gefährdung der Liebe begründet. Würde Persons Standpunkt zutreffen, hätten sich Partner, die Liebe und intensive Nähe vermissen, nicht partnerschaftlich genug verhalten und strittige Punkte nicht geklärt.

Doch das glatte Gegenteil ist der Fall: Partner, die unter mangelnder Intensität ihrer Liebesbeziehung leiden, gehen mit der Liebe so um, als ob es sich dabei um Partnerschaft handeln würde.

Doch Liebe und Partnerschaft sind nicht identisch. Die fehlende Unterscheidung dieser beiden Bindungsmotive steht auch hinter einem anderen Streitthema, das immer wieder in den Medien auftaucht. Es geht um die Frage, ob die Liebe auf Partner angewiesen ist, die möglichst gleich sind, oder ob sie möglichst unterschiedliche Partner braucht. Wer so fragt, sieht nicht, dass er von zwei verschiedenen Arten der Liebe spricht und dass partnerschaftliche Liebe möglichst gleiche Partner braucht, emotional-leidenschaftliche Liebe hingegen möglichst unterschiedliche.

Weil Liebe und Partnerschaft nicht gleichbedeutend sind, dürfen sie nicht miteinander gleichgesetzt werden. Leider tun das viele professionelle Beziehungsgestalter. Sie entwerfen so genannte Spielregeln der Liebe oder decken so genannte Geheimnisse der Liebe auf und merken nicht, dass sie mit der Partnerschaft befasst sind und nicht mit der Liebe. Bei ihren Versprechungen, Liebesbeziehungen seien entsprechend der angeblich entdeckten Regeln willentlich gestaltbar, haben sie die Partnerbeziehung im Auge, nicht die Liebesbeziehung. Gegen die Vermischung dieser beiden Beziehungsformen habe ich mich bereits in meinem Buch *Mythos Liebe*[91] gewandt.

Halten wir also fest: Partner haben insgesamt wenig Probleme mit der Liebe, sie verlieben sich problemfrei und unabhängig von therapeutischer Wegweisung und erleben diese Liebe eine ganze Weile lang intensiv. Partner haben ebenfalls keine Probleme mit partnerschaftlichem Verhalten, das ihnen ebenfalls unabhängig von psychologischer Hilfestellung gelingt.

Partner haben aber große Probleme damit, Liebe und Partner-

schaft in einer auf Dauer angelegten Beziehung zufrieden stellend miteinander zu verbinden.

Dieses Problem tritt im Alltag hervor, wenn die Partner einige Jahre miteinander leben und die Phase anfänglicher Verliebtheit hinter ihnen liegt. Dann verfangen sie sich im Wirrwarr zweier unterschiedlicher Bindungsmotive. Verfolgen wir die Unterschiede und das Zusammenspiel von Liebe und Partnerschaft also etwas genauer.

Teil 3
LIEBESBEZIEHUNG UND PARTNERBEZIEHUNG
UND WIE DIE CHANCEN STEHEN, BEIDES
MITEINANDER ZU LEBEN

LIEBE UND PARTNERSCHAFT SIND ZWEI PAAR SCHUHE

Uns stehen drei Begriffe zur Verfügung, um die Zusammenhänge zu begreifen. Das sind die Begriffe Beziehung, Liebe und Partnerschaft. Lassen Sie mich diese drei Begriffe im Kontext dieses Buches kurz definieren.

Der Begriff *Paarbeziehung* (hier oft nur *Beziehung*) bezeichnet die Verbindung zweier Menschen, die sich durch Liebe *und* ein partnerschaftlich geteiltes Leben aneinander gebunden fühlen. Bei dem Wort Beziehung handelt es sich um einen Oberbegriff, der in diesem umfassenden Sinn erst seit kurzem gebraucht wird, seit etwas mehr als 200 Jahren. Davor haben die Menschen zwischen einer Liebe innerhalb der Ehe und einer Liebe außerhalb der Ehe unterschieden.

Wodurch hat sich die Liebe in der Ehe ausgezeichnet? Sie war partnerschaftliche Liebe, eine Verbindung, deren Ziel in einer gemeinsamen Lebensbewältigung bestand. Obwohl die meisten der damaligen Ehen von Eltern arrangiert waren, konnten Partner durchaus eine vertrauensvolle und verlässliche und auch liebevolle Verbindung zueinander aufbauen. Diese Liebe zwischen Eheleuten wurde im Mittelalter allerdings als Freundschaft begriffen und auch so bezeichnet. Die Ehepartner konnten, was keineswegs die Regel war, Zuneigung füreinander aufbringen, und sie konnten dankbar sein, wenn sie in gegenseitiger Pflichterfüllung – siehe Rollenverhalten – das Leben gemeinsam meisterten. Die leidenschaftliche Liebe war ihnen untersagt, und wenn sie dennoch vorkam, musste sie heimlich gelebt werden. Leidenschaftliche Liebe zwischen Eheleuten galt im Mittelalter als Sünde.

Der ehelichen Liebe gegenüber stand die Liebe außerhalb der Ehe. Diese war emotional und sinnlich und wurde nicht nur von den Römern als die wahre Liebe begriffen. Hier fand leidenschaftliche Sexualität statt, hier verlor man sein Herz und die Sinne, hier löste sich das Ich in den Armen des Geliebten auf. Da sie als notwendig und unverzichtbar angesehen wurde, war diese Liebe gesellschaftlich akzeptiert und völlig legal. Das änderte sich erst gegen Ende des Mittelalters, nachdem es der Kirche gelungen war, die leidenschaftliche Liebe zu diskriminieren und außereheliche Beziehungen grundsätzlich als Sünde zu brandmarken. Aber natürlich war die leidenschaftliche Liebe nicht aus der Welt zu schaffen. Sie erlebte in der Romantik sogar eine Renaissance und wurde dort als die einzig wahre Liebe gefeiert.

Im bürgerlichen Liebesideal kam dann die Vorstellung auf, die beiden Liebesformen – die eheliche und die außereheliche – miteinander zu vereinen. Es hat sich in den letzten beiden Jahrhunderten aber gezeigt, dass sich Liebe und Partnerschaft keineswegs reibungslos miteinander vertragen. Ganz im Gegenteil: seit die Leidenschaft in die Ehe getragen wird, löst sich die Ehe langsam, aber sicher auf. Immer weniger Menschen wollen heiraten, und immer mehr lassen sich scheiden. An der prinzipiellen Unterschiedlichkeit leidenschaftlich-emotionaler und partnerschaftlicher Liebe haben auch die therapeutischen Bemühungen der letzten Jahrzehnte, sie zu vereinen, nichts geändert. Liebe und Partnerschaft bleiben zwei Paar Schuhe. Wer die Paarliebe begreifen will, kommt nicht umhin, sie zu unterscheiden.

Um die beiden unterschiedlichen Bindungsmotive auseinander halten zu können, empfiehlt es sich, den Oberbegriff Paarbeziehung oder Beziehung in die Begriffe *Liebesbeziehung* und *Partnerbeziehung* aufzulösen. Ebenso gut kann man von *leidenschaftlich-emotionaler Liebe* und *partnerschaftlicher Liebe* sprechen. Diese Formulierungen liegen mir fast näher, da beide den Aspekt tiefer Verbundenheit im Begriff Liebe betonen, aber um der begrifflichen Einfachheit halber spreche ich von Liebe und Partnerschaft.

Die Erkenntnis, dass eine Beziehung mit Liebe und Partnerschaft über zwei unterschiedliche Motive verfügt, wurde bereits in den 1980er-Jahren formuliert.[92] Doch es scheint, dass dieses Wissen in der Paartherapie erst seit wenigen Jahren und nur zögerlich berücksichtigt wird.[93] Im Jahr 2004 fand, von dem bekannten Schweizer Therapeuten Jürg Willi organisiert, erstmals ein Paartherapiekongress statt, der »im Focus die Liebe« hatte und der das allseits beklagte Schwinden der Liebe in Paarbeziehungen thematisierte.[94]

Bis dahin trat die Paartherapie vorwiegend als Komplize der Partnerschaft auf und vernachlässigte die Dimension der Liebe. Den Ratsuchenden wurde partnerschaftliches Verhalten empfohlen, und es wurde stillschweigend davon ausgegangen, dass ihre Liebe automatisch davon profitieren würde. Inzwischen ist allerdings nicht mehr zu übersehen, dass immer mehr Paare gute Partnerschaften führen und ihnen die Liebe trotzdem abhanden kommt. Seither versucht auch die Paartherapie verstärkt auf die Liebe einzugehen.

Es gibt so wesentliche Unterschiede zwischen diesen beiden Bindungsformen, dass man sie als zwei Paar Schuhe betrachten kann. Schaut man sich die beiden unterschiedlichen Liebesformen – man könnte auch sagen: die beiden unterschiedlichen Kommunikationsformen – etwas näher an, wird schnell deutlich, welche Probleme durch ihre Vermischung und Gleichsetzung entstehen.

DIE LIEBESKOMMUNIKATION

Ich habe die Liebe hier als Verbundenheit bezeichnet und als ein Kommunikationsphänomen beschrieben. Die Liebe als Kommunikation sollte nicht mit dem Gefühl der Liebe verwechselt werden.

Kommunizierte Liebe läuft *zwischen* den Partnern ab, während die gefühlte Liebe im *Inneren der Partner* stattfindet. Das Gefühl Liebe lässt beim Liebenden den Eindruck entstehen, seine eigenen Grenzen zu überschreiten und mit dem Partner zu verschmelzen, eben jenes Gefühl der Einheit, auf das Menschen von Zeit zu Zeit angewiesen sind. Dieses Gefühl stellt sich ein, wenn ein Partner Liebe empfindet, sie kommuniziert und der andere ebenfalls Liebesgefühle entwickelt und mit Liebe antwortet. Das Gefühl der Liebe wird Ihnen vertraut sein. Wie aber funktioniert die Liebeskommunikation, dieser sehr spezielle intime Austausch, im Detail?

Um Liebe auszutauschen, muss die Kommunikation der Partner auf eine spezielle Weise beschaffen sein. Das lässt sich vielleicht am ehesten beispielhaft erläutern. Gehen wir davon aus, dass sich zwei Menschen sympathisch finden. Wie müssten sie sich idealerweise verhalten und was erleben, um sich heftig ineinander zu verlieben? Aus der Perspektive der Partner betrachtet liefe ungefähr Folgendes ab:

»Der andere scheint an mir interessiert zu sein und mich faszinierend zu finden. Das merke ich daran, wie er mich anblickt. Ich werde ihm ebenfalls zeigen, dass er mir gefällt, und schaue ihm länger und tiefer in die Augen, als das normalerweise geschieht. Unsere Blicke ziehen sich an und bringen uns nah. Im Laufe unseres Kontakts antworte ich auf seine Gedanken, Gefühle und Gesten, indem ich darauf bezogen handle. Wenn er traurig wirkt, tröste ich ihn mit Gesten oder Blicken oder Worten oder muntere ihn auf. Wenn er lacht, lache ich mit ihm. Wenn er sich beklagt, bringe ich Verständnis auf. Meine Beachtung seines persönlichen Erlebens zeigt ihm, dass er gemeint ist und mir etwas an ihm liegt. Niemand sonst geht so auf ihn ein, wie ich es jetzt tue. Da er das Gleiche mit mir macht, beginnen wir, einzigartig füreinander zu werden. Er lernt mich nun als die Person kennen, als die ich mich zeige. Ich folge bei meiner Selbstdarstellung dem fast untrüglichen Gespür dafür, welche Seiten von mir ankommen und von ihm bestätigt werden. Und weil er dasselbe mir gegenüber tut, bauen wir ein faszinierendes Bild voneinander auf. Wir haben bald das Gefühl, uns gut zu verstehen und uns bereits ein ganzes Leben lang zu kennen. Ich erzähle ihm Dinge, die ich sonst niemandem erzähle, und er öffnet sich mir gegenüber in gleicher Weise. Sein Öffnen gibt mir die Möglichkeit, mich zu öffnen und mich als den zu lieben, den er in mir sieht. Unsere ausgewählten Mitteilungen lassen uns glauben, wir könnten einander bis ins Innerste schauen. Wir spüren starke Liebesgefühle. Kein Thema, das ihn persönlich betrifft, wird von mir ignoriert. Ich bin für ihn da, wenn er mich braucht. So beweisen wir uns Liebe und bauen ein makelloses Bild voneinander und von unserer Beziehung auf.«

So weit die ideale Kommunikation der Liebe. Wird auf diese Art und Weise kommuniziert, stehen die Chancen gut, sich bis über beide Ohren ineinander zu verlieben und eine

Liebesbeziehung aufzubauen. Natürlich wird dieses Verhalten weniger extrem sein, wenn die erste Verliebtheitsphase abgeklungen ist, aber wenn eine Liebesbeziehung bestehen bleiben soll, muss *Wesentliches* dieser Kommunikation zumindest in Abständen immer wieder auftauchen.

Wenn beide Partner wie beschrieben miteinander kommunizieren, können die Spiegelneuronen ihre Aktivität entfalten und ihren Beitrag zum Gefühl der Liebe und dem Eindruck völligen Verstehens leisten. Die Spiegelneuronen, ich habe ihr Wirken bereits beschrieben, werden im Gehirn eines Menschen aktiv, wenn er an anderen Menschen ein Erleben oder Verhalten beobachtet, das er von sich selbst her kennt. Die Beobachtung ruft dann ein ähnliches Gefühl beim Beobachter hervor, und zwar über die Ausschüttung entsprechender Hormone und Botenstoffe. Beobachtet ein Partner beim anderen Traurigkeit, kann er dieses Gefühl aufgrund der Spiegelneuronen nachfühlen. Gleiches gilt für das Gefühl Liebe. Dieses Gefühl wird beim anderen – anhand der damit verbundenen Äußerungen und Zärtlichkeiten – entdeckt und kann dadurch auch beim Beobachter hervorgerufen werden. Die Liebespartner teilen sich »geheime«, weil sehr intime Regungen mit, die niemand anderes zu sehen und zu fühlen bekommt, und entwickeln daher ein besonders tiefgehendes Mitgefühl und Verständnis füreinander. Sie lassen sich buchstäblich aufeinander ein.

Untermauern wir diese Kommunikation der Liebe, die Liebesgefühle zugleich ausdrücken und hervorrufen kann, mit etwas Theorie und betrachten wir ihre vier wesentlichen Merkmale.

HÖCHSTPERSÖNLICHE KOMMUNIKATION

Eine Liebesbeziehung wird zu einer solchen, indem sie sich von anderen Beziehungen unterscheidet. In der Liebe wird zutiefst Persönliches kommuniziert, das in den übrigen, meist unpersönlichen Beziehungen nicht vorkommt, weil es dort nicht gebraucht wird oder sogar massiv stören würde. Beispielsweise wird niemand dem zukünftigen Vermieter von den eigenen Zukunftsängsten erzählen, weil das diesen davon abhalten könnte, den Mietvertrag zu unterschreiben. Der Arbeitgeber erfährt nichts von erotischen Vorlieben, und Freunde verschont man vor nahem Körperkontakt. Es gibt eine Menge Individuelles, das in den vielfältigen unpersönlichen und auch in persönlichen Beziehungen wie den Freundschaften nicht vorkommt. Hinzu kommt, dass es aufgrund einer gesteigerten Individualität heute mehr Persönliches als jemals zuvor in der Geschichte gibt.

Wohin also damit? In die Liebesbeziehung! Hier ist das Individuelle nicht nur willkommen, hier wird es dringend *gebraucht*, um dieser Beziehung ihre Einzigartigkeit zu verleihen. Bei solch Individuellem handelt es sich beispielsweise um Einstellungen, Gefühle, Vorlieben, Ängste, Hoffnungen, Träume, Gedanken, Sehnsüchte, Bedürfnisse einschließlich sexueller Bedürfnisse und das damit verbundene Verhalten. Eben um das intime Innenleben. Dieses wird dem Liebespartner offenbart und in vergleichbarer Weise sonst niemandem. Man mag einwenden, dass auch in Freundschaften intime Kommunikation stattfindet, etwa mit dem besten Freund oder der besten Freundin. Diese bleibt aber vergleichsweise an der Oberfläche, sie beschränkt sich meist aufs Verbale. Man erzählt dem besten Freund vieles, beispielsweise die Tatsache, dass man in der Partnerschaft eifersüchtig ist, aber diese Eifersucht bekommt der Freund weder zu sehen noch zu spüren.

Er wird nicht mit sexuellen Bedürfnissen konfrontiert, nicht geküsst, man schaut ihn nicht sehnsüchtig an, man ist nicht sauer auf ihn, wenn er andere Leute attraktiv findet, man erwartet von ihm keine Geborgenheit, man plant mit ihm keine Zukunft, man lässt sich ihm gegenüber nicht gehen. Der Liebespartner jedoch lernt die intimen Seiten kennen und spüren, und je länger die Beziehung dauert, desto mehr der anfangs noch verborgenen Persönlichkeitsaspekte werden für ihn sichtbar, weil man sich dem Partner gegenüber sehr viel weniger kontrolliert, als man das in anderen Beziehungen tut.

Wie gesagt, wird dieses zurückgehaltene Intime in der Liebesbeziehung gebraucht, und weil es dort unterkommen kann, braucht man eine Liebesbeziehung. In ihr muss man deshalb für das Persönliche des Partners offen sein und teilt selbst Persönliches mit. Das klingt vielleicht etwas streng, doch Liebe wird nicht zufällig als »individualitätszentrierte Kommunikation« bezeichnet. Wenn die Bedingungen dieser intimen Kommunikation nicht erfüllt werden, wird sich kein Liebesgefühl einstellen. Zeigt sich ein Partner dauerhaft verschlossen und interessiert er sich nicht für das Persönliche des anderen, wird dieser sich nicht geliebt fühlen und die Beziehung nicht als eine Liebesbeziehung ansehen. Er wird den Eindruck bekommen, sich bestenfalls in einer Freundschaft aufzuhalten.

GEGENSEITIGE BESTÄTIGUNG

Durch die Liebeskommunikation liefert man sich dem Partner in einer sonst nicht gekannten intimen Weise aus. Die Liebe macht es den Partnern gleichzeitig zur Pflicht und zum Bedürfnis, sich voreinander zu offenbaren. Dahinter steckt ein Sinn – der Sinn gegenseitiger Bestätigung. Weil Höchstpersönliches in den übrigen menschlichen Beziehungen nicht mitgeteilt wird, kann es dort auch keine Bestätigung finden. Deshalb sind Individuen in Bezug auf Persönliches immer mehr oder weniger verunsichert. Der isolierte Einzelne ist sich unsicher, ob er so, wie er ist, liebenswert und begehrenswert – mit anderen Worten verbindungswürdig – ist. Daraus resultiert ein unerfülltes Bedürfnis nach Bestätigung.

Der erfolgreiche Geschäftsmann / die erfolgreiche Geschäftsfrau werden ihre persönlichen Zweifel und Lebensängste keinem Menschen anvertrauen und folglich mit diesen Empfindungen alleine sein. Die Chance, hierfür Bestätigung zu finden, ergibt sich erst in einer Liebesbeziehung. Dort können die Partner sich mit ihren Ängsten, Hoffnungen oder Freuden zeigen und dafür Anerkennung erhalten. Auch bei emotionalen, zärtlichen und intimen körperlichen Bedürfnissen wie der Sexualität kann man auf Erwiderung hoffen und im gegenseitigen Begehren einander dafür Bestätigung geben. Dem durch Selbstoffenbarung gezeigten »So bin ich« folgt in der Liebesbeziehung das bestätigende »Ich finde dich gut«. Und weil der Partner mich gut findet und mich liebt, kann ich mich selbst auch gut finden und lieben. Selbstoffenbarung und Selbstbestätigung fördern sich gegenseitig. Gleichzeitig räumt das demonstrierte eigene Sosein dem Partner die Möglichkeit *seines* Soseins ein.

Durch das Zusammensein mit dem Liebespartner werden sogar solche Seiten der Persönlichkeit bestätigt, die dem anderen missfallen oder ihn abstoßen. Wenn ein Partner regelmäßig schreit oder lügt oder nervt oder sonst wie unangenehm auftritt und der andere dennoch bei ihm bleibt, wenn er ihn *trotzdem* liebt, gerät dies zur unausgesprochenen Bestätigung, selbst damit grundsätzlich gut und liebenswert zu sein.

Das intime Erleben zu zeigen und dafür bestätigt zu werden ist ein zentrales Element der Liebe der Individuen. Die große Bedeutung gegenseitiger Bestätigung für die moderne Liebe erklärt beispielsweise, warum sich Menschen ineinander verlieben können, die sich nicht persönlich, sondern lediglich übers Internet kennen. Sie verfügen weder über visuelle noch über körperliche Eindrücke voneinander, beschreiben ihre elektronische Liebe aber dennoch als tief, intensiv und wahrhaftig. Diese Leute erhalten, gerade weil sie anonym füreinander sind, sich in besonderer Weise öffnen und sich alles Mögliche und Unmögliche mitteilen, Bestätigung für individuelle Seiten, von denen sonst niemand etwas erfährt, oft nicht einmal der eigene Ehepartner.

In einer Umfrage, die Psychologen der Münchener Ludwig-Maximilians-Universität unter 663 Langzeitpaaren durchführten, wurden als wesentliche Merkmale einer guten Langzeitbeziehung Toleranz und Akzeptanz genannt. Beides sind Merkmale für gegenseitige Bestätigung, und sie verwiesen Zärtlichkeit und Sex auf die hinteren Plätze. Auch dieses Ergebnis weist darauf hin, wie sehr Partner auf gegenseitige Bestätigung angewiesen sind (und erklärt nebenbei, warum auch in einer Partnerschaft Liebesgefühle entstehen können). Die Bestätigung individueller Eigenarten baut das Individuum auf und ermöglicht ihm Liebesgefühle, Zufriedenheit und Glück dadurch, dass es sich angenommen fühlt.

»FÜR DICH«-ASPEKTE DES HANDELNS
Es gibt neben der Selbstoffenbarung weitere Verhaltensweisen, die nur dem Liebespartner gegenüber gezeigt werden. Dazu gehört das »Für-dich-Handeln«, das den einzigartigen Stellenwert betont, den der andere für einen selbst einnimmt.

Zeuge eines solchen Verhaltens wurde ich vor Jahren in der Nähe eines Campingplatzes. In einer Gruppe junger Leute saß am Rande eines Sees ein Mädchen, das offensichtlich fror. Ein junger Mann, der ein Auge auf das Mädchen geworfen hatte, stand wortlos auf, lief einen Kilometer zu seinem Zelt, holte eine Weste, lief den Kilometer zurück und bot seiner Auserwählten die Weste an. Sie lehnte dankend ab, denn inzwischen fror sie nicht mehr. Der junge Mann war jedoch nicht beleidigt, sondern er lachte und meinte, es würde ihm nichts ausmachen. Tatsächlich machte es ihm nichts aus, denn das Ziel seiner Handlung bestand darin, etwas »für sie« zu tun, und dieses Ziel hatte er erreicht.

Bezeichnet wird ein solches Handeln als die *Notwendigkeit, in der Liebe auf das Erleben des Partners mit eigenem Handeln* zu antworten. Der junge Mann antwortete auf das Erleben »frieren« des Mädchens mit einer Handlung, er brachte eine Weste, und es war offensichtlich, dass er das für ein anderes Mädchen nicht getan hätte.

Ein Liebespartner erwartet vom anderen, dass er etwas Besonderes für ihn tut, etwas, zu dem nur ein Liebespartner aufgefordert und fähig ist. Wenn ein Partner beispielsweise signalisiert, erschöpft zu sein, ist der andere zu einer Geste oder Handlung aufgefordert, etwa dazu, dem Partner über den Kopf zu streichen oder ihm eine kleine Nackenmassage zukommen zu lassen, zumindest eine ermutigende Bemerkung zu machen, irgendetwas, das zeigt, dass man den Zustand des Partners wahrgenommen hat und mit ihm fühlt.

Es kommt in der Liebe der Individuen darauf an, dem Partner zu zeigen, dass er in der eigenen Welt eine wichtige, vielleicht sogar die wichtigste Rolle spielt. Um das zu tun, beobachtet ein Liebespartner sein Gegenüber permanent und wartet auf eine Chance, Liebe mitzuteilen. Dazu reagiert er auf geringste Äußerungen wie beispielsweise Freude, Trauer oder Bedürftigkeit mit Zuwendung. An dieser Handlung erkennt der andere Partner, dass er mit den Augen eines Liebenden beobachtet wird. Wenn dieses »Für-dich-Handeln« in beide Richtungen abläuft, kann man davon ausgehen, dass die Kommunikation der Liebe funktioniert.

Umgekehrt gilt: kann ein Partner bei seinen Beobachtungen nichts entdecken, das nur ihm gilt, fühlt er sich nicht als Liebespartner gemeint, sondern vielleicht als Freund oder als Bekannter oder im Extremfall sogar als Fremder. Die Notwendigkeit, auf das intime Erleben des Partners mit eigenem Handeln zu reagieren, kann man daher zugleich als Privileg und als Pflicht der Liebespartner bezeichnen.

FREIWILLIGKEIT DES HANDELNS

Die Kommunikation der Liebe stellt weitere Anforderungen. Die Handlung, die dem Erleben des Partners folgt, darf nicht erst nach Aufforderung erfolgen, sondern muss dem ausdrücklichen Verlangen des Partners zuvorkommen. Das Mädchen im Zeltlager hat den jungen Mann nicht aufgefordert, ihm eine Weste zu holen. Er hat das von sich aus und stillschweigend getan. Eine eingeforderte Liebeshandlung ist bestenfalls eine halbe Liebeshandlung, sie wird auf Dauer nicht als Ausdruck von Liebe gewertet. Dann lautet der Vorwurf: »Du tust es ja nur, weil ich es fordere, aber nicht von selbst und nicht gerne und nicht, weil du mich liebst!«

Die Liebeshandlung des einen muss dem ausgesprochenen Verlangen des anderen Partners vorauseilen, und sie muss freiwillig und als Ausdruck des eigenen Liebesbedürfnisses getan werden. Aus diesen Gründen nutzen die in zahllosen Beziehungsratgebern vermittelten Tipps, dem Partner beispielsweise »Blumen nicht nur an Feiertagen« zu schenken, auch herzlich wenig. Sie unterschätzen die Fähigkeit der Partner, sich zu beobachten, wie es nur Liebespartner zu tun vermögen. Liebespartner nehmen nämlich deutlich wahr, ob es sich bei Aufmerksamkeiten um pflichtgemäße Routinehandlungen oder um aufrichtige Zuwendungen handelt und ob es dem Schenkenden ein Bedürfnis ist und Freude bereitet, zu schenken.

In der Liebe kommt es darauf an, zu schenken und sich beschenken zu lassen. Deshalb erschüttert es Liebesgefühle, wenn etwas, das man dem Partner zuliebe tut, von diesem zurückgewiesen wird. Ob man für ihn kocht, den Schrank repariert, ihm einen Gegenstand schenkt oder sonst etwas tut, wozu die Liebe auffordert – wenn Derartiges nicht angenommen wird, entsteht schnell der Eindruck, der Partner sei nicht mehr an der Liebe zu ihm interessiert.

DAS GESCHENK DER LIEBE

Mit höchstpersönlichen Mitteilungen, gegenseitiger Bestätigung und freiwilligem und zuvorkommendem »Für-dich-Handeln« sind die wesentlichen Merkmale einer Kommunikation der Liebe beschrieben. Diese systematische Darlegung könnte eventuell den Eindruck erzeugen, die Kommunikation der Liebe sei willentlich steuerbar. Aber wenn das der Fall wäre, würden Liebesbeziehungen nicht enden und Millionen Partner wären nicht auf der Suche danach.

Die Liebe kann dem Willen nicht zur Verfügung stehen, weil ihre Aufgabe darin besteht, das Ich zu überwinden. Könnte das Ich die Liebe steuern, wäre es größer als die Liebe und könnte von ihr nicht überwältigt werden. Dann würde der Mensch sich ewig und ohne Unterbrechung in seiner Psyche gefangen fühlen. Nur deshalb, weil sie die Liebe nicht beschließen können, fühlen sich die Partner von der Liebe beschenkt. Sie haben die Liebe ersehnt und erhofft, und nun ist sie da. Das Individuum fühlt sich überwältigt von ihr und gibt sich ihr hin.

Diese mit der Liebe verbundene Öffnung kann einen Menschen aus Gewohnheiten und Starre befreien und damit seine Identität – seine Vorstellung von sich selbst – verändern. Diese wichtige Aufgabe der Liebe wird von vielen Psychologen leider nicht entsprechend gewürdigt. Mit großer Überheblichkeit wird zuweilen von der Verliebtheit als einer unreifen Form der Liebe gesprochen, sie wird auf ungelöste Kindheitserlebnisse oder kindliche Symbiosesehnsüchte reduziert. Damit tut man der Liebe unrecht. Sie hilft wie keine andere Kraft dabei, eine alte, zur Behinderung gewordene Identität über Bord zu werfen, und bringt Menschen dazu, das Wagnis einzugehen, eine neue Vorstellung von sich selbst aufzubauen.

Die Liebe ist Liebe, weil sie dem Willen nicht gehorcht, weil sie für das Bewusstsein ein großes Rätsel ist. Liebe ist unwillkürlich. Ganz anders die partnerschaftliche Kommunikation. Sie folgt einer anderen Logik.

DIE PARTNERSCHAFTLICHE KOMMUNIKATION

Eine Liebesbeziehung folgt unbewussten Kräften und Motiven. Bei einer Partnerbeziehung verhält sich das anders. In ihr geht es nicht um Selbstüberwindung, Selbsttranszendenz und Hingabe, sondern darum, das alltägliche Zusammenleben zu regeln. Bei dieser Aufgabe spielt das Bewusstsein eine sehr viel größere Rolle.

Die traditionelle Form einer Partnerbeziehung ist die Ehe. Die Ehepartner wurden bis ins 20. Jahrhundert hinein von den Eltern der Ehepartner danach ausgesucht, ob sie ihre Aufgaben erfüllen konnten. Die Aufgaben der Ehe standen eindeutig fest: sie diente als Produktionsgemeinschaft, sie galt der Zeugung legalen Nachwuchses und der Vererbung des Vermögens. Die Ehe war eine soziale und rechtliche Institution, in der die Aufgaben geschlechtsspezifisch verteilt waren. Die Eheleute waren zwar nicht gleichberechtigt, dennoch verhielten sie sich partnerschaftlich, indem jeder seinen Teil zur Lebensgemeinschaft hinzutat.

Die ökonomische und soziale Entwicklung hat Paarbeziehungen inzwischen von den oben genannten Aufgaben – Produktion, Nachwuchs, Vererbung – befreit. Das hat die Partnerschaft aber keineswegs überflüssig werden lassen. Auch heute noch besteht Bedarf nach dieser Beziehungsform. Sie regelt zwar nicht mehr das materielle Überleben, aber sie gewährleistet eine alltägliche Lebensbegleitung und bietet emotionale Geborgenheit. Damit erfüllt sie grundlegende menschliche Bedürfnisse. Die Partner sind heute im Unterschied zu früher jedoch aufgefordert, selbst über die Regeln ihres Zusammenlebens zu bestimmen. Beziehungen sind individualisiert, der Staat und die Gesellschaft mischen sich in die Regelung des Zusammenlebens im Grunde nicht mehr ein.

PARTNER VERHANDELN

Die Partner können selbst bestimmen, wie sie miteinander umgehen. Diese Freiheit führt zu einem großen Regelungsbedarf, dem durch Verhandlungen entsprochen wird. Verhandlungsgegenstand sind die Fragen des Zusammenlebens und des Umgangs miteinander. Wer ist für welche Arbeiten zuständig, welche Möbel werden gekauft, wer kümmert sich ums Auto, wer macht die Wäsche, wer kauft ein, sollen Kinder in die Welt gesetzt werden, wer versorgt die Kinder, wie werden sie erzogen, wo und wie wird gewohnt, wie sieht die Freizeitgestaltung aus, wie sieht es mit sexueller Treue aus, wie wird mit Geld umgegangen, wie wird für das Alter vorgesorgt – eine Vielzahl solcher Angelegenheiten sind zu regeln. Bei ihren Verhandlungen werden den Partnern (fast) keine Vorschriften mehr gemacht. Grundsätzlich ist in einer Partnerschaft alles erlaubt, worauf sie sich einigen können. Was beiden gefällt und wozu beide ja sagen, das gilt.

Verhandelt wird auf der Grundlage von Gleichheit, Fairness und Gerechtigkeit. Die Partner bemühen sich, einen Ausgleich von Geben und Nehmen herzustellen, und wägen ab, was jeder in die Verbindung hineingibt und was er herausnimmt. Es gelten Rechte und Pflichten. Maßstab beim partnerschaftlichen Aushandeln ist weniger die Gleichheit der Tätigkeiten (jeder macht die Hälfte vom Abwasch und die Hälfte der Wäsche) als vielmehr die so empfundene Gleichwertigkeit der Leistungen (was jeder tut, kostet ungefähr gleich viel Mühe und ist daher gleichwertig). Leistungen sollen ausgeglichen erfolgen, andernfalls entstehen Schulden, die einklagbar sind und bezahlt werden müssen. »Wenn ich die Küche mache, musst du den Garten übernehmen.«

In der Partnerschaft kommen die Fähigkeiten zur Anwendung, die irrtümlicherweise auch für die Liebe empfohlen werden. Dazu gehören Kommunikationsfähigkeiten und Konflikt- und Kompromissbereitschaft. Diese Darstellungen zeigen, dass Partnerschaft aufgabenorientiert funktioniert und dementsprechend geregelt und gestaltet werden kann. Das verhält sich in einer Liebeskommunikation ganz anders, deren Kontrast zur Partnerkommunikation von dem Heidelberger Psychologen Arnold Retzer recht plastisch beschrieben wird:

In der Liebe gibt es keine Fairness. Fair kann man bekanntlich nur unter Gegnern sein. Liebe ist etwas ganz anderes als Demokratie oder gar Herrschaftsfreiheit. Sie ist Überwältigung und/oder freiwillige Unterwerfung. In der Liebe lassen sich keine Ansprüche ableiten oder geltend machen. Sie ist weder Verdienst, noch lassen sich in und mit ihr Verdienste erwerben ... Sie kann weder erzwungen noch jemandem geschuldet werden ... Für enttäuschte und verlorene Liebe besteht kein Recht auf Schadensersatz. Es lassen sich keine Liebes-Risiko-Versicherungen abschließen.[95]

Partnerschaft und Liebe verfolgen unterschiedliche Zwecke, und ihnen stehen unterschiedliche Mittel zur Verfügung. Eine Partnerschaft regelt das Leben, in ihr kommt das Bewusstsein zum Zuge. Die Liebe ist für die intime Gefühlswelt zuständig, in ihr bestimmt das Unbewusste. Weil sie verschiedene Zwecke verfolgen und verschiedene Mittel einsetzen, sind partnerschaftliche Kommunikation und Liebeskommunikation, wie schon gesagt, zwei Paar Schuhe.

Dass es auch in Partnerschaften möglich ist, Gefühle der Liebe zu entwickeln – auch wenn es sich um eine sanfte und nicht um eine leidenschaftliche Form der Liebe handelt, verdankt sich wohl dem Umstand, dass es auch in einer Partnerschaft zu gegenseitiger Bestätigung kommt. Wie gesagt, man kann, statt von Liebe und Partnerschaft, ebenso von emotional-leidenschaftlicher Liebe und partnerschaftlicher Liebe sprechen.

SINN UND UNSINN IN LIEBE UND PARTNERSCHAFT

Liebesbeziehung und Partnerbeziehung dienen zwar verschiedenen Zwecken, das bedeutet jedoch nicht, dass sie nichts miteinander zu tun haben oder sich gar gegenseitig ausschließen.

Richtig ist aber, dass Liebe und Partnerschaft sich nicht unbedingt brauchen. Es gibt zahlreiche Beziehungen, die nicht beide, sondern vorwiegend das eine oder das andere Bedürfnis erfüllen. Genau so richtig ist aber auch, dass die heutigen Paare beides gleichzeitig erwarten. Deshalb findet man in dauerhaften Paarbeziehungen – das sind heute Beziehungen, die länger als zwei Jahre (!) bestehen – beide Beziehungsformen. Und wenn Paare auseinander gehen, liegt die Vermutung nahe, dass eines von beidem nicht mehr zur Verfügung stand.

Liebe und Partnerschaft können durchaus unter einem »Beziehungsdach« leben, aber wie sie sich miteinander vertragen beziehungsweise nicht vertragen, das bleibt abzuwarten. Nur eines steht fest: der Versuch, die Unterschiede zu negieren, kann gehörig danebengehen. Dann verwischen sich die unterschiedlichen Logiken dieser beiden Bindungsformen, wobei viel Sinnloses herauskommt.

Der wesentlichste Unterschied zwischen Liebe und Partnerschaft ist der zwischen Gabe und Tausch. Liebe beruht auf Gaben und Geschenken, Partnerschaft hingegen beruht auf

Tausch und Handel. In der Liebesbeziehung werden Gaben gegeben und Geschenke verschenkt, während in der Partnerbeziehung Leistungen verglichen und vergolten werden. Gabe und Tausch verfolgen im Leben der Menschen unterschiedliche Ziele und erfüllen unterschiedliche Aufgaben. Eine Gabe, wie beispielsweise die Liebe zu geben, ist ein Akt der Verausgabung, eine heilige Handlung, deren Befriedigung im Schenken selbst liegt und die keinen Vorteil für den Schenkenden sucht. Die Liebe erwartet keine Rückzahlung oder Verrechnung, sie hofft. Wer etwas aus Liebe tut, führt kein Konto, sondern ersehnt eine Erwiderung. Beim Tausch verhält es sich gegensätzlich zur Liebe. Seine Aufgabe besteht darin, eigene Bedürfnisse zu befriedigen. Der Tausch vergleicht und zählt, kalkuliert und berechnet. Sein Maßstab sind der eigene Vorteil und der soziale Ausgleich.

Liebe und Partnerschaft könnten kaum widersprüchlicher motiviert sein, und dass in einer Paarbeziehung zwei derart verschiedene Kommunikationsformen miteinander auskommen müssen, verkompliziert das Vorhaben beträchtlich. Die Partner schenken und verhandeln zugleich, wobei sich Handel und Schenken nicht zu sehr in die Quere kommen dürfen. Dazu müssen die Partner in der inneren Logik der jeweiligen Beziehungsform bleiben und Geschenke und Tausch auseinander halten. Gelingt das nicht, wird es schwierig.

Lassen Sie mich das illustrieren. Ein Partner erkrankt, und der andere besucht ihn über mehrere Monate täglich im Krankenhaus. Man kann sich vorstellen, was mit den Liebesgefühlen passiert, wenn der Partner anschließend fordert: »Jetzt habe ich 200 Stunden aufgebracht, um dich im Krankenhaus zu besuchen, jetzt kannst du die nächsten drei Monate putzen und kochen.« Der Partner wäre empört, weil er an dieser Forderung feststellen könnte, dass die Krankenhausbesuche nicht aus Liebe stattfanden, sondern aus Berechnung. Und was würde erst passieren, wenn eine solche Forderung vorher präsentiert würde: »Ich besuche dich nur, wenn du nach deiner Genesung putzt und kochst.« In dem Fall wären Liebesmotive und Partnermotive mit entsprechenden Konsequenzen aufs Gröbste vermischt.

Liebende dürfen nicht rechnen. Sie bilanzieren weder die Zahl ihrer Küsse und Umarmungen, noch führen sie Listen, wer wann sexuell aktiv war und wer wen als Nächstes zu begehren hat oder wem der nächste Orgasmus zusteht. Liebende treffen auch keine Vereinbarung über das Verhältnis von positiven und negativen Äußerungen in ihrer Beziehung (was manche Therapeuten durchaus empfehlen). Eine gute Liebesbeziehung erfordert es, partnerschaftliches Handeln und Schachern zu vermeiden. Liebe kann nur mit Liebe vergolten, ein Geschenk nur mit einem Geschenk beantwortet werden.

Die Versuchung, Liebe durch Leistungen zu vergelten oder Leistungen aufgrund der Liebesbeziehung schuldig zu bleiben, liegt in einer Beziehung nahe. Der eine Partner mag den anderen materiell versorgen, kann aber nicht ernsthaft erwarten, zum Ausgleich dafür sexuell begehrt zu werden. Sexuelles Begehren richtet sich nicht nach der Höhe monatlicher Zuweisungen. Ebenso wenig wird Liebe dadurch erhalten bleiben, dass der eine für den anderen die Wäsche wäscht oder die Steuererklärung macht. Das eine hat mit dem anderen ursächlich nichts zu tun.

Darin liegt das Verzwickte im Zusammenhang von Liebe und Partnerschaft: was in der Liebe Sinn macht, ist in der Partnerschaft sinnlos, und umgekehrt.

Es ist sinnvoll, die Arbeitsteilung auszuhandeln und dabei seine Interessen zu wahren. Aber es ist absolut sinnlos, über persönliche Eigenarten zu feilschen. In der Liebe geht es darum, als der geliebt zu werden, der man ist. Wer man ist, darüber kann nicht verhandelt werden, das steht nicht zur Disposition, weder zur eigenen (ab jetzt bin ich ein anderer) noch zur gemeinsamen (wenn wir uns Mühe geben, uns zu verändern, könnten wir uns mehr lieben).

Leider trennen auch manche Paartherapeuten nicht ausreichend zwischen den beiden unterschiedlichen Bindungsformen, sondern verwechseln Liebesbeziehung mit Partnerbeziehung oder setzen sie miteinander gleich. Dabei kommen Empfehlungen der eben angedeuteten Art heraus, beispielsweise der folgende haarsträubende Vorschlag:

Ein Problem hat das ideale Paar leider doch. Die beiden werden einander emotional und mental so vertraut, so nah, dass die Spannung abnimmt, die es für sexuelle Anziehung nun mal braucht... Das heißt: Beide brauchen die Bereitschaft, sich aus eigener Kraft immer wieder zu verändern...[96]

Man soll sich aus eigener Kraft, also willentlich verändern, um für den Partner interessant zu bleiben. Macht man es nicht freiwillig, kann der Partner es verlangen. Das bedeutet: Liebe und sexuelles Begehren sollen durch zu erbringende Leistungen erhalten bleiben, in diesem Fall durch die Leistung »freiwilliger« persönlicher Veränderung!

Hier wird ein berechnender, partnerschaftlicher Umgang mit der Liebe empfohlen und der falsche Eindruck erweckt, die Liebe sei kalkulierbar. Tun wir aber ruhig einmal so, als ob jemand in der Lage wäre, sich willentlich zu verändern. Wie würde die Liebesbeziehung auf diese mutwillige Veränderung reagieren? Ließe sich voraussehen, ob der Partner sein verändertes Gegenüber tatsächlich lieben könnte oder ob er den neuen Wesenszug vielleicht sogar abstoßend fände?

Wohl kaum. Nicht einmal derjenige, der eine Veränderung seines Gegenübers ersehnt und beschwört (wenn du nur mehr Humor hättest – wenn du nur weniger selbstbezogen wärst), vermag vorauszusagen, ob er den wunschgemäß veränderten Partner tatsächlich noch lieben könnte.

Ich erinnere mich an einen Fall aus meiner Beratung, in dem eine Frau von ihrem Mann verlangte, sich sterilisieren zu lassen, weil sie keine weiteren Kinder wollte. Bei dieser partnerschaftlichen Forderung berief sie sich auf die Liebe: »Wenn du mich liebst, lässt du dich operieren.« Nach langem Widerstand ließ der Mann die Operation durchführen. Zwei Jahre später forderte die Frau ihn mit dem gleichen Liebesargument auf, die Sterilisation rückgängig zu machen, weil sie nun doch noch ein Kind wolle. Auch diesmal gab der Mann nach anfänglich zähem Widerstand schließlich nach. Danach dauerte es nur noch zwei Jahre bis zur Trennung.

Hier wurde offensichtlich versucht, partnerschaftliche Themen, hinter denen immer persönliche Interessen stehen (Sollen wir verhüten? Wie viele Kinder wollen wir?), in der Logik der Liebe zu lösen, was gründlich scheiterte. Das Geschenk der Sterilisation wurde erzwungen, was die Liebe beschädigte, und weil die Partner sich weiterhin hoffnungslos zwischen Liebe und Partnerschaft verhedderten, fand ihre Beziehung ein Ende.

Es funktioniert nicht, mit der Liebe partnerschaftlich umzugehen, und der Versuch, Liebesprobleme in der Logik der Partnerschaft anzugehen, ist selten von Erfolg gekrönt. Das erleben, beispielsweise Paare, die nach gemeinsamen Freizeitbeschäftigungen suchen, weil sie zu wenig Liebe miteinander erleben, und die hoffen, ein gemeinsames Hobby würde ihre Liebe wiedererwecken. Selbst wenn es ihnen gelingt, ein

Hobby zu finden, das beide befriedigt, wird davon ihre Partnerschaft, aber nicht unbedingt ihre Liebe profitieren. Die Partner fühlen sich dann zwar als Mensch, nicht aber als »Mann« oder »Frau« geliebt, was sie in den meisten Fällen weiterhin unzufrieden mit der Beziehung sein lässt.

Es gibt einige Themenfelder, in denen Liebe und Partnerschaft sich sehr nahe kommen. Das Thema Kinder gehört in diesen Bereich. Die Zeugung eines Kindes mag aus Liebe geschehen, es zu versorgen und zu erziehen ist dagegen eine partnerschaftliche Aufgabe, die geleistet werden muss. Lediglich in den arrangierten Ehen der Vergangenheit gehörte auch die Kindszeugung in den Bereich partnerschaftlicher Leistungen, beispielsweise wenn es um einen Erben ging. Auch heute versuchen viele Paare, unter allen Umständen Kinder zu zeugen, selbst wenn gesundheitliche Gründe wie Unfruchtbarkeit oder Alter dem entgegenstehen. Diese Paare wollen unbedingt eine Familie haben. Die mit der Zeugung verbundenen Anstrengungen (mühseliger Sex, Arztbesuche, Operationen) finden im partnerschaftlichen Bereich der Beziehung statt. Das wird deutlich, wenn die dahinter stehende Erwartung formuliert wird: »Wenn wir kein Kind haben können, kann ich nicht bei dir bleiben.« Hier kann ein partnerschaftlicher Konflikt die Liebe beschädigen. Dasselbe gilt, wenn ein Partner einen Kinderwunsch hat, der andere aber nicht. Das Argument: »Wenn du mich liebst, musst du mir ein Kind machen«, passt für die Partnerschaft, nicht aber für die Liebe, und wenn Druck gemacht wird, wird die Liebe leiden.

Auch beim Thema Geld fällt es vielen Partnern schwer, einen liebenden Umgang damit von einem partnerschaftlichen zu unterscheiden. Oft verfügt einer der Partner über mehr Geld. In der Verliebtheitsphase mag er es gern und bereitwillig teilen, aber wenn erste Schwierigkeiten auftauchen, kann er versucht sein, diese nachträglich als »Leistungen« empfundenen Beträge zurückzufordern oder sich zumindest auf sie zu berufen. Doch Geld, das aus Liebe gegeben wird, ist geschenkt. Man kann es nicht einfordern, ohne die Liebe zu verraten. Weil Geld zu den sensiblen Beziehungsthemen gehört, sollten sich Partner möglichst klar sein, was sie zu geben bereit sind und was nicht. Dazu ist es unvermeidlich, das Thema anzusprechen und auszuhandeln. Kürzlich wurde in einer Radiosendung gesagt, in einer Liebesbeziehung sei es schwierig, über Geld zu sprechen. Genau genommen ist das gar nicht möglich, denn wenn ein Paar über Geld spricht, befindet es sich in der Partnerbeziehung; und es wäre gut, wenn es diese beiden Bereiche unterscheiden könnte.

Es ist generell hilfreich, die Bindungsformen Liebe und Partnerschaft auseinander zu halten, selbst wenn es scheinbar nur um Kleinigkeiten geht. Stellen wir uns beispielsweise vor, eine Frau ist es leid, die achtlos hingeworfene Wäsche ihres Mannes zu waschen, und fordert von ihm, sich an der Hausarbeit zu beteiligen. Er verspricht das, hält sich aber nicht daran. Wenn die Frau nun Partnerschaft und Liebe nicht trennen kann, wird sie sich ungeliebt fühlen und versuchen, das Thema in der Logik der Liebe zu verstehen und zu lösen. Sie könnte sich attraktiver machen, öfter mit ihm ins Bett gehen, ihn bewundern und so fort, aber dennoch wird sie nicht erleben, dass er sein Versprechen einlöst. Seine Wäsche wird immer noch herumliegen. Wenn die Frau zur Unterscheidung von Liebe und Partnerschaft in der Lage ist, wird sie das Thema in der Logik der Partnerschaft angehen und den stillschweigend ausgehandelten Vertrag »Ich wasche die Wäsche für uns beide« kündigen. Sie wird einen Ausgleich verlangen oder nur noch ihre eigene Wäsche waschen und sich von seiner geschickten Empörung, »Du liebst mich nicht genug, um meine Wäsche zu waschen«, nicht aufs Glatteis führen lassen. Stattdessen wird sie ihm in aller Liebe klar machen: »Natürlich liebe ich dich, aber Liebe hat mit Wäsche nichts zu tun.«

Zeuge, wie sehr miteinander verklebt Liebe und Partnerschaft mitunter sein können, wurde ich in einer typischen Szene auf einer Fähre. Ein Paar taucht im Fahrgastraum auf, der Mann stellt sich in die Mitte des Schiffes, weil es da nicht schaukelt, die Frau will ans Fenster, um die Küste zu sehen. Was tun sie? Sie diskutieren halb öffentlich, wo es sich »besser« sitzen lässt. Schließlich gibt er kopfschüttelnd nach, nicht ohne ein genervtes »Frauen« in den Raum zu werfen. Offensichtlich hatte jeder ein eigenes Interesse, aber die Tatsache, dass sie ein Liebespaar waren, verhinderte den partnerschaftlichen Umgang mit der Sitzplatzfrage, bei der jeder zu seinem Recht gekommen wäre. Hätten sie sich getrennt gesetzt, hätte es – zumindest für sie selbst – so ausgesehen, als ob sie sich nicht lieben.

LIEBE UND PARTNERSCHAFT – EIN UNDURCHSICHTIGES ZUSAMMENSPIEL

Liebesbeziehung und Partnerbeziehung, das sollen die Beispiele zeigen, folgen unterschiedlichen Logiken. Daher tut, wer etwas für die Liebe tut, keineswegs automatisch etwas für die Partnerschaft; und wer etwas Partnerschaftliches tut, befördert damit nicht unbedingt die Liebe. Dennoch sind die beiden Sinnsysteme in der Lage, sich gegenseitig zu stärken oder zu schwächen.

Eine intensive Liebesbeziehung kann beispielsweise dabei helfen, eine schwierige Partnerschaft zu ertragen. Die Partner lieben sich sehr und nehmen dafür in Kauf, im Alltag nicht besonders gut miteinander klarzukommen. Manchmal hört man solche Paare sagen: »Am besten geht es uns im Bett oder im Urlaub miteinander.« Dort läuft es besser, weil im Bett die Liebe zum Zuge kommt und im Urlaub kein Alltag zu regeln ist.

Die Liebe kann die Partnerschaft stützen, aber selbst die beste Liebesbeziehung kann durch eine entsprechend miserable Partnerschaft ruiniert werden. In solch einem Fall stellte die Frau eines Tages entsetzt fest, dass der heimlich spielsüchtige Mann das gemeinsame Konto geräumt und das Geld verzockt hatte. In dem Fall half alle Liebe nicht, das partnerschaftliche Vertrauen war völlig zerstört, und die Frau trennte sich, weil sie mit diesem Mann nicht länger zusammenleben wollte.

Es kann allerdings auch vorkommen, dass sich eine hervorragende Partnerschaft nicht erhalten lässt, weil den Partnern die Liebe abhanden gekommen ist. Dann sprechen sie beispielsweise davon, wie eine Klientin das tat, eine »Immobilienpartnerschaft« zu führen, oder sie bezeichnen sich als »Familienmanager«. Andere übernehmen die Therapeutensprache und behaupten, wie »Bruder und Schwester« zu leben. Man arbeitet gut miteinander, kann den Alltag harmonisch gestalten, bleibt aber dennoch nicht zusammen, weil der Beziehung die Liebe und mit ihr eine Verbindung in intimste oder auch erotische Bereiche fehlt.

Das Zusammenspiel der beiden Bindungsmotive Liebe und Partnerschaft ist oft verwirrend. Was für die Liebe gilt – dass sie eine spontane Kette von Begegnungen darstellt –, gilt für die Partnerbeziehung nicht, denn die ist auf Kontinuität angewiesen. Zudem kann die Motivlage, die einer Beziehung zugrunde liegt, sich im Laufe der Jahre verändern. Möglich ist beispielsweise, dass bei einem Paar der Bedarf an individueller Bestätigung und damit an der Liebe geringer wird, während gleichzeitig die Alltagsbegleitung an Bedeutung gewinnt. Möglich ist aber auch das Gegenteil, beispielsweise wenn mit der Kindererziehung eine wesentliche partnerschaftliche Aufgabe abgeschlossen ist und die Partner sich fragen, ob sie sich noch genügend lieben, um zusammenzubleiben. Dann verlieren die Partnermotive an Bedeutung, während die Liebesmotive an Bedeutung gewinnen.

Im Alter kann beides wichtiger werden. Die Partnerbeziehung mag beispielsweise dann an Bedeutung gewinnen, wenn zuvor seriell geliebt wurde und Partner »zur Ruhe kommen« wollen. Aber auch die Liebe kann eine enorme Aufwertung erfahren. In dem Fall mag man auch von älteren Menschen den Satz hören: »Bevor ich von dieser Welt gehe, möchte ich wenigstens einmal in meinem Leben verliebt gewesen sein.«

Gibt es einen Trend? Momentan, so hat es den Anschein, nimmt die Bedeutung der Liebesbeziehung gegenüber der Partnerbeziehung zu. Dem entsprechen Paare, die ihre Beziehung von partnerschaftlichen Pflichten entlasten und distanziertere Beziehungsformen wählen, die vom getrennten Bett über das getrennte Konto bis zur getrennten Wohnung reichen. »Ich kann ganz gut allein leben«, hört man viele dieser Partner sagen, aber wer könnte schon »gut allein lieben«?

FAZIT ZU LIEBE UND PARTNERSCHAFT

Obwohl sie unterschiedlicher kaum sein könnten, beeinflussen sich Liebe und Partnerschaft durchaus. Nur lässt sich leider nicht genau erkennen, wie sie zusammenhängen. Deshalb kann man auch keine allgemein gültigen Regeln für den Umgang mit diesen beiden Bindungsformen aufstellen. Ein Paar kann allerdings selbst ganz gut feststellen, wie in seiner Beziehung Liebe und Partnerschaft miteinander reagieren: dafür muss es sich aber durch die Klippen und Gefahren der Kommunikation manövrieren.

GEFAHREN DER KOMMUNIKATION

Es gibt unvermeidliche Gefahren für eine Beziehung, die auch durch größte kommunikative Fähigkeiten nicht aus der Welt zu schaffen sind.

Vor dem Hintergrund zweier unterschiedlicher Bindungsmotive gestaltet sich die Kommunikation der Partner zwiespältig. Die Partnerbeziehung ist auf Berechenbarkeit angewiesen und erfordert Verhandlungen und verlässliches Verhalten. Die Liebesbeziehung dagegen braucht den unberechenbaren Wechsel von Nähe und Abstand und die damit verbundene Ungewissheit. Beide Beziehungsformen zu berücksichtigen verlangt Offenheit und zugleich Verschlossenheit, Rücksichtnahme und zugleich Rücksichtslosigkeit, Bestätigung und zugleich Abgrenzung, und das unter wechselnden Vorzeichen, je nachdem, ob sich die Beziehung aktuell mehr auf das partnerschaftliche oder auf das Liebesmotiv stützt.

Es ist für Partner schlicht unmöglich, bei einer derart verschlungenen Kommunikation den Überblick zu behalten und verlässlich herauszufinden, was gerade angebracht wäre und was nicht. Mal hakt es in der Partnerschaft, mal in der Liebe, oder es finden Über-Kreuz-Effekte statt. Dann erschwert entweder eine Liebes(erwartungs)störung die Partnerschaft, oder eine schwierige beziehungsweise, wie wir festgestellt haben, besonders gute partnerschaftliche Situation dämpft die Liebe.

In solch einer Situation sind Kommunikationsstörungen unvermeidlich. Paarbeziehungen sind im Grunde permanent bedroht. Entweder verlieren sie an Intensität oder an Verlässlichkeit, geraten in Missverständnisse, oder es brechen Machtkämpfe aus. Diese Gefahren sind unvermeidbar. Sie gehören zum Wesen menschlicher Kommunikation, die grundsätzlich schwierig ist; und das gilt vor allem für die Kommunikation von Liebe und Partnerschaft.

DIE GEFAHR DER OFFENHEIT UND EHRLICHKEIT

Soll man in einer Beziehung offen und ehrlich miteinander sein, oder soll man etliches verschweigen und wenn ja, was? Soll man Geheimnisse voreinander haben und wenn ja, welche empfehlen sich in Bezug auf die Liebe und welche in Bezug auf die Partnerschaft? Wie wird sich das dem Partner gegenüber Verschwiegene auf die Beziehung auswirken? Wird es die Liebe befördern und die Partnerschaft beschädigen oder umgekehrt, oder keines von beidem? Und was passiert mit der Beziehung im Falle einer Offenlegung?

Ungeachtet dieser schwierigen Zusammenhänge werden Partner meist zur offenen Kommunikation aufgefordert. »Erzählen Sie sich alles, was Sie bewegt.« Hinter solch einem Ratschlag steckt jedoch nicht nur eine naive Vorstellung von der Kommunikation der Liebe, sondern eine ziemlich naive Vorstellung vom Wesen der Kommunikation überhaupt.

Um dem Partner »alles« mitteilen zu können, müsste man in der Lage sein, alles an sich selbst zu bemerken und zu formulieren. Dieser Anspruch liefe darauf hinaus, den blinden Fleck der Wahrnehmung, der allgemein als das Unbewusste bezeichnet wird, aufzulösen. Doch kein Mensch kann die ganze Summe seiner psychischen Wahrnehmungen, alle

Gefahren der Kommunikation

seine Gedanken, Gefühle, Körperempfindungen und Phantasien bewusst verfolgen. Zu flüchtig, zu schnell und zu wechselhaft laufen diese Wahrnehmungen ab, als dass sie in Gänze erfasst oder geschweige denn ausgesprochen werden könnten. Die Selbstwahrnehmung funktioniert daher ähnlich selektiv wie die Kommunikation in einer Beziehung. Sie filtert aus, was unwichtig oder womöglich problemträchtig erscheint. Diese störenden Wahrnehmungen werden übersehen, damit das Bild, das man von sich hat, nicht allzu sehr durcheinander geworfen wird. Das bedeutet: Aufrichtigkeit und Ehrlichkeit sich selbst gegenüber sind unerfüllbare Ansprüche.

Wer sich selbst gegenüber nicht ehrlich zu sein vermag, kann das natürlich auch dem Partner gegenüber nicht sein. Selbst von dem, was jemand über sich selbst weiß, wird dem Partner nur eine Auswahl präsentiert. Sich zu verstehen bedeutet, im Wesentlichen einer Meinung zu sein. Dieser Eindruck besteht aber nur, solange die Kommunikation keinen Anlass zu der Vermutung gibt, es könnte sich anders verhalten. Um diese Vermutung gar nicht erst aufkommen zu lassen, wird gerade in der Anfangsphase der Verliebtheit möglichst nur Verbindendes beachtet und Trennendes übersehen. Wenn sich zwei kennen lernen, achten sie bewusst und auch unbewusst sehr genau darauf, ob Mitteilungen vom Gegenüber aufgenommen oder abgelehnt werden. Umgangssprachlich sagt man, sie präsentieren sich im besten Licht oder sie zeigen sich von ihrer guten Seite. Das hat weniger mit arglistiger Täuschung als vielmehr mit dem Bedürfnis nach Verbundenheit zu tun, das die Partner verleitet, sich auf Verbindendes zu beschränken, weil es dann wahrscheinlicher wird, dass Liebe entsteht.

Doch stellen wir uns ruhig einmal vor, Partner könnten tatsächlich »alles« mitteilen, was sie bewegt. Was würden sie voneinander erfahren? Sie würden sich anvertrauen, wen sie sonst noch attraktiv finden, welche Phantasien sie dabei leiten, wenn sie sich sexuell selbst befriedigen, was sie am anderen manchmal abstoßend finden und so weiter und so fort. Das sind Dinge, von denen man eigentlich nichts wissen will und nichts wissen sollte. Es ist ziemlich unwahrscheinlich, dass unter diesen »offenen« Umständen der Eindruck des »Schonverstandenhabens«, auf den eine Liebesbeziehung nicht verzichten kann, aufrechterhalten bleibt.

Bei völliger Offenheit käme massenhaft Trennendes zutage. Ich erinnere mich an eine Klientin, die unbedingt wissen wollte, mit wie vielen Frauen ihr Mann vor der Ehe sexuell verkehrt hatte. Als der Mann schließlich ihrem Drängen nachgab und eine Zahl im hohen zweistelligen Bereich zugab, reagierte sie schockiert. Es brauchte einige Gespräche und mehrere Monate Zeit, diesen Schock zu verarbeiten.

Die Gefahr, dass Trennendes auftaucht, lässt sich in einer Beziehung nicht ausschließen. Auf Dauer erfährt man mehr vom Partner, als einem lieb sein kann. Trennendes ist in kleinen und großen Mitteilungen enthalten. Der Partner kann nonverbal einer Berührung ausweichen oder verbal etwas Unerwartetes mitteilen, und schon ist die Beziehung ein wenig gestört. Der Partner kann einen unterschiedlichen Lebensentwurf entwickeln, eine unerwartete psychische Entwicklung einschlagen, und schon kommt individuell Verschiedenes zum Tragen. Das heißt:

Kommunikation kann jederzeit zur Gefahr für die Liebe werden, auch ohne dass irgendwer irgendetwas falsch gemacht hätte.

Ich habe weiter vorn Niklas Luhmann mit dem Satz zitiert »Sie (die Liebe) kann, um es paradox zu formulieren, Kommunikation unter weitgehendem Verzicht auf Kommunikation intensivieren. Sie bedient sich weitgehend indirekter Kommunikation, verlässt sich auf Vorwegnahme und Schonverstandenhaben.« An dieser Stelle möchte ich das Zitat vervollständigen. »Sie (die Liebe) kann durch explizite Kommunikation, durch Frage und Antwort, geradezu unangenehm berührt werden, weil damit zum Ausdruck kommt, dass etwas sich nicht von selbst versteht.«[97]

Nicht erst der Inhalt einer Kommunikation, sondern allein die schlichte Tatsache, über ein Thema sprechen zu müssen, weist darauf hin, dass sich die Partner an diesem Punkt nicht stillschweigend verstehen, und gerade dann kann das Reden nicht gefahrlos ablaufen. Eine Gefahr aufgrund von Kommunikation besteht übrigens auch in der Paartherapie, worauf der Therapeut Arnold Retzer hinweist: »Unaufhörlich nagt auch in der Paartherapie der Verrat am fragilen Sockel der Liebesbeziehung. Der Verrat, der sich auch in der Preisgabe von Geheimnissen und in Indiskretionen äußern kann. Das besondere Kunststück der Liebe besteht ja darin, dass sie die Mitteilung von Nichtmitteilbarem ist.«[98] Deshalb, meint Arnold Retzer, könne es besser sein, »geliebt als verstanden zu werden. Verstanden wird man meist nur schlecht, geliebt werden kann man dagegen manchmal gut.«[99]

Die Peinlichkeit von manchem im wahrsten Sinne des Wortes Aus*gedrückten* und die damit verbundene Gefahr und Verunsicherung kann nur vermieden werden, solange die Partner darauf verzichten, ihre gegenseitigen Liebeserklärungen einer allzu strengen Prüfung zu unterziehen. Dann kann der Eindruck des Verstehens leichter erhalten bleiben. Mit bedingungsloser Offenheit und Ehrlichkeit hat das jedoch wenig zu tun. Der Soziologe Niklas Luhmann bringt das auf den Punkt:

Jeder Versuch, den anderen zu »durchschauen«, führt ins Bodenlose, in jene Einheit von wahr und falsch, von aufrichtig und unaufrichtig, die sich allen Kriterien entzieht. Deshalb kann nicht alles gesagt werden.[100]

Völlige Offenheit und Ehrlichkeit – den anderen sozusagen in die Seele schauen lassen – ist in einer Beziehung nicht möglich. Gleichzeitig besteht für Liebende eine »Pflicht« zur intimen Kommunikation, denn nur wenn die Partner einander Intimes und Geheimes mitgeteilt haben, unterscheidet sich ihre Beziehung von einer Freundschaft oder von einer reinen Zweck-Partnerschaft.

Damit befinden sich Partner in einer Art Zwickmühle: Geheimes muss zwar mitgeteilt werden, Belastendes und Trennendes darf jedoch möglichst nicht darunter sein. Also muss vieles ungesagt und geheim bleiben, denn wenn die Partner dem Druck zur Offenbarung nachgeben, schaffen sie Unruhe und Gefahr. Schweigen sie allerdings über die Maßen, versandet ihre Beziehung. Das gleicht einem Balanceakt auf des Messers Schneide, der kaum und jedenfalls nicht dauerhaft konfliktfrei zu bewältigen ist.

DIE GEFAHREN DES »FÜR-DICH-HANDELNS«

Eine weitere Gefahr für die Kommunikation der Liebe – neben den Themen Offenheit und Ehrlichkeit – ergibt sich aus dem »Für-dich«-Charakter, den die Handlungen der Liebespartner aufweisen sollen. Partner beobachten sich wie bereits beschrieben gegenseitig sehr genau, um festzustellen, welche Handlungen nur ihnen gelten und welche auch jedem x-beliebigen Freund zukommen könnten und damit für die Liebe bedeutungslos sind. Jeder Partner weiß im Grunde, auf welche

Art der Zuwendung er Anspruch hat, er wartet auf diese Liebesbeweise, und gleichzeitig weiß er, dass sie von ihm erwartet werden. Liebespartner ersehnen das Geschenk der Zuneigung, der erwiderten Liebe.

Geschenke zu machen bedeutet etwas herzugeben, und oft sind die Geschenke die wertvollsten, in denen etwas individuell Wichtiges hergegeben wird. Die Liebe erwartet, so könnte man es etwas krass ausdrücken, die eine oder andere Form der Opferung. »Dir zuliebe« verzichtet der Partner auf die Erfüllung eines Traums, eines Bedürfnisses, auf einen Seitensprung oder sonst etwas, das ihm wichtig wäre. Und wie der Paaralltag zeigt, sind Liebende zu vielfältigen Opfern bereit.

Allerdings kann die unterschwellig ständig vorhandene Erwartung von Liebesbeweisen und der damit verbundene Verzicht auch belastend sein, und das oft ohne dass dies bemerkt wird. Man steht permanent unter Beobachtung – nicht nur durch den Partner, sondern auch durch sich selbst – und hat dann wenig inneren und äußeren Spielraum. Die »Für-dich«-Anforderung provoziert früher oder später die »Und-was-ist-mit-mir?«-Frage.

Wer sich aufgibt und die »Was-ist-mit-mir?«-Frage aus dem Auge verliert, rebelliert irgendwann womöglich und versucht, in einem scheinbar unerklärlichen Akt sich selbst gerecht zu werden. So geschehen einem Vater von vier Kindern, der von heute auf morgen die Ehe verließ, um ein eigenes Leben zu führen.

Niemand kann ständig für den anderen auf dem Sprung sein, ohne sich selbst aus den Augen zu verlieren. Deshalb kann man nicht alles für den Partner tun, sondern muss sich auch deutlich abgrenzen. Sollte der nötige Abstand gemieden werden, setzt er sich notfalls über Launen und Spannungen oder Konflikte durch. Auch in diesem Fall hat niemand etwas falsch gemacht. Man kann einfach nicht ständig für den anderen da sein.

DIE GEFAHR
FEHLENDER BESTÄTIGUNG

Wie vorher beschrieben, gehört es zu den Merkmalen einer Liebesbeziehung, dem Partner Bestätigung dafür zu geben, wer er ist und wie er ist. Doch kann man überhaupt wissen, wer und wie der Partner ist? Wird man nicht oft von unerwarteten Seiten des anderen überrascht?

Sicherlich haben sich die Partner ein Bild voneinander gemacht, an das sie glauben, aber dieses Bild ist sehr unvollständig und zudem von eigenen Erwartungen getrübt. Festzustellen, ob der andere wirklich das denkt, fühlt, tut oder plant, was er sagt, ist schlicht unmöglich. Das fällt beispielsweise dann auf, wenn sich Paare nach Jahrzehnten scheiden lassen. In der Trennungssituation schonen sie sich nicht und erfahren Wahrheiten voneinander, die sie lange Zeit verschwiegen haben. Beispielsweise... dass ein Partner schon vor acht Jahren fremdgegangen ist... dass das zweite Kind gar nicht von ihm ist... dass die Frau schon vor Jahren an Trennung dachte und sich ihrer Freundin anvertraut hat, aber nicht ihm... dass einer zu Geld kam, dem anderen aber nichts davon erzählte... dass einer schon längst gegangen wäre, wenn die Kinder nicht gewesen wären... und anderes Trennendes mehr. Auch von verschwiegenen Hoffnungen und verpassten Chancen erfahren sie auf diese Weise. Beispielsweise... dass einer damals zur Heirat bereit gewesen wäre, wenn der andere ihn darum gebeten hätte... dass sie die Abtreibung damals machte, weil sie ihm nicht vertraute... etc.

Partner lernen sich nie vollständig kennen, sondern nur so, wie sie sich in konkreten Situationen zeigen und wie sie darin gesehen werden. Es wäre daher zutreffender zu sagen: um sich bestätigen zu können, nehmen die Partner einander so an, wie sie *zu sein scheinen*. Der gute Schein wird durch Täuschungen gewahrt. Man zeigt sich selbst von der besten Seite und blendet beim anderen möglichst aus, was nicht in die eigene Erwartung passt. Wo das nicht ausreichend gelingt, weil etwas wirklich Unannehmbares auftaucht, muss dem zumindest verständnisvoller begegnet werden, als das gegenüber anderen Menschen der Fall wäre. Für den Partner bringt man weitaus mehr Verständnis auf, als das im Rahmen unpersönlicher Beziehungen möglich ist, und das beruht auf Gegenseitigkeit. Weil die Selbstdarstellung der Partner darauf zählt, in Intimbeziehungen nicht kritisiert, sondern bestätigt zu werden, so Niklas Luhmann:

... ist man auf den Takt anderer angewiesen, die gleichgültig genug sind, um Diskrepanzen von Sein und Schein nicht aufzugreifen – oder eben auf jemanden, der an die Einheit von Sein und Schein glaubt oder zumindest dies zum Gegenstand seiner eigenen Selbstdarstellung macht, an die nun wieder der andere glauben muss.[101]

Die gegenseitige Bestätigung funktioniert nach dem Motto »Nimmst du es nicht so genau mit mir, nehme ich es nicht so genau mir dir«. Den Partnern bleibt nicht viel anderes übrig, als derart großzügig zu sein, schließlich bestätigen sie sich gegenseitig ihre Individualität. Das bedeutet, sie bestätigen etwas, das sie nicht nachvollziehen können, gerade weil es individuell und damit per se unverständlich ist. Man versteht, was im Grunde nicht zu verstehen ist, weil man daraus das Gefühl gewinnt, einander zu verstehen und verstanden zu werden. Liebe macht blind, sagt die Lebenserfahrung, und die

Wissenschaft findet den Beleg dafür. Der englische Forscher Semir Zeki untersuchte die Hirnaktivität Verliebter und stellte fest:

Die Gehirnaktivität im präfrontalen Cortex nahm beim Anblick der oder des Geliebten ab. Das ist jene Hirnregion, die für das Beurteilungsvermögen zuständig ist, also dafür, andere kritisch zu bewerten. Diese Teile des Gehirns waren wie abgeschaltet. [102]

Die Liebe mag blind machen, aber früher oder später taucht doch etwas auf, das weder akzeptabel ist noch übersehen werden kann. Wie verhält man sich diesen Eigenarten des Partners gegenüber, auf die man nicht mit Verstehen zu antworten vermag, weil man den Kopf schüttelt oder entsetzt die Hände über dem Kopf zusammenschlägt? Wenn der andere Dinge tut, die man nicht bestätigen will? Beispielsweise, wenn die Partnerin zur Trinkerin wird oder der Partner gewalttätig wird, um zwei krasse Beispiele zu bemühen. Bestätigung ist dann kaum zu erwarten, stattdessen betrachtet man ihn kritisch und geht auf Distanz.

Fängt man erst einmal an, den Partner kritisch zu betrachten, tun sich leicht weitere Differenzen auf, und es wird immer schwieriger, das Gefühl aufrechtzuerhalten, man würde den anderen akzeptieren und um seiner selbst willen lieben. Schnell kann man etwas entdecken, von dem man anschließend lieber nichts gewusst hätte.

Die Gefahr, die geforderte Bestätigung nicht liefern zu können, droht in jeder Liebesbeziehung permanent und unterschwellig. Auch das gehört zu den unvermeidbaren Gefahren der Kommunikation der Liebe, gegen die kein Kraut gewachsen ist.

DIE GEFAHREN UNPARTNERSCHAFTLICHEN VERHALTENS

Die Gefahren der Liebeskommunikation sind vielfältig, die der partnerschaftlichen Kommunikation dagegen sind vergleichsweise einfacher Natur. Wenn Partner egoistisch auf Vorteilen bestehen, sich nicht verhandlungs- und kompromissbereit zeigen, Leistungen erzwingen wollen, Macht aufgrund von Geld oder Wissen ausnutzen, sich gegenseitig eines Vorteils wegen belügen oder betrügen oder den Partner von Entscheidungen ausschließen, dann wird die partnerschaftliche Bindung geschädigt. Ist es nötig, hierzu Beispiele aufzuführen? Ich glaube nicht. Es genügt darauf hinzuweisen, dass zerstörtes Vertrauen aus der Partnerbeziehung sich unweigerlich wie ein Schatten auch auf die Liebe legt. Insofern kann die Liebe durch eine schlechte Partnerschaft durchaus belastet werden. Hier liegt daher auch die Chance herkömmlicher Paartherapie, die darauf aus ist, die partnerschaftliche Verbindung zu verbessern und so die Liebe vor unnötigem Schaden zu bewahren.

DER BEZIEHUNG AUSGELIEFERT SEIN

Das alles zeigt, wie gefährdet die Kommunikation in Beziehungen permanent ist. Man muss den Partner beobachten, aber nicht allzu scharf. Man muss sich zeigen, aber gewisse Dinge für sich behalten. Man muss einander bestätigen, dazu aber über vieles hinwegsehen. Man muss sich öffnen, aber auch abgrenzen. Man muss sich verbinden, aber dennoch man selbst bleiben.

Wer glaubt ernsthaft, so etwas könnte ohne Probleme abgehen, ohne den ständig auftauchenden Eindruck, einander nicht zu verstehen, und ohne die ständige Anforderung, zu neuem Verständnis zu gelangen?

Wer will uns weismachen, die Probleme dieser komplizierten Beziehungskommunikation seien »lösbar«, und zwar durch irgendetwas Vages, das »richtige Kommunikation« genannt wird, oder durch etwas derart Schwankendes wie »Verständnis«?

Wie sollten sich Mann und Frau unter diesen komplizierten Umständen *ein für alle Mal* verstehen? Wer das behauptet, verspricht die Lösung unlösbarer Probleme.

Man kann nicht alles richtig machen, und wenn etwas falsch läuft – was vor allem bedeutet: wenn etwas Unerwartetes passiert –, hat man nicht unbedingt etwas falsch gemacht. Partner sind ihrer Beziehung weit mehr ausgeliefert, als ihnen das normalerweise bewusst ist. Beziehungen entwickeln sich nun einmal unvorhersehbar und meist nicht entlang der Absichten und Pläne der Partner.

Es scheint sogar keinesfalls übertrieben zu behaupten, Beziehungen würden sich den Partnern gegenüber eigenständig verhalten. Diese Eigenständigkeit von Beziehungen ist das Thema des nächsten Abschnitts.

DIE EIGENSTÄNDIGKEIT EINER BEZIEHUNG

Die Gefahren, von denen Beziehungen jederzeit betroffen sein können, zeigen, dass es nicht möglich ist, Beziehungen zu planen. Im Gegenteil zeigt sich, dass Planungsversuche einer Beziehung mehr schaden als nützen. Viel nützlicher ist es stattdessen, die Eigenständigkeit einer Beziehung anzuerkennen.

Planungs- und Gestaltungsversuche sind natürlich nachvollziehbar. Wenn zwei Partner sich verlieben und zum Paar erklären, bringen sie eine klare Erwartung mit in die Beziehung. Diese lautet schlicht und einfach: wir wollen alles für immer. Sie wollen Liebe und Partnerschaft und beides auf Dauer. Anschließend geben sie sich größte Mühe, ihre Beziehung in die gewünschte Richtung zu dirigieren. Ob die Beziehung dabei mitspielt, steht auf einem andern Blatt.

Ich habe etliche Paare erlebt, die aus einer guten Liebesbeziehung eine Partnerbeziehung machen wollten. Sie nahmen sich eine gemeinsame Wohnung, legten Geld und Hoffnungen zusammen und mussten dennoch feststellen, dass sie den Alltag nicht wie erwartet miteinander leben konnten. Gegenwärtig kann man in der Klatschpresse lesen, dass die Beziehung von Prinz Charles zu seiner Ehefrau Camilla quasi gescheitert sei. Damit wäre eine Beziehung zu Ende, die 20 Jahre lang als Liebesbeziehung bestanden hat, die als Partnerschaft jedoch nicht einmal zwei Jahre überstand.

Umgekehrt habe ich Paare erlebt, die sich in einer für beide schwierigen Lebenssituation kennen lernten und zwischen denen eine sehr intensive und verlässliche Partnerschaft entstand. Der Versuch, daraus eine ebenso intensive Liebesbeziehung mit körperlichen, erotischen, sexuellen Begegnungen werden zu lassen, schlug jedoch fehl. In meinem Buch *Mythos Liebe* habe ich Beispiele hierzu aufgeführt.

Aber warum können Partner nicht über ihre Beziehung bestimmen? Warum können sie ihre Beziehung, um diesen modernen Begriff des Machbarkeitsglaubens zu verwenden, nicht »bewusst gestalten«? Das geht aus zwei Gründen nicht. Erstens, weil eine Liebesbeziehung aus der Verbindung vorwiegend *unbewusster* Motivlagen besteht. Und zweitens, weil eine Beziehung nicht am Reißbrett entworfen wird, sondern erst in dem wechselseitigen »Produktionsvorgang« entsteht, den wir Kommunikation nennen.

EINE BEZIEHUNG IST IHR EIGENES WERK

Wenn Beziehungen nicht willentlich gestaltet werden, wie kommen sie dann in die Welt? Die verblüffende These hierzu lautet:

Eine Beziehung ist ihr eigenes Werk, sie erschafft sich selbst.

Dieser Gedanke mag befremdlich wirken, weil wir daran glauben möchten, die Entwicklung einer Liebe in den Händen zu halten. Daher lassen Sie mich die These von der Beziehung, die ihr eigenes Werk ist, näher erläutern.

Als ersten Grund, der eine absichtliche Beziehungsgestaltung verhindert, habe ich aufgeführt, dass eine Beziehung aus der Verbindung unbewusster Motivlagen entsteht. Weil ein Mensch sein Unbewusstes nicht kennt (es umfasst per Definition alles, wovon das Bewusstsein nichts weiß), kann er

Die Eigenständigkeit einer Beziehung 241

nicht voraussagen, ob er sich morgen, nächste Woche oder überhaupt jemals verlieben wird, und er kann auch keine Garantie geben, ob, wie tief und wie lange er jemanden lieben wird. Wer sich verliebt, der macht die Erfahrung, dass ihm dies geschieht. In der Liebe spielt das Unbewusste die Hauptrolle. Daher beschreiben Dichter die Liebe als Macht, die über den Menschen kommt, ihn unterwirft, ihn über seine Grenzen erhebt und damit befreit. Jemanden zu lieben ist keine Sache bewusster Entscheidung, sondern ein Vorgang, der dem Bewusstsein sozusagen vorgesetzt wird. Dem Bewusstsein bleibt dann nur übrig, das zur Kenntnis zu nehmen und dem zuzustimmen (oder es abzulehnen, was selten gelingt). Stimmt es zu, sagt der Mensch, er habe sich dazu entschieden, zu lieben oder mit jemandem zu leben. Das mag so formuliert werden, aber es bedeutet keinesfalls, er hätte *bewusst* entschieden. In Wahrheit hat das Unbewusste die Entscheidung getroffen, und der von seinen Emotionen und Sehnsüchten auf diese überwältigende Weise Betroffene wollte nicht dagegen angehen und wäre in den meisten Fällen auch gar nicht in der Lage dazu gewesen. Insofern ist der Begriff »Beziehungsgestaltung« fehl am Platze, weil es unsinnig ist, von einer unbewussten Gestaltung zu sprechen. Der Begriff Gestaltung meint einen bewussten Akt, und der ist in der Liebe nicht möglich und selbst in einer Partnerschaft nur in Grenzen.

Damit komme ich zum zweiten Grund, der eine Beziehungsgestaltung verhindert: eine Beziehung ist nicht planbar, weil sie erst im Laufe der Kommunikation entsteht.

Nehmen wir zur Erläuterung dieser These an, es gelänge zwei Individuen, ihr Unbewusstes aufzulösen und sich all ihrer Motive bewusst zu sein. Folglich wären sie sich selbst gegenüber transparent und würden sämtliche eigenen Gedanken und Gefühle klar erkennen. Wären die Partner dann in der Lage, ihre Beziehung zu formen? Nein! Denn auch in diesem Fall liegen die Motive und Absichten des anderen Partners im Verborgenen, und umgekehrt bleiben die eigenen Absichten dem anderen unbekannt. Dann kann ein Partner zwar die eigenen Kommunikationsbeiträge ein Stück weit bestimmen, nicht aber die seines Partners. Das hat zur Folge, dass sich die Kommunikation – nach wie vor – unvorhersehbar entwickeln wird.

Spielen wir das durch. Partner A weiß über seine Gefühle und Absichten Bescheid und äußert diese in einer verbalen oder nonverbalen Mitteilung, etwa durch einen Satz oder eine Geste. Er weiß aber nicht, wie Partner B auf diese Mitteilung reagiert. Er kann auch nicht wissen, wie er auf die ihm noch unbekannte Reaktion von B reagieren wird. Dehnen wir diese Kommunikation auf einen ganzen Abend, eine Woche oder sogar auf einige Jahre aus, dann wird nachvollziehbar, dass eine Beziehung nicht planbar ist, sondern dass sie sich erst im Laufe der Kommunikation ergibt. Eine Beziehung entsteht nicht am Reißbrett, das sagte ich bereits, sondern sozusagen vor Ort.

Das Gesagte bedeutet: auch wenn es kein individuelles Unbewusstes gäbe, entstünde eine Beziehung erst im unbestimmbaren Verlauf der Kommunikation zweier Individuen. Das gilt uneingeschränkt für die Liebesbeziehung und eingeschränkt für die Partnerbeziehung, die zwar etwas planbarer ist, aber das auch nur in Grenzen. Auch sie gelingt nur mit relativ wenigen Menschen in der gewünschten Weise.

CHEMISCHE REAKTIONEN

Man kann sich eine Liebesbeziehung und zu Teilen auch eine Partnerbeziehung wie ein Feuer vorstellen, in das die Partner abwechselnd Chemikalien hineinwerfen. Die Entwicklung dieses Feuers wäre planbar, wenn man sowohl die eigenen Chemikalien kennen würde als auch die des Partners und darüber hinaus noch wüsste, wie diese Stoffe chemisch miteinander reagieren. Aber gerade die Reaktionen der Mitteilungen aufeinander können die Partner nicht bestimmen. Ob das Feuer, das zwischen den Partnern lodert, rot oder grün, leidenschaftlich oder partnerschaftlich brennen wird, ob es als Nächstes leuchtet oder schwach glimmt, ob es andauert oder zum Strohfeuer wird, zeigt sich erst im Verlauf der Kommunikation, im Verlauf von Stunden, Tagen, Wochen und Jahren. Wie ihre Beziehung sich entwickelt, davon müssen sich die Partner überraschen lassen.

In der Fernsehsendung *Stern TV* wurde ein Experiment zur Vorhersehbarkeit von Beziehungen gemacht. Dazu beobachtete ein Kommunikationsexperte sechs Männer und Frauen, die sich zuvor nicht kannten, im Gespräch miteinander. Jeder hatte im Stil des Speed-Dating einige Minuten Zeit, sein Gegenüber kennen zu lernen, dann wurde zum nächsten gewechselt. Der Experte sollte anhand der Körpersprache der Gesprächspartner herausfinden, wer am Ende des Gesprächs bereit war, sich mit wem zu verabreden. Der Fachmann beobachtete die Gesten und Gesichtsausdrücke der Leute und identifizierte schließlich zwei Paare, bei denen er Zeichen von Zuneigung auszumachen glaubte. Aber er lag in beiden Fällen daneben. Fazit des Experiments: die Beteiligten konnten vor den Gesprächen nicht wissen, bei wem sich die Bereitschaft zu einer ersten, zarten Beziehungsaufnahme einstellen würde, und der Experte konnte es nicht einmal während der Gespräche feststellen.

Es bleibt dabei: Liebesbeziehungen sind nicht planbar. Ich kann mir vorstellen, dass diese Darstellung der Beziehung als ihr eigenes Werk Verwirrung oder Verwunderung oder Widerspruch auslöst. Eine Kollegin meinte kürzlich, die These der eigenständigen Beziehung mache ihr viel Sinn, doch wünsche sie sich, es wäre anders. Doch so ungewöhnlich ist diese Sichtweise gar nicht, und sie lässt sich leicht empirisch nachprüfen. Versprechen sich nicht alle Partner zu Beginn ihrer Liebe, diese für immer lebendig zu erhalten? Und wie erklären sie den Niedergang ihrer Beziehung nach einer Trennung, von denen es jedes Jahr mehr als zwei Millionen gibt? Die Partner sagen, etwas Unvorhersehbares wäre eingetreten oder man hätte sich auseinander gelebt oder es hätte sich erwiesen, dass man nicht so gut zusammen passte wie anfangs geglaubt, oder die Gefühle hätten sich geändert oder etwas anderes Unerwartetes sei geschehen.

Wären solche Entwicklungen möglich, wenn sie ihre Kommunikation steuern und kontrollieren könnten? Keinesfalls, denn dann hätten sie dafür gesorgt, dass ihre Liebe bestehen bleibt, dass sie wächst, dass sie immer tiefer und inniger und freier und besser wird, so wie es zahllose Ratgeberbücher versprechen. Partner haben ihre Beziehung offensichtlich *nicht* im Griff. Man mag einwenden, dass viele Paare ein Leben lang zusammenbleiben. Das ist richtig, taugt aber als Einwand nicht. Diese Paare haben keineswegs ihre Beziehung den eigenen Vorstellungen angepasst. Umgekehrt wird ein Schuh daraus: sie haben sich mit ihren Erwartungen auf die Beziehung eingestellt und sich dieser angepasst. Sie waren einfach einverstanden mit dem, was ihnen miteinander möglich war.

DAS TRAURIGE MÄRCHEN VOM RICHTIGEN PARTNER

Eine Beziehung ist nicht das Werk der Partner, wenn man darunter eine bewusst gestaltete Beziehung versteht. Wer das einsieht und sich von entsprechenden Ratgeberbüchern diesbezüglich nicht weiter täuschen lässt, mag auf einen weiteren Mythos hereinfallen – auf das Märchen vom richtigen Partner. Dieses Märchen verbreitet beispielsweise die US-amerikanische Anthropologin Helen Fisher. In einem Interview gibt sie einen ultimativen Tipp, wie die lebenslange Liebe gelingt:

Der Trick ist deshalb schlicht, am Anfang den richtigen Menschen auszusuchen, einen Menschen, der für einen selbst auch langfristig interessant bleibt, einfach durch seine Art.[103]

Der ganze »Trick« besteht demnach darin, es richtig zu machen. Wie man allerdings am Anfang einer Beziehung herausfinden soll, wer in Zukunft noch interessant sein wird, dazu schweigt Helen Fisher. Ihr Trick ist schlichtweg absurd und unbrauchbar. Wie soll man heute, da das Individuelle so hoch geschätzt wird und jeder anders ist, einen Partner mit den erwünschten Eigenschaften finden? Keiner ist genau so, wie er erträumt wird. Der »richtige« Partner gleicht einem Lottogewinn. Wer kein solches Beziehungslotto spielen und sich mit der Suche nach dem mysteriösen »Richtigen« nicht quälen will, macht es besser den Paaren nach, die schon lange zusammenleben und deren Geheimnis darin besteht, sich auf ihre Beziehung einzustellen. Die passenden Erläuterungen hierzu lauten beispielsweise »Man muss den Partner nehmen, wie er ist« oder »Man kann nicht alles miteinander haben«.

Diese Paare erkennen – in ihren eigenen Worten ausgedrückt –
die Eigenständigkeit ihrer Beziehungen an.

EINE GEBRAUCHSANWEISUNG
FÜR DIE LIEBE?

Gegen die These, Beziehungen seien eigenständig, könnte man
einwenden, es wäre in dem Fall verwunderlich, dass Beziehungen überhaupt zustande kommen. Es gibt sie aber stets in
großer Zahl. Wie können sie in einem Umfeld entstehen, in
dem sich unzählige Individuen begegnen, die offensichtlich
nicht kompatibel zueinander sind? Ist es unter diesen Umständen nicht äußerst unwahrscheinlich, dass lange anhaltende –
was heute meint: einige Jahre dauernde – Liebesbeziehungen
überhaupt entstehen?

Die Antwort auf diesen Einwand habe ich, ohne ausdrücklich darauf hinzuweisen, bereits gegeben. Damit Liebe unter
den konkreten gesellschaftlichen Umständen möglich wird,
stellt die Gesellschaft den Partnern eine Gebrauchsanweisung
für die Liebe zur Verfügung. Der Fachbegriff lautet *Liebescode*. Dieser Code, der sich im Laufe der Jahrtausende entwickelt hat und der sich ständig entsprechend der gesellschaftlichen Umstände weiter verändert, wurde von dem Soziologen
Niklas Luhmann[104] so treffend beschrieben.

Der Liebescode vermittelt den Partnern Anweisungen darüber, was in Liebesbeziehungen kommuniziert werden soll und
was aus dieser Kommunikation ausgeschlossen sein muss, damit Liebe und nichts anderes mitgeteilt wird. Der Liebescode
reduziert die Kommunikation auf das für die Liebe Notwendige und hält alles Störendes daraus fern. Er sorgt für die
Beschränkung auf das für die Liebe Wesentliche, welche die
besondere Intensität einer Liebesbeziehung ermöglicht. Folgen die Partner dem Liebescode konsequent, bleibt ihre Liebe

erhalten. Dann wird – wie bereits beschrieben – Höchstpersönliches mitgeteilt, die Partner bestätigen sich gegenseitig uneingeschränkt und unabhängig vom Inhalt ihrer Mitteilungen, ihre Handlungen tragen den »Für-dich«-Charakter, und es ist ihnen ein stetiges Bedürfnis, das gern und freiwillig zu tun.

Das heißt: dass zwei ein Liebespaar sein können, ergibt sich daraus, was sie in ihre Kommunikation einschließen und was sie daraus fern halten.

Aus diesem Grund funktioniert diese Gebrauchsanweisung nur, solange es den Individuen gelingt, lediglich das im Liebescode Vorgesehene mitzuteilen und nichts anderes. Ihre Kommunikation muss sich auf Liebe beschränken und das Individuum ansonsten unberücksichtigt lassen. Das ist natürlich nicht dauerhaft möglich. Die Gefahren der Kommunikation lassen sich, auch das habe ich beschrieben, nicht dauerhaft ausschließen. Zu Beginn wirft jeder ausschließlich positive Gefühle ins Feuer der Beziehung, und die Partner versprechen sich, auch zukünftig gute Gefühle füreinander aufzubringen und sich bis ans Ende der Zeit zu lieben. Man glaubt – und muss das glauben –, über das eigene Empfinden und Verhalten bestimmen zu können. Aber dann taucht früher oder später das vom Liebescode aus der Kommunikation verbannte – das störende Individuelle – auf und verschafft sich in unkontrollierten Bemerkungen oder unerwarteten Handlungen Geltung.

Die Kommunikation zu Beginn einer Liebesbeziehung ist eine andere als nach einiger Zeit. Zu Beginn ist die Geduld, einander zuzuhören, fast grenzenlos. Der Partner wird nicht kritisiert, man interessiert sich im Gegenteil für seine Eigenarten. Sobald es brenzlig wird, vermeiden es die Partner, das betreffende Thema fortzuführen. Dazu müssen sie sich nicht einmal anstrengen, sie tun es gerne, weil an brenzligen Themen dranzubleiben sich gefühlsmäßig negativ auswirkt und das Liebesgefühl dämpfen würde. Zu Beginn einer Beziehung mutet man sich dem Partner nicht in Gänze zu, man räumt die Wohnung auf, zeigt seinen Charme, wendet sich dem anderen zu und fördert die Verbundenheit. Doch mit der Zeit werden Unterschiede und Abgrenzungen sichtbar und auch betont. Man hört nicht mehr allem zu, man fängt zu kritisieren an, und man streitet sich. Man outet sich generell als Individuum. Auch der berühmte sexuelle Ausrutscher oder die sexuelle Verweigerung sind Kommunikationsbeiträge, die nicht dem Liebescode, sondern der davon abweichenden individuellen Verfassung entsprechen.

Die Folgen individuell trennender Sachverhalte auf eine Beziehung sind nicht absehbar, und daher kann der Beziehungsverlauf ebenso als eigenständig angesehen werden wie die Bildung einer Beziehung. Die skizzierte Gebrauchsanweisung der Liebe taugt nur für die Begegnungen, die ohnehin im Zeichen der Liebe stattfinden. Ein alltagstaugliches Rezept, um die Liebe zu erhalten, lässt sich daraus nicht fabrizieren.

ERST IN DER BEZIEHUNG WERDEN INDIVIDUELLE ENTWICKLUNGEN DEUTLICH

Der Eindruck der Eigenständigkeit einer Beziehung wird durch eine weitere Merkwürdigkeit noch verstärkt. Diese besteht darin, dass Partner individuelle Veränderungen oft nicht an sich selbst oder am Gegenüber erkennen, sondern erst an den Auswirkungen, die diese Veränderungen auf ihre Beziehung haben.

Beispielsweise ergibt sich in der Beziehung eine unerwartete Distanz, die für Verwirrung sorgt. Später stellt sich dann heraus, dass einer der Partner etwas erlebte, das seine Stimmung und seinen Gemütszustand veränderte. Vielleicht erfuhr er vom Tode eines Freundes und ist daraufhin deprimiert gewesen. Seinen Stimmungswandel hat er selbst nicht bemerkt, oder er glaubte, ihn aus der Beziehung heraushalten zu können, aber die Kommunikation mit dem Partner wurde dadurch verändert. Er wirkte abwesend, und der Partner fühlte sich ausgeschlossen.

Die eigene Befindlichkeit liegt oft außerhalb des eigenen Blickfeldes. Ein eindrückliches Beispiel dafür gab eine Frau, die sich in der Beratung heftig über die angeblich aufdringlichen Küsse ihres Mannes aufregte. Der Mann wehrte sich und meinte, früher hätten ihr diese Küsse gefallen. Erst durch diesen Konflikt wurde der Frau klar, dass sich ihre Bedürfnisse verändert hatten. Statt leidenschaftlicher Küsse suchte sie momentan emotionale Geborgenheit, eine Sehnsucht, die durch Ängste aufgrund einer beruflichen Veränderung entstanden war.

Weitaus öfter, als es den Partnern bewusst wird, weisen Beziehungskonflikte auf solche individuellen Veränderungen hin. Und da individuelle Entwicklungen selten parallel verlaufen, verursachen sie mit schöner Regelmäßigkeit Beziehungsprobleme.

SICH AUF DIE EIGENE BEZIEHUNG BEZIEHEN

Fasst man diese Darstellungen zusammen, dann erscheint es sinnvoll, Beziehungen als eigenständig zu betrachten. Jede Sichtweise, die die Partner als bewusst handelnde Akteure, als Planer und Gestalter des Beziehungsverlaufes darstellt, ist im Grund zynisch. Denn dann bleibt nichts anderes übrig, als den Partnern im Falle des Scheiterns entweder Absicht oder Unwilligkeit oder bestenfalls Beziehungsunfähigkeit zu bescheinigen. Damit wird ignoriert, dass Partner per se immer ihr Bestes geben, um ihre Beziehung zu erhalten.

Viel sinnvoller scheint es mir, Beziehungen mit unabhängigen Wesen zu vergleichen. Diese Wesen beschreiben weder den einen noch den anderen Partner, *sondern ihren Bezug*. Die Beziehung wird so zu etwas Drittem, das zwischen den Partnern existiert. Diesem Dritten kann man die gleiche Eigenständigkeit zugestehen, die man dem Partner unterstellt.

Eine praktische Möglichkeit, diese Vorstellung nachzuvollziehen, ergibt der Vergleich mit einem Kind. Wenn Partner ein Kind in die Welt setzen, können sie weder dessen körperliche noch psychische Entwicklung festlegen. Ob es musisch begabt, handwerklich geschickt oder wissenschaftlich interessiert sein wird, seine Größe, Augenfarbe – diese und tausend andere Entwicklungen können die Eltern nicht bestimmen. Selbst wenn sie versuchen, bewussten Einfluss auf die Entwicklung auszuüben, indem sie ihr Kind beispielsweise zum Musikunterricht schicken, kann das gut oder auch schief gehen. Das Kind mag diese Hilfen aufgreifen oder sich ihnen verweigern. Kinder sind nun einmal eigenständig und entwickeln sich eigenständig, so wie der eigene Partner es tut.

Statt sich im Besitz der Entwicklungsmacht über seine Beziehung zu wähnen, kann man die gleiche Eigenständigkeit, die man einem Kind oder dem Partner zugesteht, auch der eigenen Beziehung zugestehen. Diese ungewöhnliche Perspektive eröffnet die interessante Möglichkeit, sich, ähnlich wie man sich auf einen Menschen bezieht, auf die eigene Beziehung zu beziehen und sich ihr gegenüber zu verhalten.

Wie geht so etwas vor sich? Bleiben wir im Bild des Feuers,

das zwischen den Partnern brennt. Normalerweise stehen die Partner vor dem Feuer und fordern sich gegenseitig auf, die richtigen Stoffe ins Feuer zu werfen, damit dieses entflammt. Sie haben nicht die Beziehung, sondern einander im Focus und erwarten vom anderen, der »richtige« Partner zu sein. Wenn sie sich stattdessen auf die Beziehung beziehen, wenden sie sich vom Partner ab und dem Feuer zu. Jetzt geht es darum, selbst etwas ins Feuer zu werfen, das dieses entfacht. Sie finden heraus, ob es durch eigene Zugaben größer oder kleiner wird, experimentieren mit Verhalten und stellen fest, wie die Beziehung reagiert.

Wenn die Beziehung im Focus liegt, kommt es nicht auf den »richtigen« Partner an, sondern auf die eigenen Zugaben, und dann kann der Partner sich verstanden fühlen, weil er so bleiben kann, wie er ist.

So tun beide ihr Bestes. Anschließend können sie feststellen, von welchem Wert dieses konkrete Feuer für das eigene Leben ist. Mit anderen Worten, man kann seine Beziehung betrachten, ihren Zustand erkennen und sich ihr gegenüber verhalten, anstatt sich mit der irrigen Vorstellung zu quälen, seine Beziehung dirigieren und darüber bestimmen zu können, was sie hergibt.

Wer seine Beziehung auf diese Weise als eigenständig ansieht, für den erübrigen sich auch Spekulationen darüber, ob sie eher eine Liebesbeziehung oder mehr eine Partnerbeziehung darstellt, ob er richtig oder falsch liebt, ob er diesen oder jenen Ratschlag oder diese oder jene angeblich wissenschaftlich begründete Erkenntnis befolgen müsste, um die Beziehung in seinem Sinn zu manipulieren, oder ob er den richtigen oder falschen Partner gefunden hat. Wer seine Beziehung als eigenständig ansieht, für den kommt es allein auf den Wert an, den sie für sein Leben hat.

Eine Beziehung als eigenständig zu sehen heißt also nicht – dieses Missverständnis kommt manchmal auf –, sich ihr gegenüber passiv zu verhalten. Kein Partner ist gezwungen, seine Beziehung einfach hinzunehmen und ansonsten die Hände in den Schoß zu legen. Schließlich ist auch niemand gezwungen, sein Kind oder seinen Partner passiv zu ertragen. So wie man sich mit einem anderen Menschen oder dem eigenen Kind auseinander setzt, kann man sich auch mit seiner Beziehung auseinander setzen. Eine der besten, vielleicht die beste Möglichkeit überhaupt, das zu tun, besteht darin, das *eigene* Verhalten so weit als möglich zu verändern. So wie andere Menschen auf ein verändertes Verhalten ihres Gegenübers antworten werden, wird dies auch die Beziehung tun, allerdings nicht verbal. Die Beziehung wird stattdessen ihren Zustand verändern.

DIE RESONANZ DER BEZIEHUNG

Aus der Perspektive der Beziehung als eigenständigem Gebilde kommt es darauf an, welche *Resonanz* die Beziehung auf ein verändertes Verhalten der Partner zeigt und welchen Zustand sie vor und nach der Verhaltensänderung einnimmt.

Wird eine Beziehung beispielsweise als gereizt und angespannt empfunden, kann darauf sehr unterschiedlich reagiert werden. Man kann sich zurückziehen oder ein offenes Wort und vielleicht eine Auseinandersetzung riskieren. Zieht man sich zurück und trifft wieder aufeinander, kann die Beziehung entspannter sein oder sogar noch gereizter. Riskiert man ein offenes Wort, kann die Beziehung geklärt werden, oder es kann Distanz entstehen. Vorhersehen lässt sich das nicht, man muss sich sozusagen von der Reaktion der Beziehung überraschen lassen. Verändert ein Partner sein Verhal-

Die Eigenständigkeit einer Beziehung 253

ten, folgt die Beziehung der darin liegenden Absicht nicht wie ein Hündchen, auch wenn manche Beziehungsspezialisten solche Vorstellungen gern verbreiten.

Ein Mann, der sich jahrelang egoistisch verhält und sich dafür endlose Vorwürfe gefallen lässt, mag sich zukünftig auf die Wünsche seiner Frau einstellen und sich freundlich zugewandt zeigen, aber ob die Beziehung anschließend intensiver oder langweiliger sein wird, das bleibt abzuwarten. Eine Frau, die lange Zeit sexuell verschlossen war, mag sich ihrem Mann nun öffnen, aber ob die Beziehung daraufhin näher oder distanzierter wird, muss sich erst zeigen. Partner haben meist Vorstellungen darüber, wie sich ihr Gegenüber verändern soll, aber wie sich die Kommunikation mit dem veränderten Partner gestaltet, das können sie nicht wissen, und das muss keinesfalls wunschgemäß verlaufen.

In der Praxis heißt das: selbst wenn beide Partner lebenslange Liebe wollen, muss die Beziehung nicht mitspielen, und selbst wenn beide Partner eine auf Dauer anregende Sexualität wünschen, braucht sich diese nicht zu ergeben. Eine Beziehung lässt sich weder bewusst steuern noch zielgerichtet manipulieren, weshalb Verhaltensänderungen auch nicht automatisch das bringen, was man sich davon verspricht. In jedem Fall bleibt die Resonanz der Beziehung abzuwarten. Dass eine Beziehung vom Willen der Partner unabhängig und eigenständig ist, bedeutet nicht, um es nochmals zu betonen, sie wäre von den Partnern unabhängig. Als Kommunikationssystem ist sie natürlich vom Kommunikationsverhalten der Partner abhängig. Aber gerade das eigene Kommunikationsverhalten lässt sich bekanntlich schwer kontrollieren.

Daher kann bei einer Beziehung – gerade auf Dauer – alles Mögliche herauskommen: eine partnerschaftliche Beziehung, eine leidenschaftliche Beziehung, eine kurze, lange, aufreibende, vertraute, verletzte, ungewisse, kämpferische, langweilige oder eine sonst wie geartete Beziehung. Das liegt nicht in den Händen der Partner, es hängt von ihrer Beziehung ab.[105]

EINE CHANCE, DIE LIEBE ZU BELEBEN

Beziehungen verhalten sich dem Willen der Partner gegenüber eigenständig und nehmen selbst dann unerwartete Entwicklungen, wenn beide sich die größte Mühe miteinander geben. Heute gelingt es praktisch keinem Paar, mit der ersten großen Liebe zusammenzubleiben. Diesem Vorsatz könnte entsprochen werden, wenn die partnerschaftliche Bindung mehr als die Liebesbindung gelten würde. Doch die Liebe und die mit ihr verbundene Individualität haben einen zu hohen Stellenwert erhalten. Daher bleibt das Scheitern keinem Paar erspart, lediglich sein Ausmaß ist verschieden.

Mit Scheitern, ich will es nochmals betonen, ist hier das *Scheitern von Erwartungen* gemeint, das nicht unbedingt zum Ende einer Beziehung führen muss. Und mit Scheitern ist schon gar nicht ein angebliches Fehlverhalten der Partner gemeint. Was scheitert, ist die Erwartung, dass es so gut weiterläuft, wie es anfing. Die Partner gingen wie selbstverständlich davon aus, dass ihre Liebe erhalten bleibt. Natürlich war ihnen klar, dass sich der Alltag bemerkbar machen würde. Aber zärtlich, emotional, erotisch, knisternd und zumindest ab und zu leidenschaftlich sollten ihre Begegnungen bleiben; und das nicht nur die zwei bis vier Jahre, die von Helen Fisher als weltweiter Durchschnitt für die Haltbarkeit romantischer Liebe genannt werden.

WIE DIE LIEBE AN BEDEUTUNG VERLIERT

Entgegen allen Erwartungen verliert eine Liebesbeziehung an Intensität, und die Partner suchen nach Möglichkeiten, sie zu beleben. Vollziehen wir diese Entwicklung noch einmal nach, um daraus Anregungen für eine mögliche Belebung zu erhalten.

Zu Beginn einer Liebesbeziehung wähnen sich die Partner eins miteinander. Im Laufe der Zeit tauchen individuelle Unterschiede auf – verschiedene sexuelle Vorlieben, verschiedene Vorstellungen bezüglich der Lebensweise, unterschiedliche Zukunftspläne und vieles anderes mehr – und gefährden den Eindruck, sich durch und durch zu verstehen und eine Einheit zu sein. Um die Liebesbeziehung dann nicht zu gefährden, gehen die Partner so gut als möglich *partnerschaftlich* mit ihren Unterschieden um. Dadurch wird die Partnerbeziehung gestärkt, aber die Liebesbeziehung geschwächt. Dieser Mechanismus wiederholt und verschärft sich. Man gerät aufgrund von Unterschieden auseinander, man fürchtet um die Beziehung, man verhandelt, man einigt sich und schließt Kompromisse, von denen etliche mit einem Stück Individualität bezahlt werden müssen. In der Folge davon gehen Liebe und Begehren weiter zurück. Schließlich wird emotionale Tiefe und leidenschaftliche Dichte vermisst, die unter dem Mantel gegenseitiger Rücksichtnahme verschwunden sind.

Solches Scheitern ist in der modernen Beziehungswelt allgegenwärtig. Man braucht sich nur die Vielzahl von Ratgebern zum Thema »Wie sich die Liebe erhalten lässt« anzusehen, um zu begreifen, wie sehr der Schuh mittlerweile drückt. Die Liebe und auch die Verliebtheit haben einen zu hohen Stellenwert, als dass Männer und Frauen zu Gunsten der Partnerschaft darauf verzichten wollten. Daher wird zunehmend Wert darauf gelegt, Liebe und Begehren, sobald es in Beziehungen schwindet, zurückzugewinnen.

»STRATEGIEN« ZUR SCHWÄCHUNG DER LIEBE

Im Zusammenhang mit meinem Buch *Fünf Lügen, die Liebe betreffend* wurde ich immer wieder gefragt, ob sich etwas gegen den Schwund des Begehrens tun lässt, von dem Beziehungen so oft heimgesucht werden. Obgleich das Thema jenen Buches speziell die Sexualität in der Langzeitbeziehung ist, steht hinter dem Rückgang des Begehrens doch die gleiche Dynamik – indem die Partnerschaft gestärkt und gelebt wird, zieht sich das Begehren zurück. Meine Antwort auf diese Fragen lautete denn auch stets: wer das sexuelle Begehren erhalten will, muss auf seine Bedingungen eingehen. Welches sind solche Bedingungen? Sexuelles Begehren braucht den körperlichen und psychischen Abstand zwischen den Partnern, um ihn überwinden zu wollen. In der Harmonie und Vertrautheit der Partnerschaft schläft es ein.

Ähnlich verhält es sich mit der Liebe. Wer sie erhalten will, muss ebenfalls auf ihre Bedingungen eingehen. Die grundlegendste Bedingung für die Liebe der Individuen ist die Individualität. Ein Ansatzpunkt, um die Liebe zu retten, findet sich daher dort, wo die Spur der Liebe verblasst und die Partnerschaft an Bedeutung gewinnt, denn mit diesem Vorgang ist eine fast unmerkliche Einebnung der Individualität, also des psychischen Abstandes verbunden.

Die Verführung liegt im allzu partnerschaftlichen Umgang miteinander. Man verhält sich kooperativ, während man Liebe will. Man tauscht, wo man schenken und beschenkt werden will. Man berechnet, wovon man überwältigt werden will.

Man verzichtet, wo man sein eigenes Ding machen möchte. Man nimmt Rücksicht, wo man egoistischer sein möchte. Man passt sich an, wo man lieber abweichen möchte. Man hält sich zurück, wo man sich zeigen will. Man geht auf Nummer sicher, wo man Lebendigkeit will. Mit dem Beschneiden ihrer Individualität entziehen die Partner ihrer Liebesbeziehung die Basis.

Eine Hauptrolle beim Rückgang der Liebesbeziehung spielt die Selbstverleugnung, die der Partnerschaft zuliebe praktiziert wird.

Das Ausmaß der Selbstverleugnung verursacht jene merkwürdige emotionale Distanz in der räumlichen Nähe zum Partner, die sich als Verlust von Liebe bemerkbar macht. Der Beziehung zuliebe hat man es sich im partnerschaftlichen Bereich bequem gemacht. Nun sitzt man in der bequemen Zone der Beziehung fest und sehnt sich nach Liebe, nach Intensität, nach Lebendigkeit. Man sehnt sich danach, von den Gefühlen der Liebe überwältigt zu werden. In diese sichere Zone der Partnerschaft geriet man nicht, weil der Partner das betrieb, sondern aufgrund der eigenen Vorstellungen davon, wie man sich in einer Beziehung zu verhalten hat. Man ist schlicht nicht der abgegrenzte Mensch geblieben, der man im Grunde ist. Zumindest ist man das nicht in dem Umfang, der gebraucht wird, um genügend Abstand zu gewinnen, Sehnsucht zu entwickeln und sich wieder in intensiver Nähe zu begegnen.

DIE CHANCE
DER SELBSTOFFENBARUNG

Wer absichtlich die Liebe schwinden lassen wollte, wüsste ob der geschilderten Zusammenhänge recht genau, wie er vorgehen müsste. Hieraus ergeben sich Ansatzpunkte zur Belebung der Situation. Diese weisen in die umgekehrte Richtung.

Statt die Liebesbeziehung durch laufende Selbstverleugnung weiter zu schwächen, geht es darum, sich zur individuellen Unterschiedlichkeit zu bekennen und seine Persönlichkeit dem Partner gegenüber zu behaupten. Es geht um Selbstoffenbarung in der Beziehung, durch die Intimität als intensive emotionale Nähe entstehen kann. Der Beziehungstherapeut David Schnarch definiert Intimität folgerichtig als »offene Selbstkonfrontation in Gegenwart eines emotional bedeutsamen Partners«[106]. Sich als der zu zeigen, der man ist, sich in seiner Individualität zu offenbaren, schafft die Voraussetzung dafür, eine Bestätigung dieser Einzigartigkeit zu finden. *Es geht darum, für den Partner erkennbar der zu sein, der man ist. Schließlich will man als dieser Mensch geliebt werden, und nicht als angepasster Partner.*

Die Formulierung »Sein, wer man ist« deutet auf einen ungewöhnlichen Ansatz im Umgang mit den hier beschriebenen Problemen hin. Üblicherweise würden Partner, die vom Rückgang der Liebe betroffen sind, fragen: »Was sollen wir tun?« Und üblicherweise würde eine Problembewältigung dann vorschlagen, ein bestimmtes neues Verhalten zu entwickeln oder ein anderes Verhalten zu unterlassen. Die Problembewältigung fände dann auf der Verhaltensebene statt. Bei Selbstverleugnung und Selbstoffenbarung geht es jedoch erst in zweiter Linie ums Verhalten. In erster Linie geht es um die eigene Vorstellung davon, *wer man ist*. Diese Vorstellung hat man der Beziehung zuliebe beschnitten und verbogen. *Bei der Bewältigung von Liebesproblemen geht es weniger darum, was die Partner tun, sondern vielmehr darum, wer sie in ihrer Beziehung sind.*

Wenn die Liebe der Individuen eine grundlegende Forderung an die Partner stellt, dann lautet sie: »Sei, wer du bist!«, und das bedeutet: »Sei auch der, der du *unabhängig* von der Beziehung bist!«

ENTDECKEN, WER MAN IST

Diese Forderung ist gewissermaßen paradox, weil man nicht gänzlich unabhängig von einer Beziehung sein kann, solange man eine führt. Dennoch verfügt jeder Partner über *Vorstellungen* und *Phantasien* davon, wer er wäre, wenn er keine Beziehung hätte und daher keine Rücksicht darauf oder auf den Partner nehmen müsste. In diesen Phantasien erlebt er sich als unabhängig, und aus ihnen kann er entnehmen, was er tun könnte oder lassen könnte, wenn er keine Beziehung hätte, also: wer er unabhängig von der Beziehung ist.

Vollziehen wir solche Phantasien nach, die in zwei Formen vorkommen, einer indirekten und einer direkten Vorstellung von Unabhängigkeit. Die indirekte Formulierung sagt: »Wenn ich keinen Partner hätte, bräuchte ich nicht...« oder »Wenn ich keinen Partner hätte, müsste ich nicht...« Was zum Beispiel? Zum Beispiel »...diese langweilige sexuelle Routine erfüllen...um des lieben Frieden willens den Mund halten... mit ihm/ihr jede freie Minute verbringen...«, und so weiter. Diese Formulierung sagt aus, von welchen Zwängen man befreit wäre, wenn man keine Beziehung hätte. Sie lässt sich leicht durch eine Ergänzung in eine direkte Formulierung umformen. Diese Ergänzung lautet: »..., dann könnte ich...« Verfolgen wir auch diese Phantasie. »Wenn ich keinen Partner hätte, dann könnte ich beispielsweise...eine Weltreise machen...meine Freunde öfter treffen...erotische Abenteuer erleben...ungestört meinem Bedürfnis nach Ruhe nachgehen... Geld für mich ausgeben...« und anderes mehr.

Von dieser Vorstellung davon, was man tun könnte, ist es nur ein kleiner Schritt zur Entdeckung der Person, die man unabhängig von der Beziehung ist. Dazu verleiht man der Person, die sich so verhält, einen Namen. Wer in seiner Phantasie beispielsweise eine Weltreise macht, bezeichnet sich vielleicht als »Abenteurer«, wer erotische Abenteuer erlebt, nennt sich eventuell »Sinnliche/r«, wer seinem Bedürfnis nach Ruhe nachgeht, bezeichnet sich als »Gelassene/r« und wer auch Geld für sich selbst ausgibt, ist im guten Sinne »Egoist«.

Wie immer sie genannt wird, in jedem Fall ist diese Person ein anderer Mensch als derjenige, der in der realen Beziehung auftritt. In ihr haben sich gewissermaßen die verleugneten individuellen Eigenschaften angesammelt, und deshalb kann man sich bei diesem unabhängigen Menschen bezüglich seiner Individualität guten Rat holen. Der beste Rat besteht darin, im Beziehungsalltag diese Person (mehr) zu sein.

Bei einem solchen Versuch der Selbstoffenbarung steht man vor einem doppelten Hindernis.

Die erste Hürde besteht darin, eine veränderte Vorstellung von sich zu gewinnen, und die zweite Hürde bedeutet, sich dem Partner als dieser oder diese zu zeigen. Beide Hürden sind nicht leicht zu nehmen. Wer beispielsweise Probleme im sexuellen Bereich hat, dem fällt es meist schwer, vor sich selbst zuzugeben »Ich langweile mich« oder »Ich leide«. Sogar wenn der Partner fragen würde »langweilst du dich« oder »leidest du«, würde diese sexuelle Realität verleugnet oder verharmlost. Man will sich selbst als jemand sehen, der sein Leben im Griff hat, und solange eine Frustration oder ein Leid noch nicht unerträglich zu sein scheint, hält man es eben aus. Es ist ja nicht so schlimm, es geht noch eine Weile, es wird schon werden. Es fällt schwer, vor sich zuzugeben: »Eigentlich will ich etwas anderes, eigentlich bin ich ein anderer... Abenteurer... Sinnlicher... Egoist... und ich will dieser sein!«

ZEIGEN, WER MAN IST

Wem es gelingt, diese erste Hürde zu nehmen und seine Vorstellung von sich zu verändern, der steht vor dem zweiten Hindernis. Nun geht es darum, sich dem Partner als dieses Individuum zu offenbaren und ihm klar zu machen, *wer man ist*. Das geht am leichtesten, indem man als dieser Individualist handelt, etwas Ungewohntes tut und damit die Beziehung an ihren statischen Punkten in Bewegung versetzt. Sie gerät dann aus dem gewohnten Rhythmus, und in den unvermeidbar folgenden Konflikten geht es dann »nur« noch darum, zu dem zu stehen, der man ist.

Wer beispielsweise im sexuellen Bereich seine Gewohnheiten verlassen hat und dafür angeklagt wird, kann darauf verweisen: »Ich bin eben ein Sinnlicher/eine Sinnliche«, wer seine Weltreise plant, kann sich als »Abenteurer« outen, und wer den Freizeitstress nicht mehr mitmacht, kann sich als »Gelassener« zu erkennen geben.

Mit einer Selbstoffenbarung wird eine wichtige Frage aufgeworfen: will der Partner mit der Person, die sich so zeigt, eine Beziehung führen, und wie könnte diese Beziehung im Unterschied zur bisherigen Beziehung konkret aussehen?

Will der Partner mit dem/der »Sinnlichen« leben und kann er ihn/sie lieben? Will der Partner mit einem »Abenteurer« klarkommen? Welche Beziehung ist zu dem/der »Gelassenen« möglich? Diese Fragen stehen natürlich mehr oder weniger lange Zeit unbeantwortet im Raum und schaffen Unsicherheit. Aber genau darin zeigt die Selbstoffenbarung ihre belebende Kraft. Sie wird zur Gefahr für die bisherige Beziehung und damit zur Chance, die Beziehung zu beleben.

BELEBUNG DURCH GEFAHR

Eine Belebung frei von Gefahr ist nicht zu haben. Deshalb stellen Partner oft unbewusst gefährliche Situationen her, in denen sie sich offenbaren.

Ich erinnere mich an ein Paar, dessen Liebesbeziehung nach Darstellung der Partner »eingeschlafen« war und durch einen Seitensprung der Frau »aufgeweckt« wurde. Die Partner kamen im Laufe der Auseinandersetzung mit dem Vorfall übereinstimmend zu der Einschätzung, der Seitensprung wäre passiert, weil sie sich ihrer Beziehung zu sicher gewesen waren. Im Grunde hätten sich beide schon seit einigen Jahren gelangweilt, weil es kaum noch zu intensiven Begegnungen kam. Dann stellten sie die Frage, wie man eine Beziehung genügend unsicher und damit lebendig erhalten könne. Erst nachdem die Frage gestellt war, fiel ihnen auf, dass sie genau das getan hatten. Interesse für einen anderen als den eigenen Partner zu zeigen oder sich zu verlieben und auch der Seitensprung sind indirekte Mittel der Offenbarung. Man zeigt sich als jemand, dem etwas fehlt und der nicht verzichten will – beispielsweise auf Lebendigkeit, Zärtlichkeit oder intimen emotionalen Austausch.

Die Frage der Partner bezog sich aber nicht auf eine solche »unfreiwillige« Belebung, sondern lautete im Grunde: wie kann man eine Beziehung absichtlich verunsichern, um sie lebendig zu erhalten? Dieser Gedanke liegt gar nicht so fern. Wüssten Partner, wie sie so etwas machen könnten, ohne ihre Beziehung *zu stark* zu gefährden, würden sie es sicherlich tun. Therapeuten bewegen sich in diese Richtung, wenn sie Streit als förderlich für Beziehungen werten und den Partnern empfehlen, sich in bestimmten Abständen zu streiten. Auch die Anthropologin Helen Fisher spricht solche nur scheinbar absurden Empfehlungen aus. Sie antwortet auf die Frage, wie man das Feuer der Liebe am Brennen hält:

Eigentlich müsste ich jetzt sagen: Trennen Sie sich regelmäßig einmal im Jahr von Ihrem Partner, und fangen Sie danach von vorne an. Gönnen Sie sich eine schöne Affäre nebenbei. Ihr Partner wird Sie dafür zwar hassen – doch er wird Sie auch lieben wie nie zuvor.[107]

Was Helen Fisher da – keineswegs scherzhaft – empfiehlt, ist, Distanz und Gefahr herzustellen und davon Belebung zu erwarten. Natürlich gefährdet solch ein Verhalten, wie jede Selbstoffenbarung, nicht nur die Liebesbeziehung, sondern ebenso die partnerschaftliche Verbindung. Selbstoffenbarung zielt darauf ab, Regeln, die im partnerschaftlichen Umgang miteinander getroffen wurden, aufzukündigen. Man sitzt dann vielleicht nicht mehr jeden Abend gemeinsam mit Chips auf dem Sofa, sondern ist mit ernsteren Konsequenzen konfrontiert. In dem Fall haben die Partner die bequeme Zone der Beziehung, die in partnerschaftlicher Eintracht geschaffen wurde, verlassen.

Das scheint unvermeidlich, denn wer die Liebe will, muss etwas riskieren. Die Liebe, darauf weist der Paartherapeut Arnold Retzer hin, sei grundsätzlich schon dadurch gefährdet, dass sie keine Lauheiten vertrage, sondern auf eine gewisse Radikalität angewiesen ist. Individualität, zu der die Partner sich bekennen, liefert solche Radikalität.

DIE BEZIEHUNG REAGIERT

Die Selbstoffenbarung der Individuen voreinander birgt Chancen, zur Liebe zurückzufinden, allerdings ohne eine Garantie dafür zu liefern. Eine Garantie kann es nicht geben, weil dann die Gefahr neutralisiert wäre. Das gilt übrigens auch für die Versuche, das sexuelle Begehren zu beleben, wie sie der Sexualtherapeut Ulrich Clement praktiziert. Clement sucht in der sexuellen Unterschiedlichkeit der Partner nach Anregungen für aufregende Sexualität und spricht in diesem Zusammenhang vom »Risiko der erotischen Unterschiede«.[108] Die Offenlegung individueller Unterschiede bricht mit Gewohnheiten und ruft unvermeidbare Risiken hervor.

Die Belebung einer Beziehung scheint gefahrfrei nicht möglich zu sein, und Gefahr bedeutet immer auch: es kann anders kommen, als die Partner es sich vorstellen. Wer deshalb beschließt, die Gefahr zu scheuen, muss auf eine Belebung seiner Beziehung verzichten und sich eventuell mit einer überwiegend partnerschaftlichen Bindung zufrieden geben – was durchaus nicht die schlechteste Alternative ist.

Wer das Risiko der Selbstoffenbarung eingeht, wer – um an die vorher aufgeführten Beispiele anzuknüpfen – sich in seiner Beziehung als »Abenteurer«, »Gelassener«, »Egoist« oder »Sinnlicher« zu erkennen gibt und entsprechend verhält, verändert seine Beziehung. Ein »Abenteurer« führt eine andere Beziehung als jemand Angepasstes, jemand »Sinnlicher« führt eine andere Beziehung als jemand, der sich abgefunden hat. So jemand sagt andere Dinge und tut andere Dinge. Auf dieses veränderte Kommunikationsverhalten reagiert die Beziehung ebenfalls mit Veränderung, sie kann gar nicht anders, und man darf auf ihre Resonanz gespannt sein.

Diese Resonanz kann den Erwartungen der Partner entsprechen, dann wird die Liebesbeziehung gegenüber der Partnerbeziehung potenziell gestärkt. Man verlässt die bequeme Zone der Beziehung und lässt sich wieder auf die unsichere Kommunikation der Liebe ein. Das heißt, man praktiziert wieder höchstpersönliche Mitteilungen, zeigt dabei etwas individuell Neues, das entweder bestätigt oder abgelehnt werden kann, und entwickelt möglicherweise das »Für-dich-Verhalten« der Liebe. Damit wären die Kriterien einer Liebesbeziehung berücksichtigt, und es ist durchaus möglich, dass sich das Gefühl der Liebe und damit verbunden der Eindruck, einander zu verstehen und sich bestens zu kennen, wieder einstellt.

Aber natürlich kann die Resonanz der Beziehung auch gegenteilig ausfallen. Das hängt sehr von den konkreten Umständen der betreffenden Beziehung ab. Da ich auf solche Umstände und konkrete Lösungsmöglichkeiten im Rahmen dieses Buches nicht eingehen kann, habe ich an anderer Stelle eine *Anleitung zur Belebung der Liebe* zur Verfügung gestellt, die dabei helfen soll, auf die eigene Beziehung bezogene Anregungen zu erhalten.[109]

Halten wir fest: wenn Partner sich voreinander offenbaren, muss nicht automatisch mehr Nähe entstehen, ebenso kann die Liebesbeziehung an Intensität verlieren. Geschieht dies, verlieren die Partner auch an Bereitschaft, sich zu verstehen. Die psychische Distanz zwischen ihnen nimmt zu, worin durchaus Sinn verborgen liegt.

VOM SINN DES NICHTVERSTEHENS

Die Distanz des Nichtverstehens stellt einerseits ein Problem dar, andererseits ist sie Voraussetzung dafür, um aufeinander zugehen zu wollen. Das Problem des Nichtverstehens wird in der Liebe gebraucht, und daher gehört es zu den unlösbaren Problemen, die eine Beziehung aufrechterhalten können. Eine Beziehung sollte unlösbare Probleme brauchen? Diese Aussage widerspricht den Vorstellungen, die sich Partner gemeinhin von der Liebe machen.

VERSTEHEN –
EIN UNLÖSBARES PROBLEM

In der Soziologie geht man davon aus, dass Kommunikationssysteme wie die Liebesbeziehung ständige Kommunikationsanreize brauchen. Es muss immer wieder etwas geben, das Gegenstand der intimen Liebeskommunikation sein kann. Dafür eignet sich das unlösbare Problem des Verstehens / Nichtverstehens hervorragend. Aufgrund enttäuschter Erwartungen landet man im Nichtverstehen, und der Versuch, den anderen dennoch zu verstehen, bietet dann Gelegenheiten, die intime Kommunikation wieder aufzunehmen. Man bemüht sich, hat Konflikte und durchlebt spannungsreiche Zeiten, bis sich – wenn es denn gelingt – über die gegenseitige Anerkennung der Partner das Gefühl des Verstehens wieder einstellt. Diese Art von Problem endet nie, es sei denn, die Beziehung endet.

Auf den Sinn unlösbarer Probleme weist der Soziologe Niklas Luhmann hin. Er sagt, dass sich Liebende anhand des Versuches, unlösbare Probleme zu lösen, ihre Liebe zeigen können. Kommunikation, die immer wieder den Eindruck des Verstehens erzeugen soll, kann ihm zufolge nur über unlösbare Probleme laufen.

Das unlösbare Problem in einer Beziehung schlechthin besteht darin, mit dem Partner zusammen zu sein und dennoch man selbst zu bleiben.

Dass dieses Problem erhalten bleibt, dafür sorgt die Unvereinbarkeit der individuellen Interessenlagen, die jederzeit aufbrechen kann, und an der auch die anfangs beschriebenen Spiegelneuronen, die für eine besonders tief empfundene Empathie zwischen Liebenden sorgen, nichts ändern. Man versteht sich und stellt sich aufeinander ein, dann taucht etwas Trennendes in der Kommunikation auf. Die Partner führen dann Gespräche oder verändern ihr Verhalten, bis der Eindruck des Verstehens irgendwann wieder hergestellt ist.

Ist beispielsweise einer der Partner fremdgegangen, kann das Sprechen darüber Themen auf den Tisch bringen, die lange vermieden wurden. Schließlich stellt sich heraus, dass beide Partner seit längerem unzufrieden waren, und es kommt zu einer Umdeutung des Vorfalls. Statt nur der Verletzung wird nun auch die Chance gesehen, die Regeln des Zusammenlebens neu zu verhandeln, um individuellen Interessen oder Eigenarten mehr Geltung zu verschaffen. Man redet und heult und lacht, bis sich das Gefühl, einzigartig füreinander zu sein, wieder einstellt und man sich wieder »versteht«. Und in der Tat ist man einzigartig füreinander, weil man mit niemand anderem durch solche Klippen schifft, mit niemand anderem in dieser Weise redet und heult und lacht. Dass man, um das begehrte Gefühl der Liebe erneut zu fühlen und den

Eindruck des Verstehens erneut zu erzeugen, wieder über einiges hinwegsieht und hinwegsehen muss, gehört zum Preis, den man für die Liebe zu zahlen gern bereit ist.

In der Liebe der Individuen wechseln sich die Eindrücke des Verstehens und Nichtverstehens ab. Lösen lässt sich hier wenig, aber weitermachen lässt sich mit dieser schwierigen Situation gut. Aus Sicht der Eigenständigkeit einer Beziehung erscheinen Probleme daher als Selbstregulationsversuche der Beziehung und nicht als Ausdruck von vermeidbaren Störungen und Unfähigkeit. Ob es miteinander weitergeht, ob sich das unlösbare Problem des Nichtverstehens im Eindruck des Verstehens zumindest vorübergehend auflöst, das hängt nicht zuletzt von der Bereitschaft der Partner ab, schwierige Situationen zu bewältigen.

WENN MAN PROBLEME NICHT MEHR LÖSEN WILL

Kritisch wird es für Beziehungen, wenn die Partner die Bereitschaft verlieren, das unlösbare Problem des Verstehens zu lösen. Dann ringen sie nicht mehr ums Verstehen und hören auf, sich zu bestätigen und zu respektieren. Wie kann es zu dieser Gleichgültigkeit kommen?

Zu Beginn ihrer Beziehung offenbarten die Partner einander bestimmte Seiten ihrer Persönlichkeit, kamen sich näher und stellten fest, dass zwischen ihnen eine faszinierende Beziehung im Entstehen war. Nun tun sie im Grunde das Gleiche, aber mittlerweile müssen sie feststellen, dass die Beziehung nicht die gewünschte Resonanz zeigt. Die Selbstoffenbarungen des einen erschrecken den anderen Partner oder schrecken ihn ab oder lassen ihn unberührt. Um im Bild des Feuers zu bleiben, das zwischen den Partnern lodert, könnte man auch sagen, was sie dort hineinwerfen, entfacht sich nicht gegenseitig, sondern löscht das Feuer, sodass es zwischen den Partner kalt wird.

Die Partner finden nicht mehr zusammen. Sie werden wieder einmal, wie schon zu Beginn, Zeuge der Eigenständigkeit ihrer Beziehung. Sie offenbaren sich, doch anstatt intensiver zu werden, schrumpft die Beziehung oder stirbt oder verharrt unverändert starr. Dann bleibt eine langweilige Beziehung langweilig, eine Arbeitsbeziehung eine Arbeitsbeziehung, und eine sterbende Beziehung tut womöglich ihren letzten Atemzug.

Die Partner stehen da und können diese Entwicklung beim besten Willen nicht verstehen.

Doch es gibt am Ende einer Beziehung ebenso wenig zu verstehen wie an ihrem Anfang.

Am Anfang ihrer Beziehung konnten die Partner nicht verstehen, *warum* gerade sie zusammenkamen, *warum* gerade sie sich liebten – sie entwickelten lediglich den Eindruck völligen Verstehens. Am Anfang ihrer Beziehung quälten sie sich nicht mit der furchtbaren Warum-Frage. Niemand wollte am Anfang wissen: »Warum passen wir so gut zusammen? Warum ist es uns möglich, uns zu lieben?« Am Anfang wurde die Liebe als Geschenk genommen.

Doch jetzt bohren solche Fragen: »Warum sind wir so unterschiedlich? Warum kommen wir nicht mehr zusammen? Warum verstehen wir uns einfach nicht mehr? Warum sind wir nicht mehr voneinander fasziniert?«

Auf diese »Warum-Fragen« gab es damals keine Antwort, und es gibt sie jetzt nicht. Warum hier Liebe möglich ist und dort nicht, warum damals Liebe möglich war und heute nicht mehr, das kann man nicht verstehen. Verstehen lässt sich allenfalls, dass es so ist.

Vom Sinn des Nichtverstehens

Der Eindruck, sich ganz und gar zu verstehen, war eine Illusion, die gebraucht wurde, um einander lieben zu können. Das Gefühl des Verstehens hat die Partner zusammengebracht, und um auseinander gehen zu können, muss es sich auflösen. Darin liegt der Sinn des völligen Nichtverstehens: es hilft beim Auseinandergehen. Nichtverstehen hilft bei jeder Form der Distanzierung. Aber jede Beziehung verträgt nur ein bestimmtes Maß an Unverständnis. Wenn zentrale individuelle Interessen vom Nichtverstehen betroffen sind, wenn etwas individuell sehr Wesentliches keine Bestätigung mehr findet, sondern im Gegenteil auf Ablehnung stößt, dann macht eine Beziehung meist keinen Sinn mehr.

MEHR WAR ANSCHEINEND NICHT MÖGLICH

Die Liebe der Individuen ist, aufgrund der hohen Bedeutung, die dem Individuellen darin zukommt, gerade durch das Individuelle sehr angreifbar. Sobald sich die Partner verändern oder, was häufiger vorkommt, einer von beiden, läuft ihre Beziehung Gefahr, an Faszination zu verlieren.

Scheitert eine Beziehung, dann sind aber nicht die Partner gescheitert. Ihre Beziehung hat auf Dauer einfach nicht mehr »hergegeben«. Es war beim besten Willen nicht mehr miteinander möglich. Diesen besten Willen unterstelle ich jedem Paar, denn ich habe noch kein Paar getroffen, das nicht sein Bestes gab, um zusammenzubleiben. Doch bleiben Partner heute nicht mehr »auf Teufel komm raus« zusammen, sondern nur aufgrund von Liebe und des Gefühls eines intensiven und tiefen Verstehens.

An der großen Zahl der Paare, die sich in jedem Jahr trennen, kann man ablesen, wie selbstverständlich mittlerweile vom Phänomen des Nichtverstehens Gebrauch gemacht wird. Das ist jedoch kein Beleg dafür, dass sich Männer und Frauen allgemein nicht verstehen könnten, sondern einfach ein Beleg dafür, wie hoch die Ansprüche an die Intensität der Liebe mittlerweile sind.

RESÜMEE

BEZIEHUNGEN ZU BEGINN DES 3. JAHRTAUSENDS

Ein erfolgreicher deutscher Song aus dem Jahr 2005 enthält die Zeile »... *und wenn dein Weg der gleiche ist, dann will ich mit dir gehen* ...«
Diese Liedzeile zeigt, wie sehr sich das Verständnis von Liebe mittlerweile gerade bei jungen Menschen verändert hat. Es geht in erster Linie darum, den eigenen, individuell passenden Weg zu gehen, und nicht mehr darum, dem anderen »ein Universum« zu bieten, sein »Ein und Alles« zu sein oder zwei Wirklichkeiten miteinander »zu verschmelzen«. Die Liebe hat ihr Gesicht verändert.

Lassen Sie mich zum Abschluss zusammenfassen, wie ich die Liebe zu Beginn des 3. Jahrtausends, die Liebe der Individuen und das Verhältnis der Geschlechter in Beziehungen, sehe.

Gegen Ende der 1990er-Jahre und zu Beginn des 21. Jahrhunderts haben biologistische Erklärungsversuche zum Verhältnis der Geschlechter die These verbreitet, Männer und Frauen könnten einander nicht verstehen. Daran sei nichts zu ändern, da das geschlechtliche Rollenverhalten genetische und hirnstrukturelle Ursachen habe. Zahllose ernsthafte wissenschaftliche Untersuchungen zum Rollenverhalten zeigen jedoch, dass die Verhaltensunterschiede innerhalb der Geschlechter größer sind als zwischen den Geschlechtern. An den Genen und Hirnen kann es daher nicht liegen, wenn Männer und Frauen davon überzeugt sind, sie könnten einander nicht verstehen.

Demgegenüber habe ich gezeigt, dass die Klage des Nichtverstehens ihren Ursprung in einer widersprüchlichen Interessenlage der Individuen hat. Einerseits wollen beide Partner das Gleiche, sie wollen Liebe, und um diese zu empfinden, muss ihre Kommunikation das Gefühl ermöglichen, einander absolut zu verstehen und grenzenlos zu bestätigen. Andererseits wollen die Partner etwas Unterschiedliches, nämlich Individuen bleiben. Sie begrenzen die Akzeptanz, die sie füreinander aufbringen, und rufen damit das Gefühl des Nichtverstehens hervor. Um Individualität zu behaupten, ist es nötig, Grenzen zu ziehen und Nichtverstehen zu praktizieren.

Verstehen und Nichtverstehen finden im Ringen um Gemeinsamkeit *und* um Abgrenzung statt, es sind Phänomene, die mit dem Wunsch nach Individualität einerseits und dem Wunsch nach Auflösung der psychischen Getrenntheit andererseits zusammenhängen. Verstehen und Nichtverstehen ergeben sich aus dem Wesen der Psyche, aber nicht aus einem angeblich unterschiedlichen Wesen der Geschlechter.

Zu Beginn des 3. Jahrtausends hat Individualität eine nie gekannte Bedeutungssteigerung erfahren. Diese Entwicklung zu mehr Individualität ruft nicht, wie man vermuten könnte, ein geringeres, sondern ein gleichfalls gesteigertes Bedürfnis nach intensiv empfundener Liebe hervor. Die Einsamkeit der Psyche wird heute deutlicher denn je empfunden, und daher ist das Bedürfnis nach intimer Verbundenheit stärker als je zuvor.

Ein unlösbarer Widerspruch charakterisiert die paradoxe

Situation der Liebe der Individuen: Individualität und Liebe bedingen sich gegenseitig, gleichzeitig aber schließen sie sich aus. Indem Verbundenheit entsteht, wird Individualität aufgelöst, und um Liebe zu ermöglichen, muss Individualität erhalten bleiben. Das heißt: nur Getrennte wollen und können lieben. Die Partner müssen einander verstehen und werden dieses Ziel doch nie endgültig erreichen. So wandert ihr Bewusstsein zwischen der Wahrnehmung des Getrenntseins – der Individualität – und der Wahrnehmung der Verbundenheit – der Liebe – hin und her.

Aufgrund dieser Situation genießen Individualität und Liebesbeziehung zu Beginn des 3. Jahrtausends einen gleich hohen Stellenwert, und damit haben sich die Erwartungen der Partner an ihre Beziehungen grundlegend gewandelt. Statt Dauer wird nun Intensität erwartet, und statt Verschmelzung wird Begegnung ersehnt. Diese neuen Erwartungen lassen die Vorstellung der Liebesbeziehung als einer Kette von Begegnungen entstehen und machen klar, wie wichtig psychischer und auch räumlicher Abstand für die Liebe der Individuen ist. Um zusammenzukommen, müssen Liebende auseinander sein.

Die moderne Paarbeziehung beherbergt jedoch nicht nur eine Liebesbeziehung, sondern auch eine Partnerbeziehung. Diese beiden Bindungsmotive sind nicht identisch, sondern folgen unterschiedlichen Logiken. Die Liebe gehorcht der Logik des Schenkens, die Partnerschaft der Logik des Tauschens. Wie diese beiden Bindungsmotive in einer konkreten Beziehung zusammenhängen, welcher Anteil der Liebe und welcher der Partnerschaft zukommt, verschließt sich weitgehend dem willkürlichen Einfluss der Partner. Daher erscheinen Beziehungen als eigenständig. Sie werden nicht von den Partnern bewusst gestaltet, sondern erschaffen sich in der unbestimmbaren Kommunikation der beiden Sinnsysteme Liebe und Partnerschaft selbst. Beziehungen sind ihr eigenes Werk.

Dass Liebe und Partnerschaft nicht identisch miteinander sind, kompliziert das Paarleben beträchtlich, denn die Aufwertung der modernen Liebesbeziehung geschieht zu Lasten der traditionellen Partnerschaft. Anders ausgedrückt stehen Paare vor dem verblüffenden Phänomen, auf Dauer zu wenig Liebe durch zu gute Partnerschaft zu erleben. Andererseits ist die Entwicklung partnerschaftlichen Verhaltens in einer Beziehung unvermeidlich. Das hat zur Folge, dass die Partner – in Bezug auf die Liebe – zu viel Rücksicht aufeinander nehmen und ihre Unterschiedlichkeit zunehmend verleugnen.

So sind sie früher oder später mit dem Scheitern der grundlegenden Erwartung konfrontiert, langfristig Zugang zu intensiver Liebe zu haben, und stehen vor der Aufgabe, ihre Liebe zu beleben. Der Versuch dazu erfordert die Offenbarung derjenigen individuellen Unterschiede, die der Beziehung zuliebe verleugnet wurden. Authentizität ist hier das Stichwort, das zu Beginn des 3. Jahrtausends an Bedeutung gewinnt.

Authentizität bezeichnet nicht selten einen Angriff auf die partnerschaftlich orientierte Verbindung. In der Liebe der Individuen wird die Gefahr der Selbstoffenbarung zum belebenden Moment. Eine Garantie dafür, dass authentisches Verhalten die Liebe bestehen lässt oder sie wieder auferstehen lässt, gibt es jedoch nicht. Die Eigenständigkeit einer Beziehung verhindert deren zielgerechte Steuerung, die Partner bleiben auf Versuche zur Belebung der Liebe angewiesen und darauf, die Resonanz der Beziehung je nachdem entweder zu erleiden oder liebend zu genießen.

Zu Beginn des 3. Jahrtausends zeichnet sich zudem das

Ende einer romantischen Vorstellung ab, der Vorstellung vom richtigen Partner. Heute wird nicht mehr der richtige Partner gebraucht, sondern es kommt auf die richtige Beziehung an, und an der ist man immer selbst beteiligt. Viel grundlegender als der andere – den wir doch nie ganz kennen werden – ist die Kommunikation mit ihm. Für diese Kommunikation lieben wir den Partner weit mehr als für sein Wesen, auch wenn diese Beschreibung wenig romantisch klingen mag.

Wir kennen den Partner nicht, wir durchschauen ihn nicht, wir verstehen ihn nicht. Wir kennen nur die Kommunikation mit ihm, die das Gefühl des Verstehens entstehen lässt. Wir kennen die Beziehung, den Austausch von Mitteilungen, an dem wir beteiligt sind. Statt auf den Partner zu starren, gerät die Beziehung zu ihm weit mehr ins Blickfeld. Eine Konsequenz davon zeigt sich in der Frage, was eine Beziehung braucht, und nicht in dem, was der eine oder andere Partner will.

Auf diese Frage, was Beziehungen heute brauchen, habe ich zu antworten versucht. Eine Paarbeziehung braucht heute zweierlei.

Die *Liebesbeziehung* braucht Verbundenheit und Getrenntheit, und sie braucht Authentizität, um den Wechsel von beidem zu ermöglichen. Sie braucht es, dass die Partner sich als differenzierte Individuen zu erkennen geben, geistig, emotional und auch auf sexuellem Gebiet. Die *Partnerbeziehung* braucht hingegen Kontinuität und Verlässlichkeit. Ob eine Beziehung aber mehr Liebe oder mehr Partnerschaft aufweisen kann, das entscheiden die Partner nicht selbst, das entscheidet ihre Beziehung.

BEZIEHUNG HEUTE: ZWISCHEN LIEBE UND PARTNERSCHAFT

Wie soll man sich in diesem Spannungsfeld von Liebe und Partnerschaft bewegen? Dazu gibt es keine allgemeinen Ratschläge, und wer solche ausspricht, handelt fahrlässig. Denn in welchem Ausmaß sie Liebe und in welchem sie Partnerschaft brauchen – man kann ebenso gut formulieren, in welchem Ausmaß sie leidenschaftlich-emotionale Liebe und partnerschaftliche Liebe brauchen –, das ist allein Sache der jeweiligen Partner. Deshalb finden Partner hierzu unterschiedlichste Lösungen.

Beispielsweise bevorzugen Partner, die nicht über individuelle Spielräume verhandeln wollen und die den Schwerpunkt auf die Liebesbindung legen, die »ganz gut auch alleine leben« können, distanzierte Beziehungsformen. Schließlich kann man gut alleine leben, aber schlecht alleine lieben. Andere Partner favorisieren die partnerschaftliche Bindung und zeigen sich durch den Rückgang der leidenschaftlichen Beziehung weniger verunsichert als manchmal sogar beruhigt. Sie vermeiden jede Gefährdung der Partnerschaft, weil sie der emotional intensiven Liebe nicht so sehr bedürfen. Wiederum andere Paare trennen beide Liebesformen, so wie es jahrtausendelang der Fall war, indem sie einen Partner für die Liebe und einen fürs Leben wählen. Parallelbeziehung ist hier das Stichwort. Diese Paare wollen beides: gute Partnerschaft und gute Liebesbeziehung, und das geht am besten mit zwei verschiedenen Menschen. Solche und weitere Lösungsversuche im Spannungsfeld zwischen Liebe und Partnerschaft habe ich in meinem Buch *Fünf Wege, die Liebe zu leben* ausführlich dokumentiert.

Die Zukunft, davon bin ich überzeugt, wird diese Vielfalt

der Beziehungsformen noch vergrößern. Denn es führt kein Weg daran vorbei: die Liebe der Individuen lässt sich nicht mehr auf verbindliche Formen festlegen, gerade weil sie individuell ist. Die Gesellschaft braucht, allen Unkenrufen zum Trotz, diese individualisierte Liebe, weil sie Individuen braucht, um funktionieren zu können, und Individuen brauchen die Liebe, um Individuen sein zu können.

Ihre Liebe beweisen sich die Individuen, indem sie versuchen, unlösbare Probleme zu lösen. Das unlösbare Problem schlechthin besteht darin, ein für alle Mal Verständnis für den Partner – und dahinter für das andere Geschlecht – aufzubringen. Liebe ist auf Nichtverstehen angewiesen, in dessen Überwindung sie sich erfüllt.

Erst wenn die Partner aufhören, das unlösbare Problem des Verstehens lösen zu wollen, ist das Ende ihrer Liebesbeziehung erreicht.

ANMERKUNGEN

1. Catherine Cardinal, *10 Gebote für glückliche Paare*, Freiburg 2003.
2. Günter Burkart, »Auf dem Weg zu einer Soziologie der Liebe«, in: Hahn/Burkart (Hrsg.), *Liebe am Ende des 20. Jahrhunderts*, Opladen 1998, S. 16.
3. Allan & Barbara Pease, *Warum Männer lügen und Frauen immer Schuhe kaufen*, München 2004, S. 20.
4. Zitiert aus www.quarks.de
5. Allan & Barbara Pease, a.a.O., S. 287, 284.
6. Rafaela von Bredow, »Das wahre Geschlecht«, in: *Der Spiegel*, Nr. 30/2000.
7. Hans Peter Duerr, *Der erotische Leib. Der Mythos vom Zivilisationsprozess* Bd.4, Frankfurt/Main 1999, S. 20.
8. Miriam Kaefert, »Entdeckt: Das Treue-Gen«, in: *Hamburger Morgenpost*, 17.6.2004.
9. John Boswell, *Christianity*, London 1980, S. 58.
10. Meldung im *Tagesspiegel* vom 5.2.2006.
11. Allan & Barbara Pease, a.a.O., S. 150/151.
12. Ebenda, S. 151.
13. Biologe Tim Berkhead, University of Sheffield, im Artikel »Der liebende Affe«, *Spiegel* 9/2005.
14. Der Evolutionspsychologe Buss im Artikel »Der liebende Affe«, *Spiegel* 9/2005.
15. Allan & Barbara Pease, a.a.O., S. 287.
16. Hans Peter Duerr, *Die Tatsachen des Lebens, Der Mythos vom Zivilisationsprozess* Bd.5, Frankfurt/Main 2005, S. 19.
17. Ebenda, S. 199.
18. Ebenda, S. 199 ff.
19. Ebenda, S. 200.
20. Lampl-de Groot/Deutsch/Bonaparte, zitiert aus Marina Gambaroff, *Utopie der Treue*, Reinbek 1985, S. 76.
21. Silvia Sanides, »Renaissance des biologischen Determinismus«, in: *Neue Zürcher Zeitung* Nr. 42/2000.
22. Untersuchung zitiert aus dem Spiegel 16/2006.
23. Dirk Baecker/Alexander Kluge, *Vom Nutzen ungelöster Probleme*, Berlin 2003, S. 103.
24. »Grünzeug mit Grips«, in: *Zeit-Wissen* 4/2005, S. 60.

²⁵ Zum Aspekt der Selbstgestaltung von Systemen siehe Michael Mary: *Das Leben lässt fragen, wo du bleibst*, Bergisch Gladbach 2005.
²⁶ Joachim Bauer, *Warum ich fühle, was du fühlst. Intuitive Kommunikation und das Geheimnis der Spiegelneurone*, Hamburg 2005, S. 59.
²⁷ Allan & Barbara Pease, a.a.O., S. 38, 163.
²⁸ Claudia Quaiser-Pohl / Kirsten Jordan, *Warum Frauen glauben, sie könnten nicht einparken, und Männer ihnen Recht geben – über Schwächen, die gar keine sind*, München 2004, S. 32 f.
²⁹ Der Erlanger Kriminologe und Jugendstrafrechtler Franz Streng in der *Recklinghäuser Zeitung* vom 23.10.2003.
³⁰ Hans Peter Duerr, *Obszönität und Gewalt. Der Mythos vom Zivilisationsprozess* Bd.3, Frankfurt / Main 1995, S. 134 ff.
³¹ Eva von Schaper, »Anders denken heißt nicht anders sein«, in: *Frankfurter Allgemeine Zeitung*, 30.1.2005.
³² TIMSS und COMPED. Vom österreichischen Ministerium für Unterricht veröffentlichte »Studien zur mathematisch-naturwissenschaftlichen und computerbezogenen Bildung. Konsequenzen in geschlechtsspezifischer Hinsicht.« Broschüre des BMUK (1998).
³³ Entnommen dem Artikel »Forscher, Sänger, Provo« von Sabine Etzold, *Die Zeit*, Nr. 18 / 2005.
³⁴ TIMSS und COMPED. Vom österreichischen Ministerium für Unterricht veröffentlichte »Studien zur mathematisch-naturwissenschaftlichen und computerbezogenen Bildung. Konsequenzen in geschlechtsspezifischer Hinsicht.« Broschüre des BMUK (1998).
³⁵ Allan & Barbara Pease, a.a.O., S. 73.
³⁶ Bernd Jürgen Warneken, *Studie zum Orientierungsvermögen von Frauen und Männern*, 1999.
³⁷ Christine Pyka, »Orientierungskompetenz und Orientierungsperformanz im Paararrangement«, in: Gebhardt / Warneken (Hrsg.), *Stadt – Land – Frau*, Heidelberg 2003 (Heidelberger Geographische Arbeiten H.117).
³⁸ Allan & Barbara Pease, a.a.O., S. 61, 79, 80.
³⁹ Ebenda, S. 195.
⁴⁰ Susanne Fischer in *Geo*-Wissen Nr. 35 / 2005
⁴¹ Siehe hierzu: »Hirn, kuriere dich selbst«, *Spiegel* 20 / 2006.
⁴² Zitiert aus »Traurige Machos«, *Spiegel* 41 / 2005.
⁴³ Regine Halentz, »Unangenehme Arbeit für uns Männer. Londa Schiebinger erforscht die Frau«, in: *Frankfurter Allgemeine Zeitung*, 14.11.2000.
⁴⁴ Wissenschaftlich hört sich das so an: Die Variationen von sozialen Geschlechtsmerkmalen sind innerhalb eines Geschlechts in fast allen Forschungen grö-

ßer als die Differenz zwischen den Mittelwerten für jedes Geschlecht.
[45] Beispiel aus: Gunter Schmidt, *Das neue Der Die Das. Über die Modernisierung des Sexuellen*, Gießen 2005, S. 127 ff.
[46] Bericht in *Bild am Sonntag* vom 6.11.2005.
[47] Silvia Sanides, »Renaissance des biologischen Determinismus«, in: *Neue Zürcher Zeitung* Nr. 42/2000.
[48] Günter Dux, *Geschlecht und Gesellschaft. Warum wir lieben*, Frankfurt/Main 1994.
[49] Günter Dux, *Die Spur der Macht im Verhältnis der Geschlechter. Über den Ursprung der Ungleichheit zwischen Frau und Mann*, Frankfurt/Main 1997.
[50] Ebenda, S. 177.
[51] Ebenda, S. 150.
[52] Ebenda, S. 150.
[53] Ebenda, S. 392.
[54] Ebenda, S. 438.
[55] Haavio-Mannila, »Sexuelle Lebensstile in drei Generationen«, in: *Zeitschrift für Sexualforschung* 16, S. 143 bis 159.
[56] Allan & Barbara Pease, a.a.O., S. 165.
[57] Herrad Schenk, *Freie Liebe – wilde Ehe*, 1988. S. 126.
[58] Walter Melchior, *ABC der Liebe für junge Leute*, Kassel 1964.
[59] Theodor Bovet, *Die Ehe – das Geheimnis ist groß*, Bern 1955, S. 27.
[60] Ebenda, S. 36.
[61] Günter Dux, *Die Spur der Macht im Verhältnis der Geschlechter*, Frankfurt/Main 1997, S. 229.
[62] Ebenda, S. 439.
[63] Lesung im Rahmen der Veranstaltung »Männergesundheit«, 29.10.2005, Hannover.
[64] Zur ausführlichen Darstellung des Phänomens der Spiegelneuronen siehe Joachim Bauer, *Warum ich fühle, was du fühlst. Intuitive Kommunikation und das Geheimnis der Spiegelneurone*, Hamburg 2005.
[65] Niklas Luhmann, *Liebe als Passion*, Frankfurt/Main 1982, S. 29.
[66] David Schnarch im Gespräch mit Adrian Nemo.
[67] Günter Dux, *Warum wir lieben*, Frankfurt/Main 1994, S. 127.
[68] Dieter Wyss, *Lieben als Lernprozess*, Göttingen 1988, S. 31.
[69] Helen Fisher in: »Der stärkste Trieb der Welt«, Spiegel 9/2005.
[70] Siehe Michael Mary, *Fünf Lügen, die Liebe betreffend*, Hamburg 2001.
[71] Zitiert aus »Radiodialog« vom 2.-4. Mai 2005, Österreichischer Rundfunk, Ina Zwerger.
[72] Hans Peter Duerr, *Der erotische Leib*, Frankfurt/Main 1999, S. 20.
[73] Beck/Beck-Gernsheim, *Das ganz normale Chaos der Liebe*, Frankfurt/Main 1990, S. 37.
[74] Dieter Wyss, *Lieben als Lernprozess*, Göttingen 1988, S. 82.

75 Gunter Schmidt, »Soziokultureller Wandel der Sexualität«, Vortrag an der Universität und der Eidgenössischen Technischen Hochschule Zürich, 3. April 2003.
76 Vom britischen Soziologen Anthony Giddens.
77 Gunter Schmidt, »Soziokultureller Wandel der Sexualität«, Vortrag an der Universität und der Eidgenössischen Technischen Hochschule Zürich, 3. April 2003.
78 Siehe hierzu ausführlich Michael Mary, *Fünf Lügen, die Liebe betreffend*, Hamburg 2001.
79 Karl Lenz, »Romantische Liebe – Ende eines Beziehungsideals?«, in Hahn/Burkart (Hrsg.), *Liebe am Ende des 20. Jahrhunderts*, Opladen 1998, S. 81.
80 Eva Illouz, »Zur postmodernen Lage der Liebe«, in: Peter Kemper/Ulrich Sonnenschein, *Das Abenteuer Liebe. Bestandsaufnahme eines unordentlichen Gefühls*, Frankfurt/Main 2004.
81 Siehe hierzu Michael Mary, *Fünf Wege, die Liebe zu leben*, Hamburg 2002.
82 Siehe hierzu Ulrich Clement, *Systemische Sexualtherapie*, Stuttgart 2004.
83 David Schnarch, »Die leidenschaftliche Ehe«, in: Jürg Willi/Bernhard Limacher (Hrsg.), *Wenn die Liebe schwindet*, Stuttgart 2005, S. 200.
84 Niklas Luhmann, *Liebe als Passion*, Frankfurt 1982, S. 221.
85 Ebenda, S. 219.
86 Andrea Leupold, »Liebe und Partnerschaft: Formen der Codierungen von Ehen«, in: Ursula Pasero/Christine Weinbach (Hrsg.), *Frauen, Männer, Gender Trouble. Systemtheoretische Essays*, Frankfurt/Main 2003, S. 251.
87 Siehe hierzu Michael Mary, *Fünf Wege, die Liebe zu leben*, Hamburg 2002.
88 David Schnarch, »Die leidenschaftliche Ehe«, in: Jürg Willi/Bernhard Limacher (Hrsg.), *Wenn die Liebe schwindet*, Stuttgart 2005, S. 202.
89 Ebenda, S. 201.
90 Ethel S. Person, *Lust auf Liebe*, Reinbek 1990, S. 82.
91 Michael Mary, *Mythos Liebe*, Bergisch Gladbach 2006.
92 Niklas Luhmann, *Liebe als Passion*, Frankfurt/Main 1982, A. Leupold 1983
93 Siehe hierzu u.a. Arnold Retzer 2002, Astrid-Riehl-Emde 2003, Ulrich Clement, *Systemische Sexualtherapie*, Stuttgart 2004.
94 Siehe hierzu Jürg Willi/Bernhard Limacher (Hrsg), *Wenn die Liebe schwindet*, Stuttgart 2005.
95 Arnold Retzer, *Systemische Paartherapie*, Stuttgart 2004, S. 60.
96 Eva Gesine Bauer/Wilhelm Schmid-Bode, *Glück ist kein Zufall*, München 2000, S. 93.
97 Niklas Luhmann, *Liebe als Passion*, Frankfurt/Main 1982, S. 29.

[98] Arnold Retzer: »Liebesmythen und ihre Funktion«, in: Jürg Willi / Bernhard Limacher (Hrsg.), *Wenn die Liebe schwindet*, Stuttgart 2005, S. 77.
[99] Arnold Retzer, *Systemische Paartherapie*, Stuttgart 2004, S. 53.
[100] Niklas Luhmann, *Liebe als Passion*, Frankfurt / Main 1982, S. 223.
[101] Ebenda, S. 209.
[102] Semir Zeki, University College London, zitiert aus »Radiodialog« vom 2.–4. Mai 2005, Österreichischer Rundfunk, Ina Zwerger.
[103] Helen Fisher in »Der stärkste Trieb der Welt« Spiegel 9 / 2005
[104] In seinem Werk *Liebe als Passion*, Frankfurt / Main 1982
[105] Siehe zur Sichtweise der Beziehung als eigenständigem Wesen ausführlich Michael Mary, *Mythos Liebe*, Bergisch Gladbach 2004.
[106] David Schnarch, zitiert in Ulrich Clement, *Systemische Sexualtherapie*, Stuttgart 2004
[107] Helen Fisher in »Der stärkste Trieb der Welt« *Spiegel*, 9/2005.
[108] Siehe hierzu Ulrich Clement, *Systemische Sexualtherapie*, Stuttgart 2004.
[109] Siehe hierzu unter www.michaelmary.de unter der Rubrik *Texte außer der Reihe*.

*Die Liebe ist ein Spiel –
aber folgt sie auch bestimmten Regeln?*

Michael Mary
MYTHOS LIEBE
Lügen und Wahrheiten
über Beziehungen
und Partnerschaften
224 Seiten
Gebunden mit Schutzumschlag
ISBN-10: 3-7857-2182-X
ISBN-13: 978-3-7857-2182-7

Auch als Taschenbuch erhältlich:
ISBN-10: 3-404-60566-7
ISBN-13: 978-3-404-60566-8

Wäre es nicht fantastisch, das Leben und die Liebe bewusst steuern zu können? Könnte man durch die »richtige« Beziehungsarbeit Partnerschaft, Liebe und Glück für immer garantieren? Viele Psychoratgeber sagen Ja, Michael Mary sagt Nein.

Die Liebe zwischen Frau und Mann ist eines der letzten Abenteuer des Lebens. Sie steuern zu wollen wäre absurd. Und hätte den gegenteiligen Effekt: Denn Liebe und Kontrolle vertragen sich überhaupt nicht. In »Mythos Liebe« entwickelt Michael Mary einen ganz neuen Ansatz, um Liebesglück in Beziehungen zu finden.

Vergessen Sie alle Regeln, und lassen Sie sich überraschen!

Gustav Lübbe Verlag
Bastei Lübbe Taschenbuch

*Abschied vom Machbarkeitswahn:
Die etwas gelassenere Art, das Glück zu
finden*

Michael Mary
DIE GLÜCKSLÜGE
Vom Glauben
an die Machbarkeit des Lebens
288 Seiten
Gebunden mit Schutzumschlag
ISBN-10: 3-7857-2141-2
ISBN-13: 978-3-7857-2141-4

Auch als Taschenbuch erhältlich:
ISBN-10: 3-404-60553-5
ISBN-13: 978-3-404-60553-8

Menschen möchten glücklich sein, und das am liebsten sofort und für immer. Moderne Glücksgurus garantieren jedem Erfolg, Gesundheit, Reichtum und Erfüllung. Sie behaupten, das Glück sei lernbar und das Leben könne gesteuert werden. Doch das Leben ist keine kontrollierbare Trainingseinheit. Michael Mary zeigt, wie wir uns von den absurden Ansprüchen eines geplanten Lebens und den Zwängen des modernen Machbarkeitswahns befreien können.

Gustav Lübbe Verlag
Bastei Lübbe Taschenbuch

Leben Sie in einer Langzeitbeziehung?
Und vermissen manchmal die Leidenschaft?

Michael Mary
5 LÜGEN,
DIE LIEBE BETREFFEND
240 Seiten
Taschenbuch
ISBN 3-404-60512-8

Dann gibt es eine gute und eine schlechte Nachricht für Sie. Zuerst die gute: Sie sind ganz normal. Und die schlechte: Dauerhafte Romantik, ewiges Begehren mit immer demselben Partner – das gibt es nicht.
Auch der schönste dieser Träume wird früher oder später an der Beziehungsrealität zerbrechen. Aber es gibt jemand, der Ihnen Mut macht: Michael Mary deckt provokativ die fünf größten Liebeslügen auf. Und zeigt, dass es in Langzeitbeziehungen ganz andere Werte gibt, um die es sich zu kämpfen lohnt.

Bastei Lübbe Taschenbuch